KB133883

경제관료의 시대

경제관료의 시대

2024년 4월 3일 제1판 1쇄 인쇄
2024년 4월 12일 제1판 1쇄 발행

지은이   홍제환
펴낸이   이재민, 김상미

편집   정진라
디자인   김회량, 정희정

펴낸곳   ㈜너머_너머북스
주소   서울시 서대문구 증가로20길 3-12
전화   02)335-3366, 336-5131, 팩스 02)335-5848
등록번호 제313-2007-232호

ISBN   978-89-94606-88-0 03300
blog.naver.com/nermerschool
너머북스 | 현재를 보는 역사, 너머학교 | 책으로 만드는 학교

이 저서는 2021년 대한민국 교육부와 한국학중앙연구원(한국학진흥사업단)을 통해
K학술확산연구소사업의 지원을 받아 수행된 연구임(AKS-2021-KDA-1250002).

경제 관료의 시대

재건

자유

질주

전환

홍제환 지음

너머북스

고도성장기 한국은 눈부신 성장을 경험했다. 한 세대를 거치며 한국경제
는 말 그대로 격세지감이라 할 만큼 급변했다. 그 결과 전쟁으로 인해 폐
허가 되었던 나라가 세계가 주목하는 '한강의 기적'을 일궈 내며 지긋지긋
한 가난에서 벗어날 수 있었다.

　'한강의 기적'을 실현하는 과정은 순탄치 않았다. 그것은 결코 저절
로 이루어진 것이 아니었다. 한국경제는 수차례에 걸쳐 새로운 도전에 직
면했는데, 그때마다 적절한 전략을 수립하고 효과적인 정책을 추진하여
슬기롭게 극복하면서 고도성장을 이뤄 낼 수 있었다.

　한국전쟁이 끝난 직후에는 경제 재건이라는 과제가 놓여 있었다. 원
조를 효과적으로 활용하여 전후복구를 어느 정도 이루어 낸 다음에는 경
제부흥 방안을 찾아내야 했다. 1960년대 한국 정부가 택한 전략은 장기경
제개발계획을 수립하여 추진하고, 경공업 제품 중심으로 수출을 늘리는
것이었다. 그 과정에서 경제개발에 필요한 자본을 동원하기 위해 차관 도

입에 적극 나서는 한편, 통화개혁, 금리현실화 등의 정책을 펴기도 했다. 이러한 정책들이 성공적으로 추진된 결과, 한국경제는 1960년대 초반부터 성장궤도에 올라설 수 있었다.

1970년 무렵 한국경제는 새로운 고비를 맞이했다. 정세 변화로 인해 국방력 강화가 필요해졌으며, 경공업 제품 중심 수출 구조에 한계가 드러나고 있었다. 이에 정부는 중화학공업화에 본격적으로 나서면서 경제구조의 대전환을 모색했다. 중화학공업화가 성공적으로 추진된 데다 중동진출이 호조를 보인 결과, 1970년대에도 한국경제는 고도성장을 지속해 갈 수 있었다.

성장 우선 정책이 장기간 지속된 결과 물가상승, 과잉투자 등의 부작용이 나타나면서 1970년대 말부터 정책 방향 선회의 필요성이 제기되었다. 정부는 이를 반영해 경제안정을 우선 추진하는 것으로 정책 기조를 바꾸었다. 그 결과 1980년대 초 물가는 빠르게 안정되고, 산업구조조정이 이루어져 과잉투자 문제도 상당 부분 해소되었다. 경제자유화 측면에서도 큰 진전이 이루어졌다. 고도성장기 한국경제는 이처럼 몇 차례 고비를 맞았지만, 효과적으로 대응하며 잘 넘어선 끝에 눈부신 성과를 이뤄 낼 수 있었다.

그로부터 어느덧 반세기 가까이가 지났다. 이처럼 오랜 세월이 흘렀음에도 '한강의 기적'은 그저 과거의 화려했던 추억으로 머물러 있지 않고, 오늘을 사는 우리에게도 여전히 중요한 의미를 지니고 있다. 그것은 현재 한국 사회가 누리고 있는 경제적 번영의 토대를 이루고 있는 동시에 한국

경제가 안고 있는 고질적인 문제를 낳은 요인도 되고 있기 때문이다. 뿐만 아니라 '한강의 기적'은 경제발전을 실현하는 데에 여전히 어려움을 겪고 있는 수많은 개도국들에게는 타산지석이 되고 있기도 하다. 이처럼 한국의 고도성장 경험은 현실과 밀접하게 맞닿아 있으므로, 계속해서 규명되고 새롭게 해석될 필요가 있다. 이 책에서 고도성장기를 살펴보는 것도 그러한 이유에서다.

* * *

한국경제가 거듭 찾아온 난관을 잘 극복하며 '한강의 기적'을 이룰 수 있었던 데에는 유능한 경제관료들의 역할이 중요했다. 당시에는 장기영, 김학렬, 오원철, 김정렴, 남덕우, 신현확 등 오늘날까지도 한국을 대표하는 경제관료로 회자되는 이들이 유난히 많이 등장했다. 이 시기를 '경제관료의 시대'라고 불러도 손색없을 정도다. 이 표현은 《뉴욕타임스》의 경제 분야 주필 빈야민 애펠바움Binyamin Appelbaum이 자신의 저서에서 시장 자유주의를 주창하는 일군의 경제학자들이 학계뿐만 아니라 기업, 산업계, 관계 등에서 요직을 차지하며 세계에 심대한 영향을 미쳤다는 것을 강조하고자 1969년부터 2008년까지의 40년을 '경제학자의 시대'라고 규정한 데에서 따왔다(빈야민 애펠바움 저, 김진원 역, 『경제학자의 시대 – 그들은 성공한 혁명가인가, 거짓 예언자인가』, 부키, 2022).

이 책에서는 '경제관료의 시대'를 수놓았던 13명의 주요 경제관료들에 대해서, 이들이 어떠한 성장 과정을 거쳤으며 관료의 길에 들어선 뒤에는 구체적으로 어떠한 측면에서 한국경제의 발전에 기여했는지를 중심으로 소개한다.

먼저 1부 '재건'에서는 한국전쟁 이후 1950년대에 걸쳐 한국경제가 재건되고 부흥을 모색하는 과정에서 중요한 역할을 했던 백두진과 송인상을 소개한다. 이들의 활약이 있었기에 한국경제는 막막했던 1950년대 경제적 어려움을 극복하고, 1960년대 이후 전개되는 고도성장의 발판을 마련할 수 있었다.

2부 '도약'에서는 1960년대 수출주도형 경제성장을 실현하던 시기에 활약했던 경제관료들을 소개한다. 먼저 나란히 부총리 겸 경제기획원 장관을 역임하면서 1960년대 경제기획원의 전성기를 이끌었던 '왕초' 장기영과 '쓰루' 김학렬의 생애를 살펴본다. 두 사람 모두 독특한 개성을 지니고 있어 숱한 일화를 남기기도 했는데, 한국경제가 성장궤도에 본격 진입하는 과정에서 크게 기여했다는 점에서 반드시 살펴볼 필요가 있는 인물들이다.

고도성장 과정에서 경제외교는 특히 중요했다. 재건 및 고도성장 초기 단계에서 한국경제는 원조와 차관, 그리고 수출에 의존할 수밖에 없었기 때문이다. 따라서 이 시기 경제외교에서 중요한 역할을 했던 인물을 살펴보지 않을 수 없는데, 1960년대 가장 활약이 두드러졌던 인물로 양윤세, 황병태를 꼽을 수 있다. 2부에서는 이들이 경제외교의 실무 담당자로서 세계를 누비며 외자 도입 및 수출 증대 과정에서 어떠한 역할을 했는가에 대해서도 살펴본다.

3부 '질주'에서는 1970년대 중화학공업화 추진 과정에서 중심적인 역할을 했던 경제관료들에 대해 살펴본다. 먼저 과학자로서 경제발전 과정에서 중요한 역할을 한 최형섭과 김재관의 생애를 소개한다. 최형섭은 한국 과학기술 분야를 개척한 인물로 평가되며, 김재관은 서독 체류 중 해외유치과학자 1호로 한국에 돌아와 중화학공업화를 설계하는 과정에서 다방면에 걸쳐서 중요한 역할을 수행한 바 있다.

　　이어서 소개할 인물은 '최장수 비서실장' 김정렴이다. 그는 1950년대 초반부터 1970년대 말까지 한국은행 행원, 재무부와 상공부의 장·차관, 대통령 비서실장 등으로 있으면서 한국경제의 굵직굵직한 사건에 관여해 온, 따라서 '경제관료의 시대'의 산증인이라 할 만한 인물이다. 그다음으로 살펴볼 경제관료는 중화학공업화의 설계자 오원철이다. 그는 중화학공업화를 주도한 인물로 널리 알려져 있지만, 1960년대 경제발전 초기 과정에서도 중요한 역할을 했는데, 이러한 부분도 종합적으로 살펴본다. 3부에서 마지막으로 소개할 인물은 1970년대 재무부 장관과 경제 부총리를 지내며 고도성장을 실현하는 데에 크게 공언했던 남덕우다. 그의 생애를 살펴보는 과정에서, 그가 역대 최고의 경제관료로 기억되고 있는 이유를 확인할 수 있을 것이다.

　　마지막 4부 '전환'에서는 한국경제가 성장 중심 정책 기조를 탈피하던 시기에 활약했던 경제관료 신현확과 김재익의 생애를 소개한다. 이들은 고도성장의 후유증을 앓던 1970년대 말~1980년대 초, 한국경제가 성장과 수출 중심 기조에서 탈피해 안정화를 추구하는 방향으로 선회하는 과정에서 중심적인 역할을 수행했다.

13명의 경제관료는 출생연도가 1908년(백두진)부터 1938년(김재익)까지 대략 한 세대에 걸쳐 분포되어 있으며, 1920년대생이 7명으로 가장 많다. 이들 생애를 하나의 표로 그려 보면 흥미로운 패턴이 관찰되는데, 가장 눈에 띄는 건 조선은행(한국은행) 출신이 많다는 점이다(18쪽 〈인물별 연표〉). 13명 중 6명이 조선은행 출신이다. 백두진, 장기영, 김정렴은 조선은행, 남덕우와 김재익은 한국은행에 근무한 이력이 있다. 송인상은 원래 식산은행에서 근무했는데, 재무부를 거쳐 1952년 한국은행 부총재를 역임했다. 조선은행은 해방 전은 물론 해방 이후에도 가장 좋은 직장 중 하나로 손꼽혔는데, 명성에 걸맞게 이처럼 많은 인재를 배출해 내기도 했던 것이다. 반면 오늘날 고위 관료의 산실이 되고 있는 고시 출신 인물은 일제 강점기 고등문관시험 합격자인 신현확을 포함해도 3명(김학렬, 황병태, 신현확)에 불과하다.

시간이 흐름에 따라 유학을 가는 국가가 달라지고 있다는 점도 흥미롭다. 연표에는 박사학위 취득만 표기해 놓아 나타나 있지 않지만, 대학 진학 상황을 보면 해방 전에는 주로 일본으로 유학을 갔다. 백두진(도쿄상과대), 김학렬(주오대), 최형섭(와세다대), 김정렴(오이타대)이 이에 해당한다. 그런데 해방 이후에는 상황이 크게 달라졌다. 양윤세는 미국에서 학사(코넬대), 석사(뉴욕대) 학위를 받았으며, 박사학위를 받은 최형섭(미네소타대), 김재관(뮌헨공대), 남덕우(오클라호마주립대), 김재익(스탠퍼드대)은 모두 미국, 독일(서독) 등 서구 국가에서 학위를 받았다.

13명의 경제관료에게서 공통적으로 나타나는 특징 중 하나는 '출세'가 빨랐다는 점이다. 13명 중에서 9명이 장관을 역임했는데, 장관으로 임명된 시점의 평균연령이 44.7세에 불과하다. 최연소는 39세(신현확)이며, 4명(백두진, 송인상, 김학렬, 김정렴)은 42~43세에 장관이 되었다. 이 중 가장 늦게 장관이 된 인물은 최형섭인데, 1971년 과학기술처 장관이 될 당시 그의 나이는 51세였다. 오늘날과 비교하면 장관이 되기에 늦기는커녕 아주 이른 편에 속하는 나이다.

　경제관료들의 생애를 소개하면서 특히 강조하고자 했던 바는 이들이 상당한 자율성을 부여받은 가운데 경제정책을 주도적으로 추진하면서 한국경제의 변화를 이끌어 갔다는 점이다. '한강의 기적'은 박정희 대통령의 최대 치적으로 평가받지만, 이는 결코 대통령 혼자 만들어 낼 수 있는 성과가 아니었다. 그것은 지도자의 뛰어난 리더십에 유능한 경제관료들의 정책적 뒷받침이 더해졌기에 가능했던 일이다. 이와 함께 기업가들이 지녔던 탁월한 기업가정신entrepreneurship, 산업 현장에서 구슬땀을 흘려가며 열심히 일했던 근로자들의 노고, 그리고 유리하게 조성되었던 국제 경제환경 또한 중요했음은 굳이 강조할 필요가 없을 것이다.

　물론 이것이 새로운 이야기는 아니다. 한국의 고도성장 과정에서 경제관료의 역할이 중요했음은 여러 연구를 통해 이미 확인되어 왔다. 그러나 이는 이 시대의 경제적 성과를 논하면서 자주 간과되거나 과소평가되어 온 부분이기도 하다. 이 책에서는 13명의 경제관료들의 활약상을 함께 살펴보고 있으므로, 경제관료들이 정책 추진 과정에서 얼마나 주도적인 역할을 했는지가 더욱 분명하게 드러날 것이다. 이 책에서의 논의가 이러한 문제가 바로잡히는 하나의 계기가 될 수 있기를 기대해 본다.

* * *

이 책을 통해 독자들이 얻기를 기대하는 바는 크게 세 가지다. 우선 첫 번째는, 당연한 이야기이지만, 한국경제의 고도성장을 이끈 경제관료들에 대한 이해가 깊어지는 것이다. 책에서 소개하는 관료 중에는 잘 알려진 인물도 있지만, 그동안 조명받지 못해 생소하게 느껴지는 인물도 있다. 또 잘 알려진 인물이라고 해도 그가 경제발전 과정에서 했던 역할이 구체적으로 알려져 있지 않은 경우도 많다. 독자들이 이러한 부분을 보완하는 데에 이 책이 도움이 되었으면 하는 바람이다.

두 번째는 '한강의 기적'을 전후한 시기 한국경제의 발전 경험에 대한 이해도를 높이는 데에 기여하는 것이다. 인물별 생애를 살펴보는 과정에서 당시 중요했던 경제적 사건들은 대체로 한두 번씩 언급될 것이며, 필요한 경우에는 그 세부적인 내용도 소개될 것이다. 인물별로 각 장이 구성되어 있어 사건들이 시간 순서대로 소개되고 있지는 않지만, 논의를 따라가다 보면 당시 경제의 큰 흐름, 주요 경제적 사건의 내용과 의미를 이해하는 데에 도움을 얻을 수 있을 것이다.

세 번째는 경제관료들의 생애를 통해 교훈을 발견하는 것이다. 경제관료의 생애를 살펴보다 보면, 타산지석으로 삼을 만한 모습을 여럿 확인할 수 있을 것이다. 예컨대, 일국의 중앙은행 부총재라는 높은 직위에 있으면서도 한국의 국제금융기구 가입을 승인받기 위해 체면과 자존심을 내려놓고 미국 국무성 문턱을 수없이 넘나들며 도움을 요청하던 송인상의 모습에서, 그리고 인기는 없지만 누군가는 해야 할 정책들을 추진하며 한국경제를 크게 변모시킨 김재익의 모습에서 그들이 경제관료로서 지녔던 투철한 사명감을 확인할 수 있을 것이다. 또한 높은 연봉이 보장된 서독에서의 안락한 삶을 기꺼이 포기하고 중화학공업화에 기여하겠다는 일념으로 연구 여건도 대우도 열악한 모국행을 택한 김재관의 모습에서는 헌신의 자세를, 어린 시절 혈혈단신 남한으로 내려와 온갖 고생 속에서도 학업의 끈을 놓지 않아 한국인 최초로 미국 코넬대를 졸업했던 '한국 정부의 대외창구' 양윤세의 삶을 통해서는 불굴의 의지와 도전 자세를 배울 수 있을 것이다.

＊＊＊

경제관료들의 생애를 소개하는 과정에서 경제관료 자신 혹은 그 자녀들이 남긴 회고록이나 자서전, 그리고 전기류 등을 주로 참고했다. 이는 지금까지 각 인물들에 대한 연구가 그리 활발하게 이루어지지 못한 데에다 관련 연구들도 주로 회고록, 자서전 등에 의존하고 있어서다. 이런 유형의 자료는 당사자의 경험에 기반하고 있는 만큼, 당사자가 아니면 알기 어려운 세세한 내용까지 담고 있다는 장점이 있다. 하지만 당사자의 긍정적 측면만 지나치게 부각하고 있다거나, 역할을 지나치게 강조하는 등의 문제가 있을 수 있다. 또 오래전 일을 복기하는 과정에서 기억의 오류나

왜곡이 발생했을 수도 있다.

글을 쓰는 과정에서 이러한 자료가 지닌 장점은 살리되, 관련 연구나 당시 언론 보도 내용을 참고하고 전문가 자문 의견을 반영하는 등의 방식으로 단점은 경계하려 했다. 하지만 시간적, 자료적 제약으로 인해, 그리고 무엇보다도 저자의 역량이 미치지 못하여 오류는 여전히 남아 있을 수밖에 없을 텐데, 이는 모두 필자의 몫이다.

이 책은 서울대학교 〈한국경제와 K학술확산 연구센터〉(소장: 서울대 경제학부 조영준 교수)의 요청으로 온라인 동영상 강의 '한국의 경제관료' 제작을 준비하면서 작성한 원고를 수정, 보완하여 만든 것이다. 이 강의를 준비하고, 나아가 그 내용을 책으로 엮을 수 있는 소중한 기회를 주신 〈한국경제와 K학술확산 연구센터〉와 원고를 꼼꼼히 검토하여 잘못된 내용을 바로잡는 데에 큰 도움을 주신 익명의 두 선생님, 그리고 책을 예쁘게 만들어 주신 너머북스(대표: 이재민)에 깊이 감사드린다.

차례

머리말   4

1부   재건

1장 백두진 – 한국경제의 재건을 이끌다   23
조선은행의 핵심 인물 | 원조 관련 업무를 총괄하다 | 전시 재정을 책임지는 수장 | 임시
토지수득세를 도입과 농민의 희생 | 유엔군대여금 상환을 이끌어 내다 | 1차 통화개혁
주도 | 백—우드 협약

2장 송인상 – 장기경제개발계획의 선구자   49
은행원에서 경제관료로 | '경제안정 15원칙'의 수립 | 국제금융기구 가입의 길을 열다 |
장기경제개발계획 수립 과정 주도 | 환율 사수의 선봉에 서다 | 인재 발굴과 양성

2부   도약

3장 장기영 – 고도성장의 시동을 걸다   81
학력 핸디캡을 극복하다 | 한국전쟁기 한국은행에서의 활약상 | 경제기획원의 전성시대
를 열다 | 스태미나가 넘치는 사람 | 물가 잡기 총력전 | 유례없는 역금리의 도입 | 외자
도입은 다다익선

4장 김학렬 – 경제기획원 전성시대의 주역   **111**

제1회 고등고시 수석 합격 | 강직한 관료로 주목받다 | 경제기획원의 실세 차관 | 왕초와 쓰루 | "재무부의 영광을 되찾겠다" | 청와대에서 대통령의 신임을 얻다 | 포항제철 건설의 실현 | 성장과 안정이라는 두 마리 토끼 잡기

5장 양윤세, 황병태 – 경제외교 현장을 누비다   **139**

혈혈단신 남한행 | 과장들의 전성시대 | 약방의 감초 | 29살의 대통령 특명대사 | IECOK 창설 작업을 담당하다 | 종합제철소 차관 도입에 난항을 겪다 | 한국 정부의 대외창구 | 4대 핵공장 건설 사업

3부   질주

6장 최형섭, 김재관 – 한강의 기적을 이끈 과학자들   **169**

한국 최초의 금속공학 박사 | 한국 철강산업의 발전을 꿈꾸다 | KIST 설립을 이끌다 | 종합제철소 건설의 숨은 영웅 | 중화학공업 발전의 밑그림을 그리다 | 과학기술 분야 발전의 기틀을 다지다 | 자동차 고유 모델 육성 추진

7장 김정렴 – 박정희의 경제 총참모장   **197**

대를 이어 은행원이 되다 | 1차 통화개혁 | 물가안정의 실현 | 2차 통화개혁 실패의 쓴맛 | 수출주도형 공업화 추진 | GATT 가입을 실현하다 | 석유화학공업 발전의 기반을 다지다 | 한국경제를 총괄하는 역할을 맡다 | 사채동결 조치 | 박정희–김정렴–오원철 3자 회동 | 부가가치세 도입 연기론을 뒤집다

8장 오원철 – 한국 중화학공업화의 설계자　　229

엔지니어 오원철 | 제1차 5개년계획 탄생의 비밀 | 수출주도형 공업화의 숨은 주역 |
석유화학공업단지 건설과 금오공고 설립 | 중화학공업화의 청사진 | '오 국보'
중화학공업화를 주도하다 | 행정수도 이전 계획 추진 | 중동 진출이라는 활로를 뚫다

9장 남덕우 – 1970년대 한국경제의 뛰어난 관리자　　255

행원에서 경제학자로, 그리고 관료로 | 안정론자 남덕우 | 부가가치세 도입 논의의
물꼬를 트다 | 8·3 조치 후 기업 금융환경 개선 | 국민투자기금의 고안 | 한국경제
의 3중고 극복을 위한 노력 | 경제외교에 적극 나서다 | 뜻밖의 '정책 쿠데타'

4부　전환

10장 신현확 – 성장 우선주의에 제동을 걸다　　285

출사의 결심 | "상공부 정책은 신현확이 다 한다" | 역대 유일의 30대 장관 | 재계와
정계에서 활약하다 | 의료보험제도를 디자인하다 | 부총리 임명, 경제정책 전환의 신
호탄 | 한국경제의 방향 전환을 위한 고군분투

11장 김재익 – 경제 안정화를 이끌다　　309

자유주의자가 되다 | 백석정간 | 경제안정론의 대두를 주도하다 | "경제는 당신이
대통령이야" | 공정거래제도의 도입 | 물가안정을 최우선 과제로 삼다 | 경제 자유화
를 지향하다 | 금융실명제 도입 시도, 쓴맛을 보다

글을 마치며　　336
참고문헌　　339
찾아보기　　344

한국경제사 인물&이슈 차례

1   박두병 · 27

2   귀속재산 불하 · 35

3   대충자금 · 40

4   김유택 · 55

5   한국은행 초대 총재, 구용서 · 87

6   이한빈 · 91

7   관치의 그늘 · 101

8   김학렬과 김수환 추기경의 인연 · 114

9   박충훈 · 128

10   박태준 · 156

11   대한국제제철차관단과의 사업 중단의 내막 · 161

12   이휘소 박사와 KIST · 179

13   수출주도형 공업화로의 전환 이유 · 208

14   김용환 · 222

15   엔지니어링 어프로치 · 245

16   서강학파 · 259

17   1·15 조치가 될 뻔했던 8·3 조치 · 267

18   8·3 조치와 위장사채 · 270

19   경제과학심의회의 · 296

20   자유주의자 미제스와 김재익 · 313

21   3저 호황 · 322

22   공정거래법의 역할 확대 · 326

인물별 연표

1910 ⋯ 1930 ⋯ 1950 1960

백두진
- 1908 출생
- 1934 조선은행 행원
- 외자총국 국장 1949
- 1951 재무부 장관
- 국무총리 1953
- 1961 민의원(총 5선)

송인상
- 1914 출생
- 1935 식산은행 행원
- 1949 재무부 이재국장
- 한국은행 부총재 1952
- 1957 부흥부 장관
- 재무부 장관 1959

장기영
- 1916 출생
- 1934 조선은행 행원
- 1950 한국은행 부총재
- 조선일보 사장 1952
- 1954 한국일보 사장
- 1964 부총리

김학렬
- 1923 출생
- 1950 고등고시 수석
- 1961 재무부 사세국장
- 기획원 부원장 1963

양윤세
- 1931 출생
- 기획원 외자총괄과장 1962

황병태
- 1935 출생
- 1956 고등고시 합격
- 기획원 공공차관·과장 1962

최형섭
- 1920 출생
- 미네소타대 박사 1958
- 1961 상공부 광업국장
- 원자력연구소장 1962

김재관
- 1928 출생
- 1961 뮌헨공대 박사
- 데마크 철강 근무 1962

김정렴
- 1924 출생
- 1944 조선은행 행원
- 1959 재무부 이재국장
- 재무부 차관 1962
- 1964 상공부 차관

오원철
- 1928 출생
- 1961 상공부 화학과장
- 상공부 공업제1국장 1964

남덕우
- 1924 출생
- 1952 한국은행 행원
- 오클라호마주립대 박사 1961
- 1964 서강대 교수

신현확
- 1920 출생
- 고등문관시험 합격 1943
- 1947 대구대 교수
- 상공부 공정과장 1951
- 1954 상공부 전기국장
- 1957 부흥부 차관
- 부흥부 장관 1959
- 1964 경제과학심의회의 상임위원

김재익
- 1938 출생
- 1960 한국은행 행원

1970	1980	1990	...	2020

국회의장
1971

1970	1979	1993
국무총리	국회의장	사망

수출입은행장
1976

1968	1974	1980	2015
경제과학심의회의 비상임위원	주EC 대사	동양나이론 대표이사	사망

1967	1973	1977
IOC 위원	국회위원	사망

청와대 경제수석
1968

1966	1969	1972
재무부 장관 청와대 정무수석	부총리	사망

농림부 차관보	주미공사	수출입은행장 동력자원부 장관
1971	1974	1979

1966	1972
기획원 투자진흥관	청와대 비서관

기획원 운영차관보	한국 외대 총장	주중대사
1970	1984	1993

1967	1988
기획원 경제협력국장	국회의원(총 2선)

한국과학재단 이사장
1977

1966	1971	1980	2004
KIST 소장	과학기술처 장관	한국과학원 원장	사망

ADD 부소장	표준연구소 소장
1972	1975

1967	1973	1981	2017
KIST 근무	상공부 중공업차관보	인천대 교수	사망

재무부 장관	대통령비서실장
1966	1969

1967	1979	2020
상공부 장관	주일대사	사망

청와대 제2경제수석
1971

1970	1974		2019
상공부 광공전차관보	중화학공업추진위 기획단장		사망

대통령 경제특보	무역협회장
1979	1983

1969	1974	1980	2013
재무부 장관	부총리	국무총리	사망

쌍용양회 회장	국회의원	부총리	삼성물산 회장
1969	1973	1978	1986

1975	1979	2007
보건사회부 장관	국무총리	사망

기획원 경제기획국장	사망
1976	1983

1973	1980
스탠퍼드대 박사 청와대 경제수석보좌관	청와대 경제수석

1부
－
재건

1장

백두진
한국경제의 재건을 이끌다

백척간두라는 말이 딱 어울리는 시대였다. 해방을 맞이했지만 경제적 혼란은 쉽게 수그러들지 않았다. 혼란이 좀 가라앉는가 싶자, 이번에는 한국전쟁이 발발해 한국경제는 더 큰 수렁에 빠져들고 말았다. 해방 직후부터 1950년대 중반까지 한국경제의 현실은 위태로웠고, 앞날은 불투명했다.

한국은 이러한 위기의 시대를 잘 극복했다. 한국경제는 차츰 안정을 회복했고 부흥의 길로 나아갔다. 위기 극복은 무엇보다도 다시 일어서려는 국민적 노력이 있었기에 가능했다. 원조를 비롯한 외부로부터의 지원도 큰 도움이 되었다. 여기에 더해 정부가 효과적인 정책을 편 것 역시 한몫했다. 그리고 그 중심에는 이 시기 재무부 이재국장, 재무부 장관, 국무총리, 경제조정관 등의 중책을 맡아 그 역할을 충실히 수행한 경제관료 백두진의 활약이 있었다.

조선은행의 핵심 인물

백두진은 1908년 황해도 신천에서 백영은의 둘째 아들로 태어났다. 부친 백영은은 평양에 있던 숭실학교를 졸업한 뒤 한동안 남강 이승훈이 설립한 정주 오산학교에서 교편을 잡기도 한 인물인데, 안타깝게도 44세를 일기로 일찍 세상을 떠났다.

백두진이 태어났을 무렵, 집안은 아주 부유하진 않아도 꽤 넉넉한 편이었다. 시골 살림살이임에도 인력거가 두 채나 있었다고 한다. 그는 머슴이 끄는 인력거를 탔던 기억을 회고록에 쓰기도 했다. 하지만 어떠한 연유에서인지 그가 여섯 살 무렵 가세가 기울었고, 가족은 신천을 떠나 당시 아버지가 머물던 서울로 이사했다.

그가 서울에서 학업을 이어 가고 1928년 휘문고등보통학교를 졸업한 뒤 일본 유학까지 간 걸 보면, 가세가 기울었다지만 경제 상황이 아주

어려워지지는 않았던 것 같다. 일본으로 건
너간 백두진은 도쿄상과대학에 입학했다.
이 학교는 일본 최초의 상과대학으로, 오늘
날 일본 경제학 분야를 대표하는 학교 중 하
나인 히토쓰바시대학—橋大學의 전신이다.
그는 입학 동기 중 유일한 조선인이었다.

당시 고등보통학교 졸업자는 곧바로
대학 학부에 진학할 수 없었고, 대학의 예
과 과정을 거쳐야 했다. 백두진은 예과에
해당하는 상학전문부를 3년 다닌 뒤 학부

백두진의 도쿄상과대학 재학 시절 모습
출처: 백두진, 『백두진 회고록』, 대한공론사, 1975.

에 진학하여 3년 과정을 마치고 1934년 졸업했다. 졸업을 앞두고 그는 당
시 조선 엘리트들이 선망하는 최고의 직장이던 조선은행과 조선식산은행
에 지원했다. 조선은행은 일제가 세운 조선의 중앙은행이고, 식산은행은
산업금융을 목적으로 역시 일제가 설립한 특수은행이었다. 이 중 조선은
행에 합격한 그는 입행 직후 서울로 발령을 받으면서 6년여의 일본 유학
생활을 마무리하고 조선으로 돌아오게 된다. 그는 일본 유학과 은행 입사
라고 하는 당시 조선인의 엘리트 코스를 차근차근 밟아 나간 것이다.

조선은행은 1933년부터 조선인을 공채하기 시작했다. 그 이전에도
조선은행에 입행한 조선인은 여럿 있었지만, 공채로 조선인을 뽑은 건 이
때가 처음이었다. 1933년 공채로 입행한 조선인 중 잘 알려진 인물로는 박
두병(1910~1973)이 있다. 백두진은 1934년 입행했으니 공채 2기라고 할 수

있는데, 훗날 부총리 겸 경제기획원 장관을 역임한 장기영도 그와 같은 해에 입행했다(→3장).

백두진은 조선이 해방될 때까지 10여 년간 조선은행에서 근무했다. 그는 말단 서기로 시작하였지만, 능력을 인정받아 나중에는 간부급으로서 서울 본점에서 은행 대출을 총괄하는 중요한 업무에 관여하기도 했다. 다만 조선인에 대한 차별 때문인지, 은행 대출과 관련하여 그가 실제로 한 역할은 제한적이었던 것 같다. 그는 대출 업무에 관여할 당시 자신은 기계적으로 심사 의견만 작성했을 뿐이며, 결정권은 일본인 직원들이 장악하고 있었다고 했다.

해방 이후 미군정기에도 그는 은행 내에서 중요한 역할을 맡았다. 해방과 함께 조선은행 이사가 된 백두진은 '조선은행 운영위원회' 위원으로서, 당시 운영위원장이던 구용서와 함께 조선은행을 대표하는 인물로 활동하면서 은행을 재편하는 과정에 주도적으로 참여했다.

이렇듯 조선은행을 안정화시키는 데에 주력하던 그는 대한민국 정부가 수립된 지 얼마 되지 않은 1949년 초 이범석 초대 국무총리로부터 외자총국 국장을 맡아 달라는 요청을 받는다. 이범석에게 그를 추천한 사람은 이승만 대통령이었다. 조선은행 재편 과정에서 두각을 나타낸 백두진은 경제적 식견과 실력으로 인정받고 있었는데, 이 대통령의 눈에도 띄었던 것이다.

그는 처음에는 이 요청을 거절했다. 조선은행에 계속 있고 싶었다. 하지만 요청이 거듭되자 결국 조선은행 이사를 겸임하면서 6개월만 맡는

박두병

박두병은 경성고등상업학교를 졸업한 뒤 조선은행에 공채 1기로 입사했다. 치열한 경쟁을 뚫고 입사한 은행이었지만 그는 오래 근무하지 않았다. 가업에 참여하고자 입행 몇 년 만에 퇴사한 뒤, 부친 박승직(1864~1950)이 경영하던 박승직상점에 입사했다. 해방 후 그는 박승직상점을 폐업하고 1948년 무역업을 목적으로 하는 두산상회를 설립하였다. 또 귀속기업 쇼와기린맥주(1948년 동양맥주주식회사로 상호 변경)의 관리지배인을 지내기도 했는데 1952년 이 기업을 불하받아 국내 최

조선은행 재직 시절 박두병
출처: 한국경제인협회 디지털 기업인 박물관.

대 맥주회사를 보유하게 되었다. 이후 맥주 관련 수직 계열화를 완성한 데에 이어 통신사를 인수하고 청량음료사업, 수산업, 금융업, 전자산업 등에 진출하면서 사업 다각화를 통해 두산그룹을 일궈 낸 그는 오늘날 한국을 대표하는 기업가 중 한 명으로 기억되고 있다.

다는 조건으로 외자총국 국장으로 가게 된다. 잠시 관료로서 활동한 뒤 다시 은행으로 돌아올 생각이었다.

원조 관련 업무를 총괄하다

그가 국장을 맡게 된 외자총국은 어떠한 기관이었을까? 당시 한국은 미국으로부터 원조를 제공받고 있었다. 해방 이후 한국경제는 외부의 지원에 상당 부분 의존해야 할 만큼 취약한 상태였다. 외자총국은 원조와 관련된 업무를 총괄하는 기관이었다. 한국에 원조물자가 도착하면, 이를 하역 및 수송하고, 배정하며 판매대금을 징수하는 등의 업무를 담당했다. 외자총국은 1949년 12월 외자관리청, 1955년 2월 외자청으로 명칭이 바뀌고 1961년에는 조달청으로 확대·개편되어 오늘에 이르고 있다.

　　당시 한국경제에서 원조는 매우 중요한 비중을 차지했다. 국내 생산이 턱없이 부족했으므로 해외에서 물자를 많이 들여와야 했는데, 외화가 크게 부족해 대부분 수입 대신 원조 형태로 들여오고 있었기 때문이다. 따라서 원조물자가 얼마나 적재적소에 배분되고 효율적으로 활용되는가는 한국경제를 재건하고 부흥을 실현하는 데에 매우 중요한 문제였다. 이러한 상황에서 이 대통령의 추천으로 그가 원조 관련 업무를 총괄하는 외자총국의 수장을 맡게 되었다는 것은, 그에 대한 이 대통령의 신임이 두터웠음을 보여 준다.

백두진은 외자총국 초대 국장으로서 미국의 대한 원조를 통제하고 배분하는 업무를 총괄하면서 외자총국 운영 시스템을 구축하는 역할도 담당해야 했다. 1년 10개월 정도 근무하며 이러한 소임을 충실히 감당한 그는 1950년 10월 외자관리청장직에서 물러났다. 한국전쟁 중 원조물자가 점령지에서 대량으로 소실되는 사건이 발생하자 이에 대해 책임을 지고 물러난 것이다.

그런데 그가 외자관리청장으로 재직하는 동안 조선은행이 한국은행으로 개편되면서 그는 은행 이사직을 상실한 상태였다. 따라서 그는 조선은행으로 돌아갈 수 없었다. 다시 은행으로 돌아가겠다던 그의 계획은 수포로 돌아가고 만 것이다.

하지만 그의 공백기는 길지 않았다. 국장을 그만둔 뒤 일주일도 지나지 않아 최순주 재무부 장관의 요청으로 식산은행 두취가 된 것이다. 두취는 오늘날의 은행장이다. 16년 전 자신을 채용하지 않았던, 또 자신이 오랜 기간 몸담았던 조선은행과 줄곧 라이벌 관계에 있었던 식산은행에 수장으로 가게 된 것이다.

전시 재정을 책임지는 수장

백두진이 식산은행 두취로서 활동한 기간은 그리 길지 않았다. 취임 5개월 만인 1951년 3월 재무부 장관으로 임명되었기 때문이다. 당시 재무부 장관은 그를 식산은행 두취로 임명한 최순주 장관이었다. 그런데 전쟁으로 인해 재정지출이 늘고 통화량이 급격히 팽창되면서 인플레이션 문제가 심각해지던 상황에서 최 장관이 물가 상승을 더욱 부추길 수 있는 미국의 환율 인상 주장에 동조하자, 격노한 이승만 대통령이 그를 해임하고 백두진을 그 자리에 앉힌 것이다. 이렇게 해서 백두진은 전시라는 긴박한 상황에서 재무부 장관이라는 중책을 맡게 되었다.

그가 취임한 1951년 3월 당시 한국경제는 한국전쟁으로 인해 상당한 어려움에 직면해 있었다. 재무부 장관이 된 그에게 주어진 가장 중대한 과제는 심각한 전시 인플레이션 문제를 해결하는 것이었다.

인플레이션 문제는 해방 이후 한국경제가 안고 있던 고질적인 문제 중 하나였다. 한국전쟁 발발 이전에도 인플레이션 문제는 심각했는데, 이는 해방 직후 통화량이 팽창한 데에다 산업 생산이 위축된 상황에서 일본, 중국, 북한 등으로부터 단기간 내에 300만 명에 육박하는 대규모 인구가 유입되어 물자에 대한 수요가 증가하는 등 여러 요인이 겹친 결과였다. 다행히 물가상승률은 갈수록 낮아지는 경향을 보였지만, 1949년에도 소비자물가상승률이 25%에 이를 만큼 물가불안은 심각했다.

치솟던 물가는 1950년 3월 '경제안정 15원칙'이 시행되면서 어느 정도 잡히는 듯했다. 산업 부흥을 추진하기에 앞서 인플레이션 문제를 해결하고자 시행한 정책이었다(→2장). 이를 통해 인플레이션이 수습되어 경제안정이 실현되면, 1948년 체결된 '한미원조협정'에 의거한 원조 사업이 본격적으로 추진될 예정이었다.

그런데 1950년 6월 25일 한국전쟁이 발발하면서 인플레이션 문제는 다시 심각해졌다. 전쟁이 발발하면 국방비를 비롯한 재정지출이 급격하게 증가하므로 통화팽창에 따른 인플레이션 문제가 다시 불거질 수밖에 없다. 백두진이 재무부 장관에 취임한 1951년 3월 화폐발행고는 한국전쟁 발행 직후와 비교하면 6배 가까이에 이르고 있었다.

전쟁 발발 이후 통화량이 급증한 가장 큰 원인은 한국 정부가 한국전쟁에 참전한 유엔군의 활동 경비를 대여해 준 데에 있었다. 한국전쟁이 발발한 지 한 달 정도 지난 1950년 7월 28일 한국과 미국 정부는 '유엔군 경비지출에 관한 협정'을 맺었다. 이에 근거해 한국 정부는 유엔군의 활동에 필요한 경비를 원화로 대여해 주었는데, 이를 유엔군대여금이라고 부른다.

당시 정부는 이러한 자금을 조달할 능력이 없었기에 한국은행의 발권력에 의존할 수밖에 없었다. 계속 돈을 찍어 내서 유엔군대여금을 지급했던 것이다. 그 결과 유엔군대여금 지급이 통화 증발 요인의 80% 이상을 차지했고 전시 인플레이션의 주요인이 되었다.

백두진은 바로 이러한 상황에서 재무부 장관이 되었다. 따라서 그의 관심사 역시 인플레이션을 어떻게 해결할 것인가, 특히 유엔군대여금 지급으로 인한 통화팽창 문제를 어떻게 해결할 것인가에 놓일 수밖에 없었다. 이에 백두진은 취임 후 재정안정을 위한 정책부터 추진하게 된다. 당시에는 이를 줄여서 '백재정'이라고 불렀다.

임시토지수득세 도입과 농민의 희생

백두진은 전쟁 수행을 위해서는 재정지출을 늘리고 통화공급을 확대하는 것은 불가피하다고 판단했다. 이러한 전제하에 물가 문제를 해결하기 위해 그는 재정수입을 늘리고, 통화를 회수하기 위한 다양한 정책을 적극 추진했다. 그 가운데 중요한 정책 몇 가지를 살펴보자.

우선 백두진은 임시토지수득세 제도의 도입을 추진했다. 이 제도의 핵심은 토지세를 현금이 아니라 현물로 납부하도록 하는 것이었다. 이런 조치가 재정수입 확대, 그리고 물가안정과 무슨 관계가 있는 걸까?

당시 정부는 양곡을 수매하면서 연말마다 대량의 양곡수집자금을 방출하고 있었고, 이는 연말에 통화량이 크게 증가하는 요인이 되었다. 그런데 한국전쟁이 발발하자 정부에서 매입해서 확보해야 하는 식량의 규모가 더욱 늘어났다. 군량미에 대한 수요가 급증한 데에다 피난민에게 식량을 배급해야 했고, 양곡 유통이 제대로 이루어지지 않아 식량 구입에 어려움을 겪는 도시민에게도 식량을 배급해야 했기 때문이다. 게다가 전쟁으로 인해 곡가는 오르고 있었다. 따라서 정부가 필요한 식량을 수매하거나 시장을 통해 조달할 경우, 재정지출은 크게 늘어날 수밖에 없었고, 이에 따른 통화팽창은 가뜩이나 심각한 인플레이션 문제를 더욱 심화시키는 요인이 될 수 있었다.

백두진은 토지에 대한 세금을 현물로 내도록 하면 이러한 문제를 상당 부분 해결할 수 있다고 판단했다. 수매 대신 세금의 형태로 정부가 필요로 하는 양곡을 안정적으로 확보하면서 통화팽창도 막을 수 있다고 판단한 것이다. 이에 백두진은 임시토지수득세 도입을 적극 추진했고, 국회에서의 격렬한 논란 끝에 임시토지수득세법이 1951년 9월 통과되었다.

사실 이 법은 농민에게는 상당히 불리한 법이기도 했다. 농민이 부담해야 하는 세 부담이 크게 늘어났기 때문이다. 기존 지세법에서는 수확량에 농산물 가격을 곱한 금액의 4%를 징수했다. 그런데 임시토지수득세는 수확량의 15~28%라는 높은 세율이 적용되었다.* 그럼에도 백두진을 비롯한 재무부 관료들은 전쟁의 피해를 상대적으로 적게 받은 농촌이 더 많은 재정적 부담을 감당해야 된다고 판단하여 이러한 정책을 추진했다. 여기에 농산물에 대한 과세가 상대적으로 용이하다는 점도 고려된 것으로 보인다.

임시토지수득세 도입의 결과는 어떠했을까? 정부는 정부관리양곡을 안정적으로 확보하면서, 동시에 수매 시기에 막대한 규모의 양곡수집자금이 방출되는 것도 막아 통화팽창 문제도 일정 부분 해결할 수 있게 되었다. 게다가 기존 토지세보다 훨씬 높은 세율이 적용된 결과 임시토지수득세 도입은 세수 확보라는 측면에서도 큰 도움이 되었다. 임시토지수득세가 조세 수입에서 차지하는 비중은 1951년에는 24%, 1952년에는 36%, 1953년에는 28%에 이르렀다. 이는 시장가격보다 크게 낮았던 법정가격을 적용해서 산출한 결과다. 즉 시장가격을 적용해서 산출해 보면, 당시 임시토지수득세가 세수에서 차지하던 비중, 그리고 재정수입 증대에 기여한 정도는 이보다 훨씬 커지게 된다. 그런데 이는 정부가 농민에게 과중한 부

---

* 누진세율이 적용되어 수확량이 10석 이하인 경우 세율은 15%로 가장 낮았고, 50석 초과인 경우 세율은 28%로 가장 높았다.

담을 지워서 이들의 희생을 바탕으로 전시경제의 어려움을 모면하려 한 조치라는 점도 잊어서는 안 될 것이다.

이처럼 임시토지수득세가 조세 수입에서 중요한 비중을 차지하다 보니 정부는 전쟁 기간 임시로 도입한 세목임에도 전쟁이 끝난 뒤 이를 쉽게 폐지하지 못했다. 세율을 크게 인하하긴 했지만 전후에도 임시토지수득세 제도를 계속 유지한 것이다. 임시토지수득세는 정전협정이 체결되고서도 7년여가 흐른 뒤인 1960년 말에야 폐지되었다.

백두진은 임시토지수득세 도입 외에도 재정수입 확대를 위한 여러 정책을 추진했다. 그중 하나가 귀속재산 경쟁입찰 방식의 도입이다. 귀속재산이란 해방과 함께 일본인들이 떠나면서 남기고 간 기업, 토지, 주택 등을 말하며, 적이 남기고 갔다고 해서 적산이라고도 불렸는데, 해방 직후 모두 미군정에 귀속되었다. 귀속재산에서 가장 큰 비중을 차지한 것은 기업이었는데, 미군정기에 이들 기업을 민간에 불하하는 것으로 방침이 정해졌다. 불하란 국유재산을 민간에 판매하는 것을 의미한다.

그런데 당시까지 귀속기업은 주로 우선권을 지닌 관리인, 주주, 직원 등 연고자에게 불하되고 있었다. 하지만 정부의 재정수입 증대라는 측면에서 보면, 이보다는 입찰을 통해 자금 동원 능력이 보다 큰 자본가에게 불하되도록 하는 것이 유리했다. 백두진은 이러한 점을 고려해 귀속재산 불하 과정에 경쟁입찰 방식을 도입하려 한 것이다. 결과적으로 최고입찰자에게 매각하는 방안이 통과되고 이는 전시 재정적자 폭을 줄이는 데에 도움이 되었다.

귀속재산 불하

귀속재산 처리에 있어 관건은 기업들의 처리였는데, 국가가 소유하여 운영할 것인지, 아니면 불하 즉 민간에 매각할 것인지 결정해야 했다. 당시 산업시설 중에서 귀속기업이 차지하는 비중이 상당히 높았으므로, 귀속기업 처리 원칙을 정하는 것은 앞으로의 한국 경제 구조에 큰 영향을 미치는 중요한 문제였다.

처리 원칙은 미군정기에 정해졌다. 일부를 제외하고 대부분의 기업을 민간에 불하한다는 것이었다. 귀속재산의 본격적인 매각은 1948년 정부 수립 후 이루어졌다. 그런데 당시 귀속기업을 불하받는 것은 상당한 특혜였다. 우선 불하 가격이 사정 가격의 60% 정도로 낮았다. 평가된 기업 가치의 60% 정도만 지불하면 기업을 취득할 수 있었다. 불하대금을 지가증권으로 납입할 수 있도록 한 것도 불하받는 사람에게 유리하게 작용했다.

지가증권이란 농지개혁 당시 국가가 토지를 매각한 지주에게 발급해 준 증권을 말한다. 이 증권은 활발히 매매되었는데, 대개의 경우 액면가보다 훨씬 낮은 가격에 거래되었다. 따라서 귀속기업을 취득하려는 사람은 지가증권을 구입해서 현금 대신 납부함으로써 부담을 줄일 수 있었다. 이와 함께 불하대금을 15년간 분할 납입할 수 있었던 것 역시 실질적으로 불하가격을 낮추는 요인이 되었다. 그 사이 한국전쟁 발발 등으로 인해 물가가 급등했기 때문이다.

이러한 특혜적 요소 때문에 귀속기업 불하는 정경유착과 부정부패의 온상이 되었다는 비판을 받기도 한다. 하지만 다른 한편으로는 민간의 자본 축적이 빈약했던 상황에서 불하를 통해 기업이 성장할 수 있는 계기가 마련된 것으로 평가되기도 한다. 한국의 경제발전 과정에서 중요한 역할을 한 대규모 기업집단이 형성되는 계기가 역사적으로 몇 차례 있었는데, 그중 첫 번째가 귀속재산 불하였다는 것이다. 예를 들어, 선경직물에서 근무하던 최종건은 1953년 이 기업을 불하받았는데, 이는 오늘날 SK라는 대규모 기업집단의 모체가 되었으며, 박두병은 쇼와기린맥주를 불하받아 이를 토대로 두산그룹을 일궈 냈다.

유엔군대여금 상환을 이끌어 내다

유엔군대여금 지급은 통화량 팽창의 주요 원인이 되고 있었다. 따라서 이를 상환받아 통화량을 흡수하지 않고서는 인플레이션 문제를 근본적으로 해결하기 어려운 상황이었다. 당시 유엔군대여금을 조기에 상환받아야 하는 이유는 또 있었다. 유엔군대여금을 달러로 상환받게 되면 한국 정부 입장에서는 심각한 외화 부족 문제를 완화하는 데에 큰 도움을 얻을 수 있었던 것이다.

백두진은 미국 대사관을 수차례 찾아가 유엔군대여금 상환을 요청했다. 미국은 이 자금을 상환할 뜻이 없는 듯했다. 미국은 이것이 대여금이 아니라 원조 판매로 발생하는 대충자금을 미리 사용하는 것으로 생각했기 때문이다. '유엔군 경비지출에 관한 협정'에 대여금 상환에 대한 규정이 명확하게 담기지 않았던 것이 이러한 논란을 낳은 원인이었다.

미국 측이 상환 거부 의사를 밝힌다고 해서 그대로 물러설 수는 없었다. 유엔군대여금을 상환받는 것은 당시 한국 정부 입장에서 절박한 문제였다. 때마침 백두진은 유엔군사령부와 자주 얼굴을 마주할 일이 있었다. 당시 ECA Economic Cooperation Administration(미국 경제협조처)의 원조가 사실상 중단되고, 대신 유엔군사령부 주도하에 원조가 이루어지면서 한국과 유엔군사령부 사이에 경제원조에 관한 새로운 협정을 체결할 필요가 있어 양측은 1951년 4월부터 회담을 진행하고 있었다.

재무부는 유엔군사령부와 이 회담을 열 때마다 유엔군대여금 상환을 요구하며 설득하는 작업을 지속해 나갔다. 그 결과 미국의 인식에도 차츰 변화가 나타났고, 마침내 1951년 10월 처음으로 유엔군대여금 상환이 이루어졌다. 금액은 1,200만 달러로 대여금 중 10% 남짓에 불과했지만 이에 고무된 백두진은 대여금 전체를 청산해 줄 것을 미국 측에 계속 요구했다.

1952년 4월 마이어 Clarence E. Meyer 특사를 단장으로 한 미국 대통령 특별사절단이 한국을 찾았다. 유엔군대여금 상환 문제 등으로 인해 한미경제회회담이 난항을 거듭하면서 새로운 원조 관련 협정의 체결이 지연되자 미국에서 대통령 특사를 파견해 온 것이다. 백두진은 이들과의 회담에 한국 정부 대표로 참석했다. 회담에서 백두진은 새로운 협정이 체결되면 즉시 유엔군대여금을 상환해 줄 것을 요구하였다. 반면 마이어 특사 일행은 원조물자를 어떻게 구성할 것인지, 인플레이션 수습을 통해 한국경제의 안정을 도모할 방안은 무엇인지 등에 관심을 갖고 있었다. 이러한 입장 차로 인해 회담은 한 달 넘게 이어졌고 양측은 마침내 접점을 찾아 5월 24일 '한미경제조정협정', 이른바 '마이어 협정'을 체결했다.

마이어 협정에 담긴 내용은 크게 두 가지였다. 하나는 유엔군 총사령부와 한국 정부가 경제 문제를 조정할 기구인 한미합동경제위원회CEB: Combined Economic Board를 신설한다는 것이었다. 합동경제위원회는 원조 관련 정책을 조정하고 필요한 정책은 한국 정부에 건의하는 기능을 담당했는데, 한국과 미국 양측 대표 1명씩으로 구성되었으며, 이들을 경제조정관이라 했다. 백두진은 이때부터 한국 측 경제조정관이 되어 1956년 5월까지 4년간 미국과의 원조 교섭에 나서는 중요한 역할을 담당했다.

이후 합동경제위원회에서는 매우 다양한 문제가 논의되었다. 한국 정부의 재정, 금융, 물가, 무역 정책뿐 아니라 원조물자 판매가격을 어떻게 할 것인지, 대충자금은 어떻게 운영할 것인지 등에 대해서도 다루었다. 미국은 합동경제위원회의 미국 측 대표를 통해 한국 정부의 경제정책에 큰 영향을 미칠 수 있었다.

마이어 협정에 담긴 또 하나의 중요한 사항은 한국 정부가 경제를 안

백두진이 마이어 특사 일행과 촬영한 기념사진(왼쪽 두 번째가 백두진)
출처: 국가기록원.

정시킬 분명한 행동을 취한다면 유엔군 측에서 대여금 전부를 상환한다는 것이었다. '한국 정부가 경제를 안정시킬 분명한 행동을 취한다면'이라는 조건이 달리긴 했지만, 백두진이 지속적으로 요구해 온 바를 미국 측에서 전격적으로 수용한 것이다. 결국 유엔군대여금 상환 문제는 1953년 초 미결제분의 청산이 이루어지면서 해소되었다. 그렇다면 그 사이 미국이 요구한 조건을 한국이 충족시켰다는 것인데, 구체적으로 어떠한 조치가 있었던 것일까?

대충자금

대충자금을 이해하려면 원조물자가 도입되는 메커니즘부터 이해할 필요가 있다. 미국의 원조는 현금을 직접 주는 형태가 아니었다. 그렇다면 원조는 어떠한 방식으로 이루어졌을까? 먼저 달러 표시 금액으로 원조 규모가 정해진다. 그러면 한국과 미국이 논의하여 그 금액 범위 내에서 어떠한 물자를 얼마만큼 들여올 것인지를 결정하였다. 물자별로 들여올 분량이 결정되면, 한국 정부는 정부기관이나 민간기업에 이 물자를 들여올 수 있는 권리, 즉 수입허가권을 판매하였다. 그리고 이 수입허가권을 취득한 개인 혹은 기관이 원조물자를 들여오게 된다.

이때 한국 정부는 수입허가권을 판매한 대가를 원화로 수취하게 된다. 이 돈은 한국은행 특별계정에 적립해야 했는데, 이렇게 적립된 자금을 대충자금counterpart fund이라고 불렀다. 대충자금은 정부의 재정수입으로 잡혔으며, 재정수입에서 상당히 큰 비중을 차지했다. 하지만 한국 정부가 이를 임의로 사용할 수는 없었고, 합동경제위원회의 미국 측 대표와의 협의 과정을 거쳐 경제개발비, 전후복구비, 군사비 등으로 지출되었다.

대충자금은 이러한 과정을 통해 적립되었으므로, 그 규모는 달러 표시 원조 금액의 규모뿐만 아니라 환율, 정부의 수입허가권 판매가격에 의해서도 영향을 받았다. 따라서 원조 규모뿐만 아니라 환율을 어떻게 정할 것인가, 판매가격을 어떻게 설정할 것인가 등도 원조와 관련해 중요한 결정 사항이었다.

대충자금은 당시 정부 세입에서 큰 비중을 차지했다. 1954~1956년에는 세입 중 40% 정도, 1957~1958년에는 절반 이상을 차지하기도 했다. 그러나 이후 원조가 감소함에 따라 그 비중이 감소하는 양상을 보였다.

1차 통화개혁 주도

미국 측에서 눈여겨본 것은 1953년 2월 단행된 통화개혁이었다. 한국 정부가 전쟁으로 인해 늘어난 통화량을 흡수해서 인플레이션 문제를 완화한다는 목적하에 통화개혁을 단행하자, 미국 측에서 한국의 인플레이션 문제 해결 의지를 높이 평가해 마이어 협정에서 약속한 바를 이행했던 것이다. 당시 통화개혁을 주도한 인물도 백두진이었다.

백두진이 통화개혁을 추진한 목적은 크게 두 가지였다. 하나는 전쟁으로 인한 악성 인플레이션을 수습하는 것이었다. 그는 인플레이션 문제를 해결하기 위해 임시토지수득세 도입, 원조물자의 시가 판매 등 여러 정책을 추진해 왔다. 그럼에도 인플레이션 문제가 지속되자 통화개혁이라는 또 하나의 강력한 칼을 뽑아들었던 것이다. 통화개혁을 추진한 또 하나의 목적은 유엔군대여금을 상환받기 위해서 미국에 한국 정부가 인플레이션 문제를 해결할 의지를 갖고 있다는 것을 보여 주는 데에 있었다.

백두진은 1952년 가을 이승만 대통령의 승인을 받은 뒤 통화개혁을 추진하기 시작했다. 그는 당시 28세에 불과했던 한국은행의 김정렴 과장에게 통화개혁의 실무를 맡겼고, 김정렴의 주도하에 통화개혁안이 1953년 1월 만들어졌다(→7장).

통화개혁은 1953년 2월 15일 전격 단행되었다. 화폐 단위가 '원'에서 '환'으로 바뀌고 교환비율은 1대 100이었다. 100원이 1환이 된 것이다. 이와 함께 생활비 이외의 예금은 교환을 금지했다. 예금 대부분이 은행에 묶여 있도록 한 것이다. 이는 시중에 돈이 풀리는 것을 봉쇄하여 인플레이션을 완화하고, 봉쇄된 예금 중 일부를 중요 산업자금으로 충당하기 위해서였다.

통화개혁 조치는 큰 무리 없이 이루어졌다. 다만 예금 교환을 제한하여 시중에 돈이 풀리는 것을 봉쇄한 조치의 효과는 봉쇄 조치가 일부 완화됨으로 인해 당초 기대에 미치지 못했던 것으로 평가되고 있다. 하지만 미국에 인플레이션 문제 해결의 의지를 보여 주어 유엔군대여금을 상환받는다는 또 하나의 목적은 충분히 달성되었다. 이러한 점을 종합적으로 고려하면 백두진이 추진한 1953년 통화개혁은 성공적이었다고 평가할 수 있다.

백-우드 협약

백두진은 1952년 9월부터 국무총리 서리를 겸하게 되었다. 그러다 이듬해 4월 정식 총리로 임명되는데, 그해 9월까지는 재무부 장관을 겸임했다. 아울러 백두진은 경제조정관을 겸임하였기에 원조와 관련된 협상 과정에도 깊숙이 관여했다.

1953년 4월 아이젠하워 대통령의 특사인 타스카Henry J. Tasca 박사를 단장으로 한 미국의 경제사절단이 한국을 찾았다. 전후 부흥을 돕기 위해 한국경제의 실태를 조사하고 향후 제공되어야 할 원조 규모를 평가하는 데에 목적이 있었다. 타스카 박사의 상대역은 백두진 국무총리였다. 그는 타스카 박사에게 한국경제의 실상을 설명하고, 한국경제의 자립을 위해서는 긴급구호 형태의 원조를 탈피하여 자본재 중심의 지원이 이루어져야 한다고 강조하였다.

경제사절단은 미국으로 돌아가 〈한국경제 재건을 위한 원조 3개년계획〉, 이른바 〈타스카 보고서〉를 미 의회에 제출했다. 백두진이 강조한 원조 관련 한국 정부의 입장도 반영된 이 보고서에는 향후 3년간 8억 8,300만 달러를 투입하여 한국의 생산 능력을 한국전쟁 발발 이전 수준으로 회복시킬 것을 건의하는 내용이 담겼다. 이 보고서는 한국전쟁 휴전 이후 미국의 대한 원조정책에 일정 정도 영향을 준 것으로 평가되고 있다.

한편, 1953년 8월 미국 측 경제조정관 우드C. T. Wood가 부임했다. 1952년 마이어 협정을 통해 합동경제위원회에 한국과 미국 양측이 1명씩

1953년 백두진 총리와 우드 대표가 백-우드 협약을 체결하고 있는 장면
출처: 국가기록원.

경제조정관을 두고 협의를 진행하기로 한 바 있는데, 미국 측 대표가 뒤늦게 임명되어 부임한 것이다. 백두진은 합동경제위원회 한국 측 경제조정관으로서 우드와 교섭을 벌였다. 〈타스카 보고서〉에서 한미경제조정협정(마이어 협정)의 개정을 권고했기 때문이다.

그런데 교섭 과정에서 한미의 입장 차이가 컸다. 한국 측은 기간산업 재건에 초점을 맞추어 소비재보다는 시설재 위주로 원조를 구성해야 한다는 입장이었다. 반면 미국 측은 인플레이션과 재정적자 해소를 통해 경제 안정을 달성하는 것이 최우선 과제라면서 소비재 중심으로 원조를 구성해야 한다고 주장했다.

한미는 환율을 두고도 큰 입장 차이를 보였다. 한국은 고정환율제를 택하고 있었는데, 공정환율은 1달러에 60환이었다. 한국 측은 이 환율을 그대로 고수하려 한 반면, 미국 측은 한국 화폐가 과대평가되어 있다면서 1달러에 180환으로 환율을 조정할 것을 요구했다. 여기에는 원조를 통해 발생하는 대충자금 규모를 늘림으로써 한국 정부의 재정적자 문제를 완화하겠다는 구상도 반영되어 있었다.

4개월에 걸친 협의 끝에 양국은 1953년 12월 '경제재건 및 재정안정 계획에 관한 합동경제위원회 협약'을 체결했다. 이 협약은 백두진 총리와 우드 대표가 체결했다고 해서 '백–우드 협약'이라고도 불린다. '백–우드 협약'은 한국경제 재건의 기본 방향을 결정하는 내용을 담고 있었다는 점에서 중요성이 크다. 협약 내용을 보면, 원조는 소비재 위주로 구성되도록 했으며, 공정환율은 달러당 60환에서 180환으로 인상하기로 했다. 대충자금을 합동경제위원회가 승인하는 목적과 방법에 따라 사용하도록 한다는 규정도 이 협약에 담겼다.

한미가 뚜렷한 입장 차이를 보였던 핵심 쟁점을 놓고 보면, 대체로 미국 측의 요구 사항이 관철된 것으로 보인다. 그렇다면 백두진의 협상은 실패했다고 이야기할 수 있을까? 이와 관련해서는 두 가지를 고려할 필요가 있다. 첫째, 아무래도 미국이 원조를 제공하는 만큼, 미국의 의지가 더 강하게 반영될 수밖에 없었다는 점이다. 둘째, 한국 정부도 원조물자의 구매처를 결정할 권한을 확보하는 등 성과가 전혀 없었던 것은 아니라는 점이다. 미국은 한국 정부에 일본으로부터 많은 소비재를 구입할 것을 요구했지만, 한국 정부는 이를 받아들이지 않았다. 한국경제가 일본경제에 종속되는 것을 방지하기 위해서였다.

백두진은 1954년 6월 총리직에서 물러났다. 그 후에도 2년 가까이 경제조정관 역할을 수행했지만, 그 역할은 그리 크지 않았던 것으로 보인다. 원조에 대한 한미 간 의견 대립이 심화되면서 합동경제위원회의 활동이 위축된 탓이다.

경제조정관에서도 물러나 야인으로 돌아간 그는 1960년 민주당 정권 시절 정계에 뛰어들었다. 1961년 민의원에 당선된 직후 5·16 쿠데타가 발발해 부정축재 혐의로 체포되고, 이후 몇 년간 정치적 공백기를 겪는 등 우여곡절도 있었지만, 그는 정치인으로서도 성공 가도를 달렸다. 5선 국회의원을 지냈으며, 1971년과 1979년 두 번에 걸쳐 국회의장을 역임했다. 1970년에는 두 번째로 국무총리에 취임했는데 재임 기간은 6개월로 길지 않았다. 이 과정에서 그는 유신을 지지하고, 박정희 대통령이 추천하면 통일주체국민회의에서 선출되는 유신정우회 의원을 두 차례 지내는 등의 행보를 보인 탓에 현실에 순응한 정치인이라는 비판을 받기도 한다. 1979년 박정희 대통령이 사망한 뒤 국회의장직을 사임하면서 정계를 은퇴한 그는 1993년 85세를 일기로 세상을 떠났다.

백두진이 경제관료로서 활약한 기간은 그리 길지 않았다. 1949년 조선은행을 떠나 재무부 이재국장으로 부임한 것을 시작으로 1956년 경제조정관을 마치고 야인으로 돌아갈 때까지 7년 남짓의 짧은 기간이었다. 그럼에도 그는 이재국장, 재무부 장관, 국무총리, 경제조정관 등 요직을 거치면서 때로는 전시재정을 책임지는 부처의 수장으로서, 때로는 경제외교를 이끄는 노련한 협상가로서 강렬한 인상을 남겼다. 그의 이런 활약은 풍전등화의 위기에 놓였던 한국경제가 어려움을 극복하고 도약의 계기를 마련하는 데에 밑거름이 되었다. 그런 점에서 그를 1950년대 한국경제의 재건을 이끈 대표적 경제관료 중 한 명으로 꼽는 것이 그리 과도한 평가는 아닐 듯싶다.

2장

송인상
장기경제개발계획의 선구자

『메밀꽃 필 무렵』을 쓴 작가 이효석(1907~1942)이 경성제대에 다니고 있던 시절의 일이다. 고향인 강원도 평창의 본가에 머물던 그는 어느 날 면장인 아버지를 따라 한 공무원의 집을 방문했다. 아마도 아버지는 경성제대에 다니고 있는 아들을 자랑하고 싶었던 모양이다.

이효석의 아버지는 그가 사각모를 쓴 사진을 그 집 아들에게 자랑스럽게 보여 주었다. 사진 속 이효석의 모습은 그 집 아들의 뇌리에 깊게 남았다. 그는 훗날 "키도 작고 볼품도 없어 보이는 사람인데 사각모 하나가 사람을 우러러보게 만들었다. 당시 평창에서 사각모 쓴 학생을 보는 것은 아주 드문 일이었다"고 회고했다. 그는 공부 잘하기로 일대에서 소문나 있었지만, 평창에서 서울 유학은 꿈도 못 꿀 일이었다. 멀리 가 봐야 춘천 정도였다. 하지만 그는 사진 속 이효석의 사각모를 떠올리며 서울 유학에 대한 꿈을 키워 갔다.

명석함에 간절함이 더해졌기 때문일까. 그는 몇 해 뒤 서울 유학의 꿈을 실현하게 된다. 더 나아가 모두가 선망하던 직장인 식산은행에 입사하였고, 한국전쟁이후에는 부흥부 장관, 재무부 장관 등을 역임하며 한국 경제발전의 초석을 놓는 인물로 성장하게 된다.

그가 바로 송인상이다.

은행원에서 경제관료료

송인상은 1914년, 오늘날 북한에 속한 지역인 강원도 회양군에서 송영
훈-오훈자 부부의 맏아들로 태어났다. 그는 5형제 중 장남이었다. 아버지
는 지방공무원이었던 까닭에 전근이 잦았고, 그도 아버지를 따라 여러 번
이사를 다녀야 했다. 이효석을 만났을 당시 그가 평창에서 살았던 것도 그
러한 이유에서였다.

　　보통학교를 졸업한 그는 13대 1의 치열한 경쟁을 뚫고 당시 최고의
명문 상업학교였던 선린상업학교에 합격했다. 서울 유학의 꿈을 실현한
것이다. 선린상업학교 재학 시절, 그는 운동에서 두각을 나타냈다. 이 학
교에 입학한 이후 테니스를 처음 배웠음에도 전국대회 결승에 진출했으
며, 축구팀에서 골키퍼로도 활약했고, 배구부에서는 주장을 맡았다. 학업
성적도 우수했다. 시골에서 온 그는 초반에는 고전을 면치 못했지만, 졸

업할 즈음에는 최상위권에 있었다. 당시 기사를 보면 그는 졸업생 79명 중 상위 7명 안에 드는 우등생이었다. 특히 영어 실력을 탄탄히 쌓았는데, 이는 훗날 그가 관료 생활을 할 때 큰 도움이 되었다.

선린상업학교를 우수한 성적으로 졸업한 그는 1932년 경성고등상업학교(이하 '경성고상')로 진학했다. 경성고상은 서울대 상과대학의 전신으로 당시에는 3년 과정으로 조선 내 유일의 관립 고등상업교육기관이었다.* 고등상업교육기관으로는 그 외에 사립인 연희전문학교와 보성전문학교가 있었다. 경성고상 재학 시절 송인상은 졸업 후 도쿄상과대학에 진학해 통계학을 배우고 모교로 돌아와 교수가 되겠다는 꿈을 품게 된다.

하지만 아버지는 그가 졸업 후 곧바로 수입이 괜찮은 은행원이 되어 동생들을 뒷바라지하길 바랐다. 송인상은 아버지의 뜻을 거역할 수 없고, 자신의 꿈을 접기로 한다. 그래서 경성고상을 우수한 성적으로 졸업한 뒤 조선식산은행에 지원했다. 식산은행은 당시 조선에서 가장 좋은 직장 중 하나였으므로 경쟁은 매우 치열했다. 조선인은 단 한 명만 선발하는데 10여 명이 지원했고 모두 쟁쟁한 이들이었다. 그럼에도 그는 시험에 당당히 합격했다.

1935년 은행에 입사한 그는 수원지점 안양예금취급소 책임자로 근무하던 중 해방을 맞았다. 그런데 해방 직후 은행의 중요 보직을 독점하고 있던 일본인 직원들이 모두 일본으로 돌아가자 은행은 혼란에 빠졌다. 이러한 상황에서 그는 심사부를 맡아 은행을 재정비하는 데에 힘을 쏟았다.

1949년 11월 송인상은 당시 요직 중 하나였던 재무부 이재국장으

---

* 경성제대에는 법과와 의과만 있었고 상업 관련 학과는 없었다.

선린상업학교 배구부 시절 송인상(맨 오른쪽)
출처: 이임광, 『어둠 속에서도 한 걸음을: 대한민국 경제의 큰 그림을 그린 회남 송인상 이야기』, 한국능률협회, 2012, 362쪽.

로 전격 발탁된다. 이재국장으로 있다가 재무부 차관으로 승진한 김유택 (1911~1975)이 경성고상 후배인 송인상을 자신의 후임으로 추천한 것이다. 이렇게 해서 송인상은 14년여 동안 몸담았던 식산은행을 떠나 경제관료의 길에 들어서게 된다.

송인상이 경제관료의 길에 들어서게 되는 과정은 흥미롭게도 백두진이 경제관료가 되는 과정과 상당히 흡사하다. 두 사람은 각각 조선식산은행과 조선은행이라는, 당시 조선의 엘리트들이 가장 선망하던 금융기관에 근무하던 중 뛰어난 역량을 인정받아 비교적 이른 나이에 경제 부처의 국장으로 전격 발탁되었다. 오늘날에는 이렇게 젊은 인재가 역량을 발휘해서 고위공무원으로 전격 발탁되는 경우가 매우 드물다. 하지만 당시에는 공무원 채용 방식이 달랐을뿐더러, 역량을 갖춘 인재가 많지 않은 상황이었기 때문에 이처럼 뛰어난 역량을 갖춘 이들에게는 일찍부터 좋은 기회가 찾아올 수 있었다.

'경제안정 15원칙'의 수립

그가 국장으로 부임할 당시 한국경제에서 가장 시급한 문제는 안정을 이루는 것이었다. 부흥과 성장을 이루는 것도 중요했지만, 안정이 더 시급했다. 해방 이후 지속되는 인플레이션을 잡고, 재정을 안정시킬 수 있는 정책을 만들어 내는 것이 급선무였다.

김도연 재무부 장관이 그에게 내린 첫 번째 업무 지시 역시 인플레이션 극복 정책을 마련하라는 것이었다. 송인상은 우선 경제안정을 위해 필요한 세 가지 조건을 정했다. ① 재정적자를 최대한 줄일 것, ② '수신 내 여신' 원칙을 지켜 통화 증발을 막을 것, ③ 귀속재산 관리를 철저히 할 것이었다.

그는 이 세 조건을 충족시키기 위해 '경제안정 15원칙'을 만들었다. 말 그대로 경제안정, 특히 물가안정을 위해 필요한 15가지 원칙을 마련한 것인데, 여기에는 통화량 조절, 금융 긴축, 징세 체계의 근본적 개혁, 귀속재산 급속 불하, 국민저축운동의 추진, 정부 보조금 폐지 등의 내용이 담겨 있었다.

'경제안정 15원칙'은 일본의 '경제안정 9원칙'을 참고해서 만들어졌다. '경제안정 9원칙'은 패전 이후 극심한 인플레이션을 겪던 일본이 경제를 안정시키고자 정한 아홉 가지 원칙으로 예산 균형, 조세 증징, 융자 긴축, 임금 안정, 물가통제, 외화 관리 강화, 수출 확대 등이 제시되어 있었다. 양자를 비교해 보면, 결국 송인상은 '경제안정 9원칙'을 기반으로 몇 가지 원칙을 추가해서 '경제안정 15원칙'을 만들었다고 할 수 있다.

　당시 한국의 경제정책을 조율하기 위한 한미 간 협의체인 한미경제안정위원회가 막 만들어져 있었다. 송인상은 이 위원회의 간사를 맡고 있었는데, 위원회의 핵심 사안은 한국의 인플레이션 문제를 해결하는 것이었다. 따라서 '경제안정 15원칙'은 이 위원회를 큰 무리 없이 통과했다. 그러나 국무회의 심의 과정에서는 진통을 겪어야 했다. 자유경제체제에 기반한 이러한 정책이 당시 상황에서는 맞지 않다는 비판 때문이었다. 신태익 법제처장은 현 시국에는 물가를 통제하고 물자 배급에 나서야 한다는 반론을 폈고 이에 동조하는 국무위원이 여럿 있었다. 격론 끝에 '경제안정 15원칙'은 국무회의를 통과하였고, 1950년 3월부터 시행되었다.

　이 원칙에 따라 정책이 집행된 결과, 통화량 증가가 억제되는 등 경제안정 측면에서 성과가 나타났다. 하지만 이 원칙은 불과 3개월밖에 시행되지 못했다. 같은 해 6월 한국전쟁이 발발했기 때문이다.

　이처럼 단기간 시행되다 중단되었다는 점에서, 어떻게 보면 송인상이 '경제안정 15원칙'을 만든 것은 한국경제사에서 그리 중요한 일이 아닐 수도 있다. 하지만 해방 이후 지속된 인플레이션 문제를 해결하기 위해 한

김유택

1911년 황해도 해주에서 태어난 김유택은 경성고상과 일본 규슈제대 법문학부를 졸업한 뒤, 1938년 조선은행에 입사했다. 해방 후에는 조선은행 이사, 재무부 이재국장, 재무부 차관을 거쳐, 1951년 12월 불과 40세에 한국은행 2대 총재가 되어 5년간 재직했다. 1957년부터 주일, 주영, 주스웨덴 대사 등을 지낸 그는 1961년 재무부 장관으로 임명되었다가 한 달 뒤 경제기획원 초대 원장으로 임명되었으며, 1964년까지 이를 포함

경제기획원 장관 시절의 김유택
출처: 국가기록원.

해 총 세 차례 경제기획원 장관을 역임했다.

장관직에서 물러난 뒤 정치인으로 변신, 국회의원에 당선되기도 했다. 그는 1975년 64세를 일기로 숙환으로 별세했다.

건국국채 증서
출처: 한국민족문화대백과사전.

국 정부가 처음으로 마련한 체계적인 경제 운영 원칙이었다는 점에서 충분한 의의를 지닌다고 평가할 수 있다.

송인상이 이재국장으로 있으면서 남긴 또 하나의 중요한 업적은 한국 최초의 국채인 건국국채 발행을 주도했다는 점이다. 그가 이재국장으로 부임할 당시 국고는 바닥나 있었다. 그렇다고 재정을 확충하기 위해 세수를 늘릴 수 있는 형편도 아니었다. 많은 국민이 입에 풀칠하기도 힘들어하는 상황에서 증세를 할 수 없었기 때문이다. 당시 김도연 재무부 장관이 술을 전매하는 방안을 제안했지만 이승만 대통령의 반대로 도입되지 못하고 있었다.

이러한 상황에서 송인상은 김도연 장관에게 국채 발행을 제안했다. 대한민국 정부 수립을 기념해 건국국채로 하자며 국채 이름도 제안했다. 그런데 당시에는 국채 발행에 필요한 법적 근거조차 마련되어 있지 않았다. 그만큼 당시 한국경제는 제도적 기틀이 마련되지 못한 상황이었다. 따라서 먼저 관련 법부터 만들어야 했다. 송인상은 이재국 직원들을 동원해 국채법과 국채금특별회계법을 만들었고, 이들 법안은 1949년 12월 국회를 통과하였다. 이들 법에 근거해서 1950년 2월 대한민국 국채의 효시가 된 건국국채가 발행되었다.

건국국채는 이후 1963년까지 총 17회에 걸쳐 발행되었는데, 당시 심각한 재정 문제를 해결하는 데에 나름대로 기여했으며, 1956년 증권거래소 설립 이후에는 1960년대 초반까지 한국 증권시장의 초기 정착 과정에서 가장 중심적인 역할을 한 것으로 평가되고 있다.

국제금융기구 가입의 길을 열다

송인상은 이재국장으로 있은 지 2년여 만인 1952년 초 한국은행 부총재가 된다. 1957년 6월 부흥부 장관으로 부임하기 전까지 5년여 동안 한국은행 부총재로서 활동했다. 그가 재무부에서 한국은행으로 옮긴 것은 한국은행 조사부를 이끌고 통화개혁을 추진하기 위해서였다. 백두진 재무부 장관의 요청에 따른 것이다(→7장).

한국은행 부총재로 있으면서 그가 남긴 가장 중요한 업적으로는 통화개혁 이외에도 한국이 국제통화기금IMF과 세계은행이라고도 불리는 국제부흥개발은행IBRD 가입을 승인받는 데에 기여했다는 점을 들 수 있다.

송인상은 이들 기구에 가입하면 국제금융시장에서 한국의 지위가 높아질 것으로 기대했다. 그래서 그는 한국은행 조사부에 두 기구에 대해 연구할 것을 지시하는 한편 정부에는 이들 국제기구 가입을 추진하자고 건의했다. 그러던 중 1953년 5월 그는 미국 연방준비은행으로 연수를 가게 된다. 이때 그에게는 연수보다 더 중요한 임무가 부여되어 있었다. 백두진 재무부 장관으로부터 IMF와 IBRD 가입 가능성을 타진해 보고 오라는 지시를 받은 것이다. 두 기구에 가입할 것을 건의했던 그가 가입을 위한 작업을 떠맡게 된 것이었다.

문턱은 높았다. 미국으로 건너간 그는 수도 없이 요청한 끝에야 겨우 IMF의 전무를 만나, IMF 가입을 희망한다는 의사를 전달했다. 반응은 냉담했다. 가입을 신청하려면 인플레이션부터 잡고 오라는 것이었다.

송인상은 일본의 와타나베 주미공사를 만나 조언을 요청했다. 일본은 얼마 전 두 기구에 가입하는 데에 성공했기 때문이다. 와타나베는 가입 신청 과정에서 미국 국무성이 중요한 역할을 했다며 국무성 문을 두드려 보라고 조언했다. 이 이야기를 듣고서 송인상은 미국 국무성 문도 수차례 두드리며 도움을 요청했다. 하지만 국무성 역시 그의 요청에 크게 관심을 보이지 않았다. 그럼에도 그는 기회가 있을 때마다 국무성을 찾아가는 끈기를 발휘했고, 마침내 같은 해 9월 IMF 전무로부터 IMF와 IBRD 연차총회에 옵서버observer로 참석해도 좋다는 허락을 받아 냈다.

그는 몇몇 직원들과 함께 두 기구의 연차대회에 참석한 뒤 유럽을 경유해서 귀국길에 올랐다. 이렇게 해서 한국은 두 기구에 발을 들여놓을 수 있게 되었다. 이제 남은 것은 두 기구에 가입할 수 있는 조건을 충족시키는 일이었다. 그리고 2년이 지난 1955년 8월 한국은 마침내 세계에서 58번째로 IMF와 IBRD에 가입하게 된다.

IMF와 미국 국무성의 거듭된 외면 속에서도 송인상은 포기하지 않았다. 일국의 중앙은행 부총재로서의 체면도 버린 채 물러서지 않았던 송인상의 집념은 조기에 한국이 이들 국제기구에 가입하는 데에 큰 도움이 되었다. 이후 한국 정부는 이들 국제기구로부터 장기저리로 자금을 빌려 경제발전 과정에서 유용하게 활용된다. 한 예로 정부는 IBRD로부터 자금을 빌려 디젤기관차를 도입했는데, 이는 철도 현대화의 전환점이 되었으며, 현대화된 철도는 한국경제의 발전 과정에서 운송수단으로서 중요한 역할을 하였다.

장기경제개발계획 수립 과정 주도

송인상은 1957년 6월 부흥부 장관으로 임명되었다. 부흥부는 1961년 만들어지는 경제기획원의 전신으로 산업 경제의 부흥을 위한 계획을 수립하고, 관리, 조정하는 기관이지만 당시에는 주로 원조자금 및 원조물자 판매 대금인 대충자금의 이용 계획을 수립하는 역할을 맡고 있었다. 송인상은 이때 한미합동경제위원회의 경제조정관 역할도 겸하게 되었다. 대한 원조에 대하여 한국 정부를 대표하여 교섭하는 역할을 맡는 중요한 관직이었다.

그가 부흥부 장관 겸 경제조정관으로 있으면서 펼친 중요한 활약 중 하나는 장기경제개발계획 수립 과정을 이끌었다는 점이다. 이에 대해 살펴보기 위해서는 우선 당시 상황을 이해할 필요가 있다. 당시 한국의 대외 경제환경에 변화가 나타나고 있었다. 가장 큰 변화는 미국의 원조 정책이 바뀌고 있다는 점이었다. 1950년대 후반 미국은 원조를 줄이고 차관을 제공하는 방향으로 정책을 바꾸었다. 무상으로 제공하는 원조와 달리 차관은 돈을 빌리는 것이니 나중에 갚아야 한다. 이를 위해 한국 정부는 원조에 의존해 온 경제 구조를 탈피해 자립경제를 구축하기 위한 대책을 마련해야 했다. 이에 한국 정부는 1956년부터 미국과의 협의하에 경제개발계획 수립에 나섰다. 그해 12월에는 부흥부에서 장기계획 수립을 위한 한미 실무자회의가 개최되기도 했다.

송인상은 이러한 상황에서 부흥부 장관이 되었다. 마침 그는 한국은행 부총재 시절, 세계은행 부설 기관인 경제개발연구원EDI: Economic Development Institute에서 6개월간 연수를 받으면서 인도의 5개년계획을 비롯한 경제개발계획에 대해 소상히 공부한 바 있었는데, 부흥부는 이러한 연

1958년 한미합동경제위원회 회의 모습(맨 오른쪽이 송인상)
출처: 국가기록원.

수 경험을 활용하는 데에 꼭 맞는 부서였다.

장기경제개발계획을 추진하기 위해 그는 먼저 기획기구인 산업개발위원회 설치에 나섰다. 부흥부라는 기관이 있었지만, 인원도 많지 않은 데에다 원조 관련 업무로 분주한 터라 전문적으로 계획 수립에 집중할 수 있는 별도의 기구를 마련할 필요가 있었다. 송인상은 외국 유학을 마치고 이제 막 돌아온 신진 연구자까지 총동원하여 산업개발위원회를 최고의 인재들로 구성했다.

아울러 개발계획 수립 과정을 지원할 미국 대학도 물색했다. 그런데 당시에는 경제개발계획 수립이 유행하고 있던 터라 하버드대, 시카고대, UC버클리대 등 주요 대학은 이미 다른 국가와 계약이 된 상태였다. 그래서 정부는 오리건대와 계약을 맺고, 다섯 명의 교수를 초청했다.

산업개발위원회 위원에게 지급된 급여 수준을 보면, 당시 정부가 얼마나 경제개발계획 수립에 공을 들이고 있었는가를 알 수 있다. 당시 부흥부 장관의 월급이 4만 2,000환이었는데, 산업개발위원회 위원 월급은 18만 환이었다. 장관의 네 배가 넘는 수준이었다. 정부는 산업개발위원회 위원들에게 말 그대로 파격적인 대우를 한 것인데 이는 산업개발위원회 운영비를 원조 자금으로 배정하는 등 미국의 지원이 있었기에 가능했다.

산업개발위원회는 1958년 5월부터 본격적인 활동에 들어갔다. 위원회는 먼저 계획 작성에 필요한 지침부터 만든 뒤 이에 근거하여 3개년계획을 작성했다. 처음에는 7개년계획을 생각했는데 현실적으로 무리라고 판단해 우선 1단계로 3개년계획을 수립했다. 산업연관분석표와 같은 가장 기본적인 자료조차 갖추어지지 않은 상황에서, 또 제대로 된 장기경제개발계획을 만들어 본 경험이 전무한 상태에서 7개년계획과 같은 중장기 계획을 짠다는 것은 애당초 욕심이었다.

아쉽게도 송인상은 3개년계획 수립 작업을 마무리하지 못한 채, 1959년 3월 재무부 장관으로 자리를 옮겼다. 경제개발3개년계획이 최종 완성된 것은 그의 후임인 신현확 장관이 재직 중이던 1959년 12월이다. 하지만 송인상은 3개년계획의 시안이 어느 정도 완성된 상황에서 부흥부를 떠났으므로 그가 계획 수립 과정에서 중요한 역할을 했다고 보아도 큰 무리는 없을 것이다.

경제개발계획은 그 이전에도 수립된 적이 있었다. 1949년 작성된 '물동5개년계획'이 최초의 경제계획으로 보인다. 물자를 어떻게 수급할 것인가에 대한 계획이었다. 그 외에도 1955년 부흥부에서 만든 '한국경제부흥계획서'가 있었다. 그렇다면 경제개발3개년계획이 갖는 의미는 어디서 찾을 수 있을까.

먼저 물동5개년계획은 처음부터 완성된 형태로 만들어지지 않았다. 우선 1차 연도의 계획만 수립한 뒤, 2차 연도 계획은 1차 연도 성과에 기반해 수립하는 방식이었다. 따라서 물동5개년계획이 진정한 의미의 장기계획이었다고 보기는 어렵다. 1954년부터 1958년까지를 대상 시기로 삼은 '한국경제부흥계획서'는 국민경제가 나아가야 할 방향을 제시하고, 국민소득 목표와 이를 달성하기 위한 산업별 목표 및 필요 재원 규모를 구체적으로 제시하는 등 한층 진전된 형태로 수립된 계획이었다. 그러나 이 계획은 부흥부가 체계적으로 만들었다기보다는 각 부처에서 만든 부문별 계획을 취합한 것이었다. 따라서 부문별 계획이 상호 연계되거나 조정되지 않는 등의 한계를 지니고 있었다.

반면 경제개발3개년계획은 산업개발위원회에서 자립경제 기반 조성을 기본 목적으로 설정하고, 경제 각 분야에 대한 종합적인 검토에 기반해 작성했다는 점에서 이전 계획과 차별화되며, 이러한 측면에서 한층 진일보한 경제계획으로 평가할 수 있다. 즉 이전 계획은 미국의 원조를 얻어내기 위해 필요한 투자 프로젝트를 나열하는 데에 그쳤다면, 경제개발3개

부흥부 장관 시절의 송인상
출처: 국가기록원.

년계획은 투입(분야별 투자, 그 재원)과 산출(산업별 성장률)을 모두 고려한 계획이었다. 다만 당시에는 산업연관표와 같이 계획 수립 시 필요한 요소들이 제대로 마련되어 있지 않았기 때문에 계획을 체계적으로 만드는 데에는 한계가 있었을 것으로 보인다.

아쉽게도 경제개발3개년계획은 집행되지 못했다. 1960년 4월 계획이 국무회의를 통과한 직후, 4·19 혁명이 발생하여 정권이 바뀌었기 때문이다. 그렇지만 이 계획의 수립이 무의미했던 것은 아니다. 최초로 종합적인 계획을 수립하는 과정에서 경제 실태와 문제점을 파악하고, 그에 맞는

개발 전략을 마련하는 경험을 축적할 수 있었는데, 이는 이후 경제개발계획을 수립하는 과정에서 활용될 수 있었다. 한 예로, 3개년계획 입안 과정에 참여한 성창환, 박동앙, 주원, 이창렬 등의 경제학자와 차균희, 이기홍 등의 경제관료가 1960년 민주당 정부의 경제개발3개년계획 및 군사정부의 경제개발계획 입안 과정에 참여한 것이 이를 잘 보여 준다. 이렇게 본다면, 송인상이 주도하여 마련되었던 경제개발3개년계획은 비록 실행되지는 못했지만, 경제사적으로 충분한 의의를 지닌다고 평가할 수 있다.

환율 사수의 선봉에 서다

부흥부 장관과 경제조정관이라는 중요한 역할을 맡기면서 이승만 대통령은 송인상에게 세 가지 권한을 요청했다고 한다. 하나는 환율이다. 당시 미국은 환율을 올리라고 계속 압박하고 있었는데, 이 대통령은 사전에 자신과 이야기하지 않고는 어떠한 결정도 내리면 안 된다고 지시했다. 또 하나는 일본에서 물건을 사 오거나 일본과 경제 관련 일을 할 때 미리 알려 달라는 것이었다. 이는 아마도 한국을 지배했던 일본에 대한 거부감 때문이었던 것 같다. 마지막 하나는 원조자금 사용처를 결정할 때 자신에게 먼저 물어보라는 것이었다. 원조자금을 미국이 요구하는 조건대로 사용하지 말라는 것인데, 이는 원조를 소비품 구매보다는 생산시설 확충에 사용해야 한다는 생각 때문이었다. 정리하면, 환율은 올리지 말고, 일본에서 물건을 들여오지 말며, 원조자금도 미국이 요구하는 조건이 아니라 대통령의 의지에 따라 사용하라는 것이다. 이 대통령은 이 이야기를 그저 한 번 하고 지나친 게 아니라 송인상과 독대할 기회가 있을 때마다 했다고 한다. 이는 그만큼 이 대통령이 중시하는 부분이었다.

대통령의 이러한 요구는 실무를 책임지는 장관 입장에서는 참 난감하게 다가왔다. 송인상이 회고록에서 대통령의 이러한 지시는 부흥부 장관으로 있던 1년 10개월 동안 가장 지키기 어려운 것이었다고 토로했을 정도다. 여기서는 이 가운데 이 대통령이 지시한 환율 사수를 위해 송인상이 어떠한 활동을 했는가에 대해서 살펴본다.

당시 한국은 고정환율제를 택하고 있었다. 환율을 국가가 정하는 것이었다. 물론 그렇게 해도 암시장을 통해 외화 거래가 이루어져 시장환율도 존재하게 된다. 오늘날도 마찬가지지만 당시에도 환율은 중요한 문제였다. 당시 한국경제에서 중요성이 컸던 원조와 관련해서 환율이 중요했던 이유를 살펴보자.

환율이 상승하면 어떠한 변화가 나타날까. 일단 정부의 재정수입이 되는 대충자금 규모가 증가하게 된다. 예를 들어, 1달러=500환에서 1달러=600환으로 환율이 상승한다고 가정해 보자. 100만 달러어치의 원조물자가 들어온다면 대충자금은 5억 환에서 6억 환으로 1억 환이 증가할 것이다.

환율이 상승하면 이처럼 정부 재정수입이 증가하니 좋은 것 아닌가라고 생각할 수 있다. 그런데 이 대충자금 중 상당 부분은 민간 부문에서 원조물자를 구매하면서 지불하는 돈이다. 따라서 환율이 상승하면 정부 재정수입은 증가하지만, 원조물자를 구매하는 민간 부문의 부담이 증가하는 문제가 발생한다. 게다가 환율이 상승해 원조물자 도입 가격이 상승하면, 당연히 물가도 영향을 받게 된다.

관련해서 또 하나 고려할 부분은 이 대통령은 환율을 국격國格과 관련된 문제로 인식하고 있었다는 점이다. 환율을 올린다는 것은 한국의 화폐가치가 더 낮아짐을 의미하는데, 이것을 국격을 떨어뜨리는 일로 인식했다는 것이다. 정리하면, 환율 인상 시 정부 재정수입은 증가하지만 민간의 부담이 늘어나고, 인플레이션 문제가 더 심해질 수 있으며 국격이 훼손된다고 생각했기에 한국 정부는 환율을 가능한 한 인상하지 않으려 했다.

이제 다시 송인상의 환율 사수에 대한 이야기로 돌아가 보자. 그가 장관이 되기 이전인 1955년 한미 간에 환율에 관한 기본협정이 체결되었다. 이 대통령이 미국 측의 환율 인상 요구를 계속 거절하던 상황에서 일종의 절충안이 마련된 것이다. 그 내용은 1955년 9월 평균물가지수를 100으로 놓고, 물가지수가 125를 초과하게 되는 시점에 물가지수 상승률만큼 환율을 인상한다는 것이었다. 예를 들어, 1958년 3월 평균물가지수가 130이 되면, 물가지수가 30% 오른 만큼, 1달러=500환이던 환율도 1달러=650환으로 30% 인상한다는 것이었다. 한국의 물가가 빠르게 오르고 있는데, 물가가 오르면 화폐가치는 떨어지니 일정 정도 이상 물가가 상승하면 이를 환율에도 반영하라는 것이었다.

환율에 대한 이 대통령의 강경한 입장을 잘 알고 있던 송인상은 1달

1960년 방한한 뉴욕 체이스 맨하탄 은행 총재를 영접 중인 송인상
출처: 국가기록원.

러=500환의 공정환율을 유지하는 데에 모든 정책의 초점을 맞추었다. 심지어 "당시의 경제정책은 500대 1의 환율유지정책이라 하여도 무방할 것"이라고 회고할 정도다. 환율유지정책의 핵심은 환율 인상 여부를 판단하는 기준이었던 물가지수를 안정적으로 유지하는 것이었다. 물가지수가 125를 초과하게 되면 미국 측에서 환율 변경을 요구해 올 것이기 때문이었다. 이에 송인상은 월요일 아침마다 한국은행 조사부 통계과로부터 물가보고를 받는 등 물가와 직접적으로 관련이 없는 부흥부 장관임에도 불구하고 물가안정에 많은 관심을 기울여야 했다.

한번은 물가 보고 내용을 살펴보니 목탄과 북어 가격 상승이 물가지수를 올리는 주된 요인이 되고 있었다. 그런데 목탄과 북어의 소비는 예전에 비해 줄어든 상태였다. 이들 품목에 부여된 과도한 가중치로 인해 물가지수가 과잉 상승하는 문제가 발생하고 있었던 것이다. 송인상은 자신이 경제조정관으로서 참석하는 합동경제위원회에서 이 문제를 제기했다. 사실 이것이 그가 나서서 해결해야 할 일은 아니었지만 물가지수를 안정적으로 유지하는 것이 그에게는 그만큼 중요한 일이었기에 직접 나선 것이다. 결국 그의 요청대로 물가지수 항목별 가중치는 조정되었다.

송인상은 예산 증액, 기업에 대한 추가 여신 등에 대해서도 소극적인 태도를 보였다. 통화량 증가가 물가 상승으로 이어질까 우려했기 때문이다. 그만큼 그는 물가안정, 더 나아가 환율 유지에 사활을 걸고 있었다.

이렇게 해서 1959년 상반기까지는 물가지수가 125를 넘지 않도록 잘 관리되었다. 하지만 그가 재무부 장관으로 자리를 옮긴 이후인 1959년 하반기 물가지수는 130을 넘어서고 말았다. 이해 가을 태풍 사라Sarah가 많은 인명과 재산 피해를 남기고 지나간 것이 물가지수 상승에 결정적인 요소로 작용했다. 사라는 한반도를 지나간 역대 최강의 태풍 중 하나로 당시 사망, 실종자가 849명에 달했는데, 이로 인해 식량을 비롯한 물자 공급이 감소하고, 피해를 수습하는 과정에서 재정지출이 늘어난 결과 물가가 빠르게 상승한 것이다.

물가지수가 125를 넘어서자 미국은 즉각 환율 현실화를 요구했다. 송인상은 물가가 30% 오른 만큼 합의대로 환율을 1달러=650환으로 인상하는 것은 불가피하다고 생각했다. 문제는 환율 인상에 대해 부정적인 대통령을 설득하는 일이었다. 송인상은 일종의 절충안을 가지고 이 대통령을 설득해 보려 했다. 환율은 그대로 두고 관광객이나 종교단체가 보유한 달러에 대해서만 시장환율과 비슷한 1달러=950환의 환율을 적용하자는 것이었다. 하지만 이에 대해서도 대통령은 부정적이었다. 환율을 현실화하지 않으면 원조를 중단하겠다는 미국과 환율 인상에 반대하는 이 대통령 사이에서 송인상은 진퇴양난의 상황에 놓이고 말았다.

결과는 어떠했을까? 환율은 1960년 1월 말 1달러=650환으로 변경되었다. 원조를 중단하겠다는 미국의 압박을 이 대통령도 더 이상 이겨 낼 수 없었다. 결국 환율을 인상하게 되긴 했지만 한미가 협정을 체결할 당시 고물가 상황이었음을 고려하면 협정 체결 후 4년여 만에 처음으로 환율 인상이 이루어졌다는 것은 환율유지정책이 나름 성공적이었음을 의미한다고 평가할 수 있다. 그리고 송인상은 그 선봉에 서서 물가상승을 막기 위해서, 또 입장 차이가 뚜렷한 미국과 이 대통령 사이에서 접점을 찾기 위해서 많은 노력을 기울였다고 이야기할 수 있겠다.

인재 발굴과 양성

송인상은 35세의 이른 나이에 요직 중 하나인 재무부 이재국장이 되었다. 그가 이처럼 일찍 고위직으로 갈 수 있었던 데에는 물론 그가 뛰어난 역량을 지녔다는 점이 크게 작용했겠지만, 당시에는 그만큼 인재가 드물었다는 점도 중요한 요인이었을 것이다. 특히 경제나 금융 분야에는 전문적인 역량을 갖춘 인재가 많지 않았다. 식민지기 경제학을 공부한 사람이 많지 않았고, 경제 분야 요직은 주로 일본인이 차지하고 있었기 때문에 충분한 실무 경험을 쌓아 온 사람이 드물 수밖에 없었다. 기술자 역시 부족했다. 식민지기 핵심적인 기술자들은 대체로 일본인이었기 때문에, 해방 이후 높은 수준의 기술을 갖춘 한국인 기술자는 많지 않았다.

송인상은 이러한 문제를 의식해 인재를 양성하고 발굴해 내는 데에 각별한 관심을 쏟았다. 부흥부 장관 시절 그가 가졌던 두 가지 목표 중 하나가 인재 양성일 정도였다.* 그만큼 인재 양성을 중시했기에 그는 장관으로서 원조 중 상당 부분을 교육 분야에 사용토록 하기도 했다. 부흥부 및 재무부 장관 시절 그가 인재 양성과 발굴을 위해 얼마나 많은 노력을 기울였는지, 몇 가지 사례를 통해 확인해 보자.

첫 번째는 특채 제도 도입이다. 부흥부 장관 시절 그는 다른 부서와 달리 부흥부 직원들에게는 국제적 시각이 필요하다고 생각했다. 부흥부는 주로 원조 당국의 전문가들을 상대로 협상도 벌이고, 정책을 조율하기도 해야 했기 때문이다. 그는 국제적 시각을 기르기 위해 직원들을 해외 연수에 보내는 것도 생각해 보았다. 그런데 이는 시간과 비용이 많이 드는 일인 데에다 장기적으로는 도움이 되겠으나, 당장의 필요를 채우는 데에는 큰 도움이 되지 않는다고 판단했다.

그래서 그가 생각한 것이 특채 제도다. 당시에도 고시에 합격해야 사

---

* 또 하나는 장기경제개발계획의 수립이었다.

무관이 될 수 있었다. 그런데 해외에서 공부를 마치고 오는, 따라서 국제적 시각이라는 부흥부의 수요에 맞는 인재들은 고시 공부를 집중적으로 한 것이 아니기에 고시를 통과하기가 쉽지 않았다. 이에 송인상은 특채 제도 도입을 주장했다. 유학을 통해 석사 이상의 학위를 취득한 사람들을 수습행정관으로 채용하겠다는 것이다. 고등고시를 통과해도 수습행정관 자격이 부여되고 있었으니, 이는 해외에서 석사 이상 학위를 취득하고 오면 고등고시 통과에 준하는 것으로 인정하자는 것이었다.

그러나 이러한 안은 국무회의에서 받아들여지지 않았다. 공직 채용의 기본 원칙을 깰 수 없다는 것이 그 이유였다. 그러자 송인상은 대통령을 직접 찾아갔다. 그리고 원조 당국과 소통해야 하는 부흥부의 특성상 이는 꼭 필요하다며 거듭 요청했고, 결국 이 대통령의 승인을 받아 특채를 추진하게 되었다. 그 결과 실제로 상당수의 미국 유학생들이 부흥부 사무관으로 채용되었고, 이후 정부 내에서 중요한 역할을 수행했다. 이 일화는 송인상이 인재를 확보하는 데에 얼마나 열정적이었는가를 잘 보여 주는데, 다른 한편으로는 공직 채용 원칙을 위배한 채용 방식을 도입한 것이라는 점에서 바람직한 선택은 아니었다고 볼 수도 있겠다.

두 번째는 해외연수와 관련된 것으로 충주비료공장 건설 당시 있었던 일이다. 이 공장은 그가 장관으로 부임하기 이전인 1955년부터 원조를 받아 건설되고 있었다. 송인상이 공장의 건설자금 증액 문제로 열린 회의석상에서 한 미국 관리로부터 "대체 한국에는 요소비료공장 건설 및 운전에 참여할 수 있는 기술자가 몇 사람이나 있느냐?"는 질문을 받았다. 그런데 그는 변변한 답을 내놓을 수 없었다. 국내에는 관련 기술자가 없었기 때문이다.

뼈아픈 질문을 받은 그는 한국경제의 현실을 절감했다. 그래서 서울대 공대 학장의 추천을 받아 68명의 공대 졸업생을 비료공장의 기술직 사원으로 채용했다. 화학비료와 무관한 전기, 금속, 원자력 등의 전공자도 받아들였다. 그리고 이들을 미국, 서독, 스페인으로 파견했다. 기술훈련을 시켜 기술자를 키워 내기 위함이었다. 기술훈련을 잘 받고 돌아온 이들 덕분에 충주비료공장은 물론 그 이후 설립된 호남비료공장도 외국 기술자의 도움을 받지 않고 한국 기술자들에 의해 운영될 수 있었다.

세 번째는 그가 공무원 공채시험을 도입했다는 점이다. 특채가 고등고시를 통과하면 자격이 주어지는 수습행정관과 관련된 이야기였다면, 공채는 고등고시와 관련된 것이 아니라, (오늘날로 치면 9급에 해당하는) 당시 5급 공무원의 채용과 관련된 것이다.

송인상은 한국은행 부총재로 있을 당시 공채시험을 통해 훌륭한 인재를 선발할 수 있다는 것을 직접 확인한 바 있었다. 그래서 1959년 3월 재무부 장관으로 자리를 옮긴 뒤 처음으로 공무원 공개채용시험제도를 도입했다. 재무부에서 발생한 100명 정도의 결원을 공개시험을 통해 보충하기로 한 것이다.

당시 공무원 채용은 오늘날과 달리 주로 전형(비공개 경쟁시험에 의한 채용 방식)을 통해 이루어지고 있었다. 그런데 전형의 경우 실력보다는 혈연, 지연 등에 영향을 받기 쉬웠으며, 이러한 상황에서는 공무원 조직에

1960년 공무원 공개경쟁시험 문제집 광고. "부패된 정부와 배경주의가 물러가고 혁신된 이 나라에 실력주의로 등용의 문 열리다!"라는 광고 문구가 눈에 띈다.

출처: 네이버 뉴스 라이브러리(조선일보).

인재가 많이 들어오도록 하는 데에 어려움이 컸다. 송인상은 이러한 폐단을 막고자 공채를 시행한 것이다. 시험 경쟁률이 10대 1을 상회할 정도로 공채 시험에 대한 호응은 컸다. 반면 청탁하려 했던 이들은 거세게 반발했다. 특히 공교롭게도 야당 지도자의 아들이 수석으로 합격하자 자유당의 반발은 거셌다. 무슨 다른 의도가 있는 것은 아닌가 오해를 했던 것이다.

송인상은 더 나아가 공무원의 신규 채용 시에는 필히 공개경쟁시험을 실시하자는 제안을 했고, 국무회의에서 의결되었다. 이에 따라 1960년 5월 제1차 공무원 공개경쟁시험이 시행될 예정이었지만, 4·19 이후 이승만 정권이 붕괴되면서 시행되지 못했다. 공무원 공개경쟁시험 제도는 박정희 정권이 들어선 이후 도입되었다.

공직 사회에 인재가 유입되도록 하기 위해 송인상이 추진한 것이 또 하나 있다. 공무원들이 경제적으로 안정된 가운데 역할에 전념할 수 있도록 공무원연금제도를 도입한 것이다. 그런데 그는 공무원연금제도 도입을 추진하면서 공무원의 복지 부분만 신경 쓴 것은 아닌 것 같다. 이를 통해 장기투자 재원을 조달한다는 생각도 갖고 있었던 것이다. 정부와 공무원이 절반씩 부담해서 적립하는 돈은 적어도 제도 시행 초기 일정 기간 동안은 축적될 테니 이를 부족한 내자 조달을 보충하는 데에 사용하겠다고 생각한 것이다. 이렇게 도입된 공무원연금제도는 공무원의 안정적인 노후를 보장해 줌으로써 인재들이 공무원을 선호하도록 이끄는 유인으로 작용하였고, 한국 공무원 조직이 질적으로 향상되는 데에 중요한 역할을 했다고 평가되고 있다.

부흥부와 재무부에서 장관으로서 중요한 역할을 수행하며 승승장구하던 송인상은 재무부 장관으로 재임 중이던 1960년 4·19 혁명 이후 시련을 겪게 되었다. 3·15 부정선거 연루 혐의로 옥살이를 하게 된 것이다. 3년간의 옥살이를 경험한 그는 1963년 5월 출소한 이후 다시 경제 분야에서 활동을 이어 갔다. 1968년에는 경제정책에 관한 대통령의 자문에 응하고 건의를 하는 헌법기관이었던 경제과학심의회의 비상임위원이 되어 1974년까지 이 직위를 유지했다.

1974년에는 EC 대사 겸 벨기에·룩셈부르크 대사로 임명되었다. 그가 대사로 임명될 당시에는 EC와의 경제협력이 그리 활발하지 않았다. 한국의 대對EC 수출총액은 3억 5,000만 달러 정도에 그치고 있었다. 박정희 대통령은 대사로 부임하는 그에게 대사 재임 기간 동안 수출을 10억 달러 대로 늘려 달라고 주문했다. 그는 EC 대사로 2년간 재임했는데, 그 사이 한국의 EC 대상 수출 규모는 박 대통령이 요청한 10억 달러를 넘어섰으며, 유럽에서 자본과 기술을 도입할 수 있는 길도 확대되었다. 이처럼 그가 대사로 재임하는 동안 EC와의 경제협력은 양적으로뿐만 아니라 질적으로도 개선된 결과, 한국은 경제협력 대상을 미국과 일본 이외의 지역으로까지 확대할 수 있는 계기를 마련하게 되었다.

대사 임무를 마치고 1976년 귀국한 그는 이번에는 수출입은행의 은행장을 맡았다. 수출입은행은 수출지원, 해외투자 등의 목적으로 장기저리 정책금융을 제공하는 은행이었다. 1969년 수출입은행법이 제정되었지만 설립이 지연되어 외환은행이 그 업무를 대행해 왔는데, 1976년 마침내 설립되었으며, 그가 초대 은행장으로 취임한 것이다. 그는 3년간 은행장으로 재직하면서 수출입은행이 정책금융 기관으로 자리 잡도록 하는 데에 기여했다.

수출입은행장직에서 물러난 뒤 그는 민간 부문에 투신했다. 1980년

효성그룹 동양나이론의 대표이사가 되었고, 그 이듬해에는 전국경제인연합회(현 한국경제인협회) 부회장을 맡아 6년간 활동하기도 했다.* 이후에도 한국경제연구원장, 한국능률협회 회장 등을 맡으며 왕성한 활동을 이어 간 그는 2015년 101세를 일기로 세상을 떠났다.

송인상은 1950년대 암울했던 시절, 한국경제가 부흥의 기반을 닦는 과정에서 중요한 역할을 했다. 10여 년간 몸담았던 은행을 떠나 경제관료의 길에 들어선 뒤 재무부 이재국장, 한국은행 부총재, 부흥부와 재무부 장관 등의 요직을 거치면서 경제안정 15원칙을 수립하고, 국제금융기구 가입을 위해 발 벗고 나섰다. 그리고 한국에서 처음으로 체계적인 형태의 장기경제개발계획이 수립되는 과정에서 산파 역할을 하기도 했다. 또한 환율 사수를 위해 물가안정 정책을 펴서 성과를 거두었으며, 인재를 키워 내고 공무원 조직의 질적 향상을 이루어 내는 데에도 중요한 역할을 했다. 그의 이러한 활약은 1960년대 한국경제가 성장궤도에 진입하는 데에 든든한 기반이 되었다. 그리고 서울 유학마저 꿈꾸기 어려웠던 시골 소년 송인상은 이러한 활약 덕분에 장기경제개발계획의 선구자이자 뛰어난 경제관료로 기억되고 있다.

---

* 효성그룹의 창업주인 조홍제는 송인상의 사돈이었다.

2부

도약

3장

장기영
고도성장의 시동을 걸다

광복이 그리 멀지 않았던 1945년 8월 어느 날 소련군의 북한 지역 상륙과 공습이 시작되었다. 함경북도 청진 지역은 불바다가 되었고, 서둘러 서울로 피난을 떠나야 했던 조선은행 청진지점 직원들은 가족과 함께 피난 행렬에 몸을 싣기 바빴다. 공습이 계속되어 목숨이 위태로운 상황에서 자신과 가족의 안위부터 챙기는 것은 지극히 당연한 행동이었다.

당시 청진지점에서 10년 넘게 근무해 온 장기영 역시 피난길에 나서야 했다. 그런데 그의 행보는 좀 달랐다. 장기영은 이처럼 다급한 와중에 청진지점의 현금과 대부 장부, 예금 장부 등을 챙기느라 정신이 없었다. 이를 지고 피난길에 나서기 위해서였다. 이 때문에 자신과 가족의 짐은 거의 챙길 수 없었지만, 그는 크게 개의치 않았다.

서울에 도착한 그는 조선은행 본점 영업부 옆 복도에 '청진지점'이라는 문패를 달고, '예금, 대출 관계 문의하십시오'라고 써서 붙여 두었다. 청진에서 거래했던 피난민들을 위해 서울에서 영업을 시작한 것이다. 그 덕분에 청진에서 급하게 맨몸으로 피난온 많은 청진 출신 수산업자, 사업가 들이 재산을 찾고 다시 일어설 수 있는 발판을 마련할 수 있었다. 장기영, 그는 그런 사람이었다.

학력 핸디캡을 극복하다

장기영은 1916년 서울에서 태어났다. 곡물상이었던 아버지가 일찍 돌아
가셨기에, 그는 그리 넉넉지 않은 환경 속에서 자랐다. 그래도 그는 학업
에서 두각을 나타내 한남보통학교를 졸업한 뒤 당시 명문이던 선린상업학
교에 진학했다. 2장에서 소개한 송인상이 그의 2년 선배였다. 그는 선린상
업을 우수한 성적으로 졸업했다. 1934년 3월 9일자 《동아일보》에는 몇몇
학교의 우등졸업생 사진이 수록되어 있는데, 그중에 선린상업 장기영의
사진도 있다.

선린상업학교를 졸업한 장기영은 당시 인재들이 선망하는 최고의
직장이던 조선은행에 입사했다. 백두진과 입사 동기였다. 동기이긴 했지
만 조선은행 내에서 두 사람의 입지에는 차이가 있었다. 당시 조선은행은
학력을 중시하는 경향이 강했기 때문이다. 도쿄상과대학을 나온 유학파

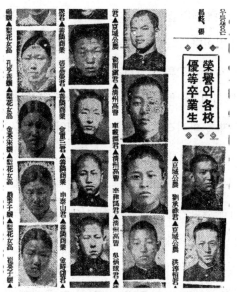

1934년 선린상업 졸업 당시 신문의 우등졸업생 명단에 수록된 장기영(가운데 상단)
출처: 네이버 뉴스 라이브러리(동아일보).

백두진은 엘리트 직원으로서 승진이 예약되어 있었다. 반면, 선린상업학교를 졸업한 뒤 곧바로 입사한 장기영은 아무리 일을 잘해도 승진이 쉽지 않은 상황이었다. 그럼에도 그는 은행에서 두각을 나타냈다. 이를 잘 보여주는 예가 있다. 1943년 사내 현상 논문 모집이 있었는데, 이때 장기영은 일본 유학을 다녀왔거나 조선에서 상대를 나온 이들을 제치고 당당히 1등을 차지했다.

　장기영은 조선은행 조사부 차장을 거쳐 1948년 12월 조사부장이 된다. 탁월한 역량에 성실함, 책임감까지 두루 갖추고 있었기에 그는 상업학교 출신이라는 학력 핸디캡을 극복하고 32세라는 이른 나이에 요직에까지 오를 수 있었던 것이다. 그는 조사부에 있으면서 조사부가 당시 라이벌 기관들을 제치고 한국 최고의 조사기관으로 발돋움할 수 있는 기반을 마련했다. 특히 식민지기 한 발 앞서 있던 식산은행 조사부를 제칠 수 있었던 데에는 그가 인재를 파격적으로 등용하고, 해외의 좋은 자료들을 확보하기 위해 동분서주한 것이 도움이 되었다.

그는 조선은행의 기존 채용 방식에서 벗어난 형태로 조사부 직원을 채용했다. 먼저 추천받은 인재를 임시직원으로 채용한 뒤, 그들의 업무 역량을 평가하여 나중에 총재에게 이러이러한 사람을 채용해 달라고 건의하는 방식이었다. 오늘날과 달리 인사채용 시스템이 체계적으로 갖추어져 있지 않았기에 가능했던 일인 것 같다. 물론 그에 대한 문제 제기가 없었던 것은 아니다. 하지만 그는 "조사부원들은 국내외 경제 흐름을 진단하고 평가해야 하는데 입행 시험 필수과목인 주판 계산이나 기술 등이 무슨 소용이냐"고 반박하면서 자신의 방식을 고수했다.

그는 조사부에서 매월 발간하는 《조사월보》의 질을 높이기 위해 해외 서적과 자료를 입수하는 데에도 많은 노력을 기울였다. 당시에는 해외에 나가기가 매우 어려웠고, 해외 서적을 구하기도 쉽지 않았다. 장기영은 재일교포 등의 협조를 얻어 이 문제를 해결했는데, 사실 여기에는 편법 또는 불법적인 요소가 있었다. 한 예로, 밀선으로 한국과 일본을 왕래하는 어부가 일본 경제잡지를 사 오면 잡지 가격의 몇 배를 지불하기도 했다고 한다. 그는 《조사월보》에 이렇게 해서 구한 자료를 번역해 소개하였고, 이

는《조사월보》가 업계에서 가장 권위 있는 간행물이 되는 데에 큰 도움이
되었다.

장기영의 이와 같은 활약상은 그의 업무 스타일을 잘 보여 준다. 그
는 법률이나 규정에 제약받기보다는 일단 이를 돌파하여 추진하고, 사후
적으로 발생하는 문제를 수습하는 스타일이었다. 앞으로 살펴볼 장기영
의 삶의 궤적을 통해서도 그의 이러한 '불도저' 성향을 확인할 수 있을 것
이다.

한국전쟁기 한국은행에서의 활약상

해방 이후 조선은행과 식산은행은 어느 은행이 중앙은행이 될 것인가를
놓고 경쟁을 벌이고 있었고, 초반에는 식산은행이 유리한 위치에 있었다.
하지만 결국 조선은행이 중앙은행으로 선정되어 한국은행으로 전환되었
는데, 그 과정에서 조선은행의 중앙은행화 추진을 책임지는 역할을 맡았
던 장기영 조사부장의 기여도 컸다.

1950년 발발한 한국전쟁을 거치면서 한국은행이 위기를 극복하는
과정에서도 장기영은 많은 활약을 했다. 우선 전쟁 직전 도쿄지점 개설을
주도한 것부터 살펴보자. 장기영은 1950년 초부터 도쿄지점 개설의 필요
성을 주장했다. 대일무역이 확대되고 있다는 것이 그 이유였다. 이에 대해
은행 내에서는 부정적인 여론이 더 컸던 것 같다. 미 경제협조처ECA 역시

일본과 국교가 단절된 상태에서는 시기상조라는 입장이었다. 그러나 그는 구용서 부총재와 함께 일본으로 건너가 연합국 최고사령부SCAP를 설득했고, 마침내 1950년 5월 한국은행 도쿄지점을 개설했다.

도쿄지점은 한 달 후 발발한 한국전쟁 과정에서 매우 중요한 역할을 하게 된다. 한국의 외화자산을 관리하고, 전비 조달에 필요한 은행권을 인쇄해 전시 마련된 부산 본점에 보내며, 민생물자를 긴급 수입해 지원하는 등 전시경제에서 핵심적인 업무를 담당했던 것이다. 그에게 선견지명이 있었던 것일까? 그것까지 알 수는 없지만, 그의 제안으로 개설된 도쿄지점이 한국전쟁기 중요한 역할을 했음은 분명해 보인다.

한국전쟁 중에도 그의 활약은 계속되었다. 전쟁 발발 직후 장기영은 9명으로 구성된 한국은행 후발대의 책임자가 되어 은행을 지키다 6월 28일 한강교 폭파 직전 한강을 건넜다. 또 부산 피난 중 인천상륙작전 소식을 듣고 선발대를 구성해 가장 먼저 인천으로 올라와 서울과 인천의 금융기관들이 문을 열도록 독려한 이도 장기영이었다. 같은 해 10월에는 한국은행이 전시 비상업무 추진을 위해 설치한 임시부흥본부의 책임자가 되어 비상시국 업무를 성공적으로 추진하기도 했다. 이러한 공로를 인정받아 1950년 12월 그는 한국은행 부총재로 승진했다. 그의 나이 34세에 불과했다.

승승장구하던 장기영은 1952년 3월 돌연 한국은행 부총재직을 사임했다. 이른바 군표 사건과 특혜성 대출 문제가 불거져 구용서 총재가 1951년 말 물러났는데, 그 역시 3개월 후 사임한 것이다. 군표 사건이란, 전쟁 중 일

한국은행 초대 총재, 구용서

구용서는 1899년생으로 오늘날 부산에 해당하는 동래부에서 태어났다. 도쿄상과대학을 나온 그는 백두진보다 8년 앞선 1925년 특채로 조선은행에 입사했다. 그해 채용된 50명의 신입직원 중 유일한 조선인이었다. 그는 1942년 조선인으로는 처음으로 조선은행 지점의 지배인이 되기도 했다.

상공부 장관 시절의 구용서
출처: 국가기록원.

　해방 직후 일본인 직원들이 본국으로 돌아가자 조선인 최초 지배인을 역임한 그는 자연스럽게 조선은행을 대표하는 인물로서 활동하게 되었고, 조선은행이 한국은행으로 재편되는 과정에 깊숙이 관여했다. 1950년 설립된 한국은행의 초대 총재가 되어 1년 6개월간 재직한 뒤 대한석탄공사 사장, 한국산업은행 초대 총재 등을 역임하고 1958년 8월부터 1960년 4월까지 상공부 장관을 지내기도 했다. 4·19 이후 관직에서 물러난 그는 1984년 85세를 일기로 숙환으로 세상을 떠났다.

1960년 서울시장에 출마한 장기영
출처: 중앙선거관리위원회 사이버선거역사관.

본 도쿄지점에서 인쇄된 은행권을 수송해 오던 미국 항공사가 운임료 지급을 독촉해 벌어진 사건이다. 국내 외화 사정상 운임료를 달러로 지급하기 곤란하자 장기영은 미군 군표로 이를 갚는 방안을 생각해 냈다. 일본에는 연합국 최고사령부가 주둔하고 있어 군표에 법화의 효력이 있음을 활용했던 것이다. 그래서 일본으로 가는 직원 편으로 암시장에서 구한 미군 군표를 보냈는데, 이것이 적발되어 문제가 되었다. 외교 관계가 없는 상황에서 일본 당국에 신고도 하지 않은 채 한국의 민간인이 일본으로 군표를 반입하는 것은 국제법 위반이었기 때문이다.

　한국은행 부총재직을 사임한 장기영은 같은 해 4월 조선일보 사장에 취임했다. 금융계를 떠나 언론계에 뛰어든 것이다. 1954년에는 한국일보를 창간했다. 그는 한국일보의 사장이자 발행인이었으며, 사실상 편집국장이었고, 때로는 기자 역할을 하기도 했다. 1960년 4·19 혁명 이후에는 무소속으로 서울시장 선거에 출마했다가 고배를 들기도 했다.

경제기획원의 전성시대를 열다

그렇게 공직과는 멀어져 언론인으로 자리 잡는 듯했던 장기영은 1964년 5월 김유택 부총리에 이어서 부총리 겸 경제기획원 장관으로 전격 발탁되었다. 이때부터 김학렬 부총리 시절까지 이어지는 이른바 경제기획원의 전성시대가 펼쳐지게 된다.

　　이승만 정부 시절 경제부흥을 위한 계획을 수립하고 이를 추진하는 역할을 맡은 부처로 부흥부가 있었다. 경제기획원은 1961년 5·16 직후 부흥부가 주축이 되고, 재무부의 예산국, 그리고 내무부의 통계국이 합쳐지는 형태로 만들어졌다. 먼저 건설부라는 이름으로 발족했다가 얼마 후 다시 경제기획원으로 바뀌었다. 경제기획원의 역할은 경제개발계획을 수립하고 집행을 주도하는 것이었다. 역할만 놓고 보면 부흥부와 크게 달라 보이지 않는다. 그런데 양자 사이에는 큰 차이가 있었다. 바로 기획원이 재무부의 예산국을 흡수했다는 점이다. 이는 경제개발을 담당하는 기구에서 예산 기능을 가져야 경제개발을 강력하게 추진할 수 있다는 판단 때문이었다.

　재무부의 예산국이 경제기획원으로 합쳐지는 데에는 재무부 이한빈 차관의 역할이 중요했다. 예산 업무를 경제개발을 담당하는 부처에서 맡아야 한다는 생각을 갖고 있던 이한빈 차관이 경제기획원이 만들어지는 과정에서 이러한 생각을 관철시킨 것이다. 사실 재무부 입장에서는 예산 관련 업무를 경제기획원에 넘기는 것이 결코 쉬운 선택은 아니었을 것이다. 예산 업무라는 막강한 권한을 다른 부처에 넘겨주면 재무부의 위상은 약화될 수밖에 없기 때문이다. 그럼에도 이한빈 차관은 예산 업무를 경제기획원에 넘기는 일을 주도해 갔다. 이는 그가 자신이 몸담고 있는 부처의 이익보다 국가 경제를 먼저 생각하는 경제관료였음을 잘 보여 준다.

　이처럼 경제기획원은 기획 기능에 예산 기능까지 더해진 형태로 출범했지만, 초기에는 경제 부처 사이에서 주도적인 역할을 하지 못했던 것 같다. 재무부, 상공부 등 관련 부처와의 의견 충돌이 잦았고, 이로 인해 정책을 추진력 있게 시행하지 못하고 있었다. 그러나 1963년 12월 정부조직법이 개정되어 경제기획원 장관이 부총리도 겸하게 되면서 기획원의 위상이 한층 강화되었으며, 기획원이 보다 주도적으로 경제 부처의 컨트롤타워 역할을 할 수 있게 되었다.

　장기영은 이러한 상황에서 부총리로 취임했다. 보스 기질을 지니고 있어 '왕초'라는 별명을 가졌던 그에게 꼭 어울리는 환경이 조성된 가운데 그가 부총리직에 오르게 된 것이다. 그런데 한국은행에서 17년간 근무하며 부총재까지 역임하긴 했지만, 은행을 떠난 이후 10여 년 동안 언론계에

이한빈

이한빈은 1926년생으로 함남 함주에서 태
어났으며, 서울대 영문과를 나온 뒤, 정부
수립 후 최초의 국비유학생으로 선발되어
하버드 비즈니스 스쿨에서 석사학위를 취
득하였다. 한국전쟁 중 한국에 돌아온 그
는 1951년부터 재무부 예산과장, 예산국장
등을 지내며 현대적인 예산 시스템을 도입
하는 데에 주도적인 역할을 했으며, 송인

부총리 겸 경제기획원 장관 시절의 이한빈
출처: 국가기록원.

상 부흥부 장관이 경제개발계획을 수립하는 과정을 돕기도 했다. 그는 4·19
이후 재무부 차관으로 잠시 있은 뒤 외교관이 되어 주스위스 대사, 주바티칸
대사 등을 역임했으며, 이후 교육자로 변신해 서울대 행정대학원 교수, 숭전
대 총장 등을 지냈다. 1979년 12월에는 부총리 겸 경제기획원 장관으로 임명
되었는데, 1980년 5월 신군부 세력이 권력을 장악하자 퇴임했다. 이후 사회
운동가로서 왕성한 활동을 하기도 했던 그는 2004년 78세를 일기로 세상을
떠났다.

몸담아 온 그가 부총리 겸 경제기획원 장관으로 임명된 배경은 무엇일까? 박정희 대통령은 어떠한 이유에서 신문사 사주로 있던 그를 경제 분야 수장으로 앉힌 걸까?

당시 기획원 내부는 물론 외부에서도 동일한 의문을 품었던 것 같다. 당시 경제기획원 외자총괄과장이었던 양윤세는 장기영 부총리가 취임할 당시만 해도 그에 대해 전혀 기대가 없었다고 한다. 신문사 사장이나 하던 사람이 뭘 할 수 있겠냐고 생각했다는 것이다.

그가 어떻게 부총리가 되었는지 그 내막을 정확히 알기는 어렵다. 다만 당시 상황을 놓고 보면 대통령이 그의 업무 추진 역량을 높이 평가해서 임명했을 가능성이 커 보인다. 1963년 8월 장기영은 박정희 의장의 밀사로 일본을 방문했다. 당시 민정이양을 앞두고 식량 부족 문제로 고민하던 박정희 의장이 그를 일본에 보내 소맥 10만 톤을 도입해 오도록 한 것이다. 그는 이 임무를 무리 없이 소화해 냈다. 일본 미쓰이 물산을 통해 캐나다산 소맥 10만 톤을 연불 조건으로 극비리에 수입하는 교섭을 성사시킨 것이다. 참고로 연불이란 수입 대금을 일정 기간 뒤에 지불하는 것을 의미한다.

소맥 10만 톤 도입은 식량 문제 해결에 도움이 되었고, 결과적으로 박정희 의장이 대통령 선거에 출마해 당선되는 데에 도움이 되었다. 다른 요인도 작용했겠지만, 이 일이 추진되는 과정에서 확인된 그의 추진력도 박 대통령이 장기영을 경제 분야 수장으로 임명하는 데에 영향을 미쳤던 것 같다.

박 대통령은 장기영이 명실상부한 경제팀 수장으로서 역할을 할 수 있도록 그에게 힘을 실어 주었다. 한 예로 대통령은 그에게 경제부처 장관 임면권을 상당 부분 보장해 주었다. 그가 부총리로 재직한 3년여 동안 재무부 장관은 다섯 명이나 교체되었는데, 이 가운데 한 명을 제외하면 모두 장기영과의 갈등이 퇴진의 원인이었다. 자신과 뜻이 맞지 않는다 싶으면 경제 부처 장관을 바로 교체할 만큼 그는 강한 권한을 보장받으며 부총리 직을 수행했던 것이다.

임명 당시에는 의문부호가 뒤따랐지만, 결과적으로 박 대통령의 장기영 발탁은 묘수가 되었다. 장기영은 '왕초' 외에 '불도저'라는 별명도 갖고 있었는데, 그가 이 별명처럼 뚝심 있게 경제정책을 펴나간 결과, 그의 재임 기간 경제기획원은 경제 부처 컨트롤타워로서의 위상을 강화해 갈 수 있었으며, 한국경제는 본격적인 성장궤도에 오르게 되었다. 특히 그의 재임 시절 시작된 수출주도형 공업화는 이후 한국경제가 고도성장의 길에 들어서는 데에 결정적인 역할을 한 것으로 평가되고 있다(→7장·8장).

스태미나가 넘치는 사람

장기영은 좀 독특한 면이 많은 인물이었다. 그래서인지 그와 관련해 유난히도 많은 에피소드가 전해진다. 이들 에피소드를 보면, 그에게서 기인에 가까운 풍모가 느껴지기도 한다. 그는 부총리로 부임한 직후부터 그러한 면모를 유감없이 드러냈고, 경제 부처 관료들은 그의 업무 스타일에 적응하느라 땀을 빼야 했다.

그는 스태미나stamina가 넘치는 사람이었다. 바쁜 걸 즐기고 한가한 것을 못 견디는 스타일이었다. 그는 새벽 4시부터 업무를 시작했다. 새벽에 일어나 혼자 조용히 일을 처리한다면 특별히 문제될 것은 없다. 그런데 그는 이때부터 기획원은 물론 다른 부처 직원에게도 전화를 걸었다. 이를 위해 화장실에도 전화기를 달아 놓았다고 한다. 이렇게 일찍부터 전화를 돌리는 것은 실례가 되는 일이지만, 그는 아랑곳하지 않았다.

새벽부터 일을 시작한다고 해서 퇴근이 빠른 것도 아니었다. 그가 일주일에 두 번씩 열었던 비공식 경제장관 회의에 대해 보자. 그는 이 회의를 퇴근 이후 시간에 열었다. 자신이 민간에 있을 때 보니, 행정부 요인들이 회의 중이라고 자리를 비워 만날 수 없는 경우가 많았는데, 이는 관료의 올바른 태도가 아니라는 게 이유였다. 하지만 경제 부처 장관 길들이기 측면도 있었다는 게 일반적인 평가다.

회의의 목적은 장관 이외의 인사들까지 참석하여 의견 조율이 쉽지 않은 공식 경제장관회의에 앞서 장관들만 모여 사전 조율을 하는 데에 있었다. 이 회의는 가죽 의자와 양탄자가 녹색인 회의실에서 열려 심야 '녹실회의'라고 불렸는데, 그는 재임 기간 내내 녹실회의를 보통 한밤중까지 계속하다가 통금 30분 전에야 끝내 주었다고 한다.

이렇듯 장기영은 새벽부터 한밤중까지, 그것도 1년 365일 내내 일하는 사람이었다. 도대체 잠을 자긴 하는지 의문이 들 정도였다. 본인이야

여러 업무를 동시에 수행하고 있는 장기영
출처: 백상재단.

스태미나가 넘치니 괜찮았을지 모르겠지만, 그 주변에 있는 직원들은 고생이 이만저만이 아니었다.

　　그의 회의 방식도 매우 특이했다. 그는 같은 시간대에 2~3개의 회의를 한꺼번에 소집해 놓고 이 회의실, 저 회의실을 오갔다. 거기에 더해 회의 와중에 장관실을 찾는 관료, 기자 등 수많은 방문객을 맞이하기도 했다. 장관실은 하루 종일 그를 만나려는 이들로 인해 북적였다. 신기한 건 그럼에도 그는 회의 내용의 핵심을 놓치는 법이 없었다는 점이다. 장기영 본인이야 이처럼 핵심을 파악하고 있어 상관없겠지만, 관료들은 어수선

한 분위기 속에 이루어지는 회의에 적응하느라 꽤나 애를 먹었을 것 같다.

물가 잡기 총력전

장기영이 부총리로 취임했을 당시 가장 시급한 문제 중 하나는 물가를 잡
는 것이었다. 서울의 소비자 물가상승률은 1963년에는 20.6%였고, 그가
취임한 1964년에는 더욱 가파르게 상승하고 있었다. 장기영은 물가를 잡
기 위한 총력전에 나서 갖가지 방안을 도입했다.

　　우선 그는 가격 동향을 예의주시했다. 차관보를 비롯한 관료들에게
매일 아침 5시면 전화를 걸어 쌀값이 얼마냐, 채소값이 얼마냐 하며 질문
을 쏟아냈다. 답변을 위해 관료들은 매일 새벽 4시에 시장을 한 바퀴 돌며
가격 정보를 수집해야 했다. 그러고는 아침 7시에 국장과 실무자 들을 모
아 물가대책위원회를 열었다. 그가 "물가는 신앙"이라는 은유를 종종 사
용했기에 기자들은 이 회의를 '물가안정 새벽기도회'라고 불렀다. 또 경제
기획원 물가정책과의 기능과 권한을 확대하여 쌀, 밀가루, 연탄 등 주요
생필품과 시멘트, 면사 등 주요 원자재의 가격을 고시하도록 하는 정책을
펴기도 했다.

　　물가와 관련해서는 그 외에도 몇 가지 위원회가 구성되어 대책이 논
의되었다. 수송대책위원회는 물자 수송의 원활화를 통해 수급을 안정시
키고자 마련한 위원회였다. 예를 들어, 연탄이나 시멘트 값이 오르면 위원

회에서 이들 품목에 대한 화차 배정량을 늘리도록 하는 식의 대책이 마련되었다. 이 회의에는 특히 철도청장을 비롯한 철도청 공무원이 자주 불려가 곤욕을 치렀다. 당시에는 아직 고속도로가 없었고 대량 물자 수송을 전적으로 철도에 의존하고 있었기 때문이다.

침수방지대책위원회라는 것도 있었다. '대한민국 경제호'라는 배에 밀수, 부정 외제품 거래, 암달러 거래와 같은 '나쁜 물'이 스며드는 것을 막아야 한다는 의미에서 장기영이 그렇게 작명했다고 한다. 명칭과 달리 이 역시 물가를 잡기 위한 조직 중 하나였다.

그런데 이 위원회 이름은 오해를 불러오기 쉬웠고, 실제로 그로 인해 웃지 못할 에피소드도 생겨났다. 이 위원회가 첫 모임을 가질 때의 일이다. 대책위원 중에 치안국장도 있었는데, 이 위원회를 수해 대책 마련과 관계된 위원회로 오해한 나머지 소방과장을 대리 참석시켰다. 물가를 잡기 위한 회의에 전혀 관계가 없는 소방과장이 참석했으니, 소방과장은 물론 다른 위원들도 참 난감했을 것 같다.

장기영은 물가를 잡기 위해 직접 발로 뛰기도 했다. 한국일보 사장으로 있으면서 때로는 기자 역할도 담당했던 것처럼, 부총리로 있으면서 직급이 낮은 관료가 해도 될 일에도 직접 나섰다. 당시 경제기획원 물가정책과장 전응진의 증언이다.

"그때는 연탄이 가장 중요한 생필품 중 하나였습니다. 그래서 장 부총리가 직접 이문동 저탄장과 연탄공장에 가셔서 연탄 생산을 독려하셨습니다. 당시는 우선 서울 시내의 연탄 가격 안정이 중요하니까 서울 시내 연탄을 시외로 못 나가게 했습니다. … 한밤중에 오류동까지 직접 가서, 서울의 연탄차가 못 나가게 막는 일까지 직접 하셨습니다. 상식적으로 일반 관료사회에서 부총리가 저탄장, 연탄공장 돌아다니고, 한밤중에 길목에서 연탄 반출을 막는 것은 생각하기 어렵잖아요. 그 정도로 열심히 하셨던 겁니다."

_육성으로 듣는 경제기적 편찬위원회, 『코리안 미러클』, 나남출판, 2013, 195쪽

장기영은 물가를 잡기 위해 별의별 방법을 동원했다. 쌀값이 오르면 대규모 양곡상들에게 압력을 가했고, 정육업자들을 부총리실로 불러 물가를 올리지 말라고 호통을 치기도 했다. 커피 가격이 비싼 다방의 업주에게 찻값을 내리라고 종용하는 일도 있었는데, 해당 업주가 값을 내리지 않자 서울시 보사국장에게 트집을 잡아 다방에 영업정지 처분을 내리라고 지시한 경우도 있었다. 결국 이 업주는 위생 검사 결과에 문제가 있어 영업정지 처분을 받았는데, 업주가 가격을 내리자 이 처분은 하루 만에 풀렸다고 한다.

이처럼 다양한 수단을 이용해 물가 잡기 총력전에 나선 결과 물가 상승세는 둔화되었다. 그가 부총리로 취임한 1964년 서울의 소비자 물가상승률은 29.5%로 높았는데, 이는 연초에 물가가 빠르게 상승한 결과였으며, 그가 취임한 5월 이후에는 물가지수가 오히려 낮아졌다. 1965년부터 1967년까지 3년간의 물가상승률은 10~14% 수준이었는데, 오늘날 기준으로 보면 높은 수준이지만, 20~30%를 기록하던 당시 상황을 기준으로 보

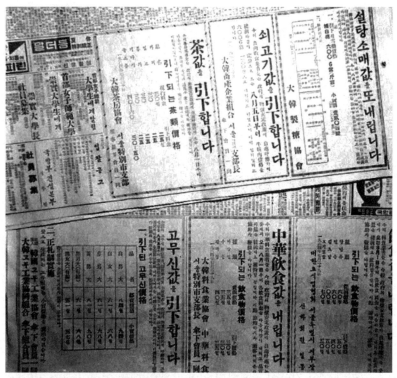

1964년 7월 정부의 저물가 정책에 맞춰 가격을 인하한다고 신문에 광고 중인 기업들
출처: 국가기록원.

면 크게 낮아진 것이었다.

　　장기영은 물가를 잡기 위해 관례에 얽매이지 않고, 파격적인 발상을 실행에 옮기기도 하며, 때로는 임기응변적인 수단을 사용하는 것도 마다하지 않았다. 그의 일 처리 스타일 자체가 그러했다. 이는 물가를 잡는 데에 도움이 되었지만 부작용을 낳기도 했다. 때로는 막무가내식의 무리한

정책이 추진되었으며, 경제관료들이 개별 품목의 가격을 행정적으로 통제하려는 경향이 강화되는 결과가 초래되기도 했던 것이다.

유례없는 역금리의 도입

장기영의 부총리 취임 당시에는 물가상승률이 20~30%에 달한 반면, 국가가 정한 금융기관의 정기예금 금리의 상한은 15%였다. 이처럼 물가상승률이 금리보다 높은 상황을 실질금리가 마이너스인 상태라고 이야기하는데, 이 경우 개인이나 기업이 은행에 예금할 유인은 크지 않으며, 여유자금은 금리가 보다 높은 사금융 시장으로 몰리게 된다.

그런데 당시 정부는 기업에 대한 대출금리도 물가상승률보다 낮게 설정하고 있었다. 그렇다면 기업들은 은행에서 대출 받기를 희망할 것이다. 그러나 예금 잔액이 충분하지 않아 은행의 대출 여력이 크지 않았다. 그 결과 일부 기업만 특혜적인 저리의 은행 대출을 받을 수 있고, 나머지 기업들은 사금융 시장에서 자금을 마련해야 했다. 이러한 상황에서 기업은 저리의 은행 대출을 받기 위해 정치권에 줄을 대려 했고, 이는 정경유착을 심화시키는 결과를 초래했다.

장기영은 이러한 문제를 해결하기 위해 1965년 9월 금리현실화 조치를 단행했다. 정기예금 금리 상한을 30%로 높이고 대출금리 상한 역시 26%로 높였다. 금리를 물가상승률보다 높여 실질금리가 플러스가 되도록

관치의 그늘

'한강의 기적'은 한국경제가 안고 있는 고질적인 문제를 낳은 요인이 되고 있기도 하다. 그 대표적인 것이 관치의 유혹을 떨쳐 버리지 못하고 있다는 점이다. 대표적인 예가 물가정책이다.

물론 오늘날에는 장기영처럼 민간인을 불러다 가격을 낮추라고 호통을 치는 것과 같은 방식은 더 이상 통용되지 않는다. 하지만 관이 나서서 민간에 압박을 가하는 방식은 여전히 존재한다. 요즘도 정부가 업계 관계자들을 모아 간담회를 개최하여 가격 상승 억제 혹은 인하를 요구했다는 소식이 종종 들려온다. 압박의 방식과 정도만 달라졌을 뿐 관치라는 본질은 크게 바뀌지 않은 것이다. 관치의 그늘은 한국경제에 그만큼 깊게 드리워져 있다.

경제관료들이 관치의 유혹에서 좀처럼 벗어나지 못하는 이유는 무엇일까. 관료 입장에서는 그것이 가장 간편할뿐더러 효과도 빠르게 나타나기 때문이 아닐까 싶다. 문제는 관치가 부작용을 수반한다는 데에 있다. 당시와는 경제 환경이 크게 달라진 오늘날 관치는 한국경제에 맞지 않는 옷이다. 관치는 그때는 맞았지만, 지금은 틀리다.

만든 것이다. 그동안 저금리 혜택을 받아 온 기업들의 반발이 있었으나, 불도저 장기영은 이 정책을 밀고 나갔다.

그런데 조치 내용이 좀 이례적이다. 예금금리보다 대출금리가 높아야 하는데, 거꾸로 대출금리보다 예금금리가 높았다. 이를 역금리라고 부르는데, 이렇게 되면 은행은 당연히 손해를 볼 수밖에 없다. 그렇다면 장기영은 도대체 금리현실화를 왜 이러한 형태로 실시한 것일까?

금리현실화 추진 과정에서 실무를 책임진 사람은 김용환 재무부 이재과장이었다. 그가 이끈 실무작업반에서는 예금금리 24%, 대출금리 26%가 적정하다고 판단했다. 예금금리보다 대출금리가 높은 정상적인 형태의 금리현실화 방안을 제시한 것이다. 그런데 실무 작업이 막바지에 이를 무렵, 장기영이 파격적인 아이디어를 제시했다. 일시적으로 역금리를 도입해 금리현실화에 대한 정부의 단호한 의지를 보여 주자고 한 것이다. 이러한 혁명적이고 파격적인 조치를 해야만 사금융 시장을 떠도는 자금을 공금융 시장이 흡수할 수 있다는 것이었다.

이러한 제안이 실행에 옮겨져 세계적으로도 유례를 찾아보기 어려울 역금리가 도입되었다. 문제는 역금리로 인해 예금과 대출이 늘어날수록 은행들이 손해를 보게 된다는 점이었다. 정부는 은행이 한국은행에 의무적으로 예치하는 지급준비금*에 대해 3.5%의 이자를 지급하는 방식으로 이 문제를 해결하기로 했다.

참고로 역금리 아이디어의 출처와 관련해 다른 증언도 있다. 당시 경제기획원 외자총괄과장이었고, 장기영과 항상 함께 다녀 '장기영의 그림

---

* 당시에는 명칭이 지불준비금이었다.

자'라 불리기도 했던 양윤세는 이것이 장기영의 아이디어가 아니었다고 이야기한다. 당시 유솜USOM의 초청으로 한국을 방문해 금융개혁 방안을 조사했던 학자 중 한 명인 스탠퍼드 대학의 쇼E. S. Shaw 교수가 권고해 준 내용을 장기영이 자기 발상인 것처럼 이야기했다는 것이다. 아이디어의 출처가 누가되었든, 이러한 상식적이지 않고 유례를 찾아보기 힘든 발상을 자신의 책임하에서 정책으로 밀어붙인 불도저 장기영의 배포와 추진력은 대단하다고 이야기하지 않을 수 없다.

역금리는 일시적이고 잠정적인 조치였다. 정부가 일부 손실을 보전해 준다고 해도 금리 구조상 지속가능하지 않은 정책이었기 때문이다. 따라서 이후 이 문제를 해소하기 위한 조치가 단계적으로 취해졌고, 결국 1969년 6월 역금리 문제는 완전히 해소되었다.

역금리 형태로 이루어진 금리현실화 조치의 성과는 컸다. 사금융 시장에 있던 자본이 제도금융권으로 흡수되는 등의 효과가 발생해 저축성 예금 증가율이 1965년 121.5%, 1966년 133.5%, 1967년 85.0% 등 매우 높은 수준을 유지한 것이다. 그 결과 1969년 민간의 저축성 예금 규모는 5년 전에 비해 33.7배 수준(명목금액 기준)에 이르렀다. 이는 금리현실화를 단행하면서 기대한, 경제개발에 필요한 내자를 동원한다는 측면에서 상당한 도움이 되었다. 물론 역금리 도입에 따른 부작용도 발생했다. 우선 역금리로 인해 은행이 보는 손해를 한국은행이 보전해 주도록 했으므로 재정 부담이 발생했다. 또한 일반대출은 금리가 높아진 반면에 정책금융은 저금리 상태가 유지되면서 정책금융에 대한 과잉 수요가 발생하는 문제가 생기기도 했고, 고금리로 인해 기업 부담이 증가하는 문제도 나타났다.

외자 도입은 다다익선

금리현실화 조치 등을 통해 내자를 동원하긴 했지만, 내자만으로는 경제 발전을 온전히 추진하기 어려웠다. 국내에 경제발전을 추진하는 데에 충분한 수준의 자본이 축적된 상태가 아니기 때문이다. 당시에는 대규모 공장 하나를 짓기 위해서도 외국에서 자금을 도입해 와야 하는 실정이었다. 게다가 대한 원조의 대부분을 차지하던 미국의 원조 규모가 1960년대 들어 줄어드는 추세를 보이고 있었다.

이러한 상황에서 필요한 것은 차관 도입이었다. 그런데 이 역시 쉬운 일이 아니었다. 외국 금융기관들이 한국이라는 낯선 저개발국의 기업에 자금을 제공하는 것을 꺼렸기 때문이다. 이에 한국 정부는 차관 도입을 촉진하기 위해 1962년 '차관에 대한 지불보증에 관한 법률'을 제정하여 상업차관에 대해서도 정부가 지급을 보증해 주는 파격적인 제도를 만들기도 했다. 민간기업의 신용이 부족하더라도, 한국 정부가 원리금 상환을 보장해 줄 테니 믿고 기업에 차관을 제공해 달라는 것이었다. 실제로 정부는 기업의 사업계획과 상환 능력 등을 심의하여 통과하는 기업에 대해 지불보증을 해 주었다.

그럼에도 차관 도입 실적은 저조했다. 미국의 지원이 가장 중요했는데, 미국 정부는 무력으로 권력을 장악한 박정희 정부를 아직 경계하고 있어, 지원 규모가 기대에 미치지 못했다. 다른 국가들로부터의 차관 도입도 부진해 1965년 한일 국교정상화 이전에는 미국과 서독에서만 차관을 제공받고 있었다.

장기영은 차관 도입은 다다익선이라고 생각했다. 차관은 많이 도입하면 도입할수록 경제발전에 도움이 된다는 것이 그의 지론이었다. 그는 외자 도입에서 경제성장의 돌파구를 마련할 수 있다고 생각해 전 세계를 뛰어다니며 외자 도입에 열을 올렸다. 이 시기 경제기획원의 양윤세, 황병태 과장이 그를 도와 외자 도입 과정에서 중요한 역할을 했다(→5장)

장기영은 1964년 12월 박정희 대통령을 보좌하여 서독을 방문했다. 정부 간 차관을 요청하기 위해서였다. 이 방문을 통해 한국은 1,350만 달러의 재정차관과 2,625만 달러의 상업차관을 제공받기로 서독 정부와 합의했다. 당시로서는 적잖은 규모였다. 이를 계기로 장기영은 '차관 부총리'라는 별명을 얻게 되었다.

서독 방문을 계기로 자신을 얻은 그는 이후 활발하게 경제외교를 펼쳤다. 그가 재임하는 동안 한일경제각료회담, 한독경제각료회담, 한-베트남경제각료회담, 한-대만경제각료회담 등이 만들어졌다. 1966년 12월에는 IECOK International Economic Consultative Organization for Korea, 즉 대한국제경제협의체도 만들어졌다. 한국의 경제개발에 필요한 자금의 조달을 목적으로 창설된 국제협의기구이다(→5장).

외자 도입과 관련해 그의 활약이 가장 두드러진 현장은 1967년 도쿄

1967년 한독경제각료회담에서 악수하고 있는 장기영
출처: 국가기록원.

에서 열린 제1회 한일각료회담이었다. 1965년 한일 국교정상화 협정이 타결되면서, 한국은 일본으로부터 10년간 무상 3억 달러, 유상 2억 달러의 청구권자금과 상업차관 3억 달러+α를 들여오기로 되어 있었다. 그런데 1966년 8월 열린 한일경제각료간담회에서 장기영은 차관 규모를 늘려 달라고 요청했다. 일본 측은 즉답을 피했고, 양국은 다음 해에 다시 회의를 열어 이 문제에 대해 논의하기로 합의했다.

실제로 이듬해 열린 한일각료회담에서 이 문제가 중점 논의되었다. 회의는 밤이 깊도록 계속되었다. 결론이 나지 않자, 장기영이 일본 장관

다섯 명과 직접 담판을 벌이고 있었다. 장기영은 그해부터 시작된 2차 5개 년계획 추진에 필요하다며, 당초 합의한 상업차관 3억 달러+α 외에 2억 달러를, 2년에 걸쳐 각 1억 달러씩 추가로 제공해 달라고 요구했다. 장기 영은 새벽 4시가 되도록 버텼고, 회담에 지쳐 아침에 회의를 재개하자던 일본 장관들은 결국 항복을 하고 말았다. 2억 달러를 추가 지원하는 데에 동의한 것이다. 그의 불도저 전법에 일본 장관들도 두 손 두 발을 들고 만 것인데, 장기영 스스로도 그 성과가 꽤나 만족스러웠던지 이 철야 회담을 '회심의 역작'이라며 자랑스러워했다고 한다.

장기영의 이러한 활약 속에 한국의 외자 도입 규모는 그가 부총리로 재임 중이던 1966년부터 빠르게 증가하기 시작했다. 1965년 4,000만 달러 에 불과하던 외자 도입 규모(공공차관+상업차관)가 1966년 1억 8,300만 달러, 1967년 2억 3,000만 달러, 1968년에는 3억 3,800만 달러, 1969년에는 5억 4,900만 달러로 급증했다.

그런데 과도한 외자 도입은 한국경제에 심각한 부작용을 낳기도 했 다. 차관을 상환할 시기가 도래하자 차관을 도입한 기업 중 상당수가 부실 화되는 양상이 나타났던 것이다. 이는 결국 8·3 조치로 이어지게 되는데, 이에 대해서는 뒤에서 살펴본다.

장기영은 한일각료회담에서 2억 달러의 추가 상업차관 도입 합의를 이끌어 낸 지 얼마 지나지 않은 1967년 10월 해임되었다. 부총리 취임 3년 5개월 만이었다. 그가 불도저 스타일로 일을 추진하다 보니, 한편에서는 그의 행보가 독주로 비추어지면서 그에 대한 불만이 쌓여 간 것이 주된 요인이었다. 그는 심지어 박 대통령의 의중이나 지시에 반하는 결정을 내리기도 하면서 대통령의 눈 밖에 나고 있었다. 그가 해임된 결정적 요인으로도 제2호남정유공장 실수요자를 선정하는 과정에서 럭키화학으로 단독지정하라는 대통령의 지시를 듣지 않았다가 호된 질책을 받은 일, 차관 도입 논의가 지지부진하여 자금 문제가 해결되지 않은 상태에서는 기공식을 열지 말라는 대통령의 뜻을 어기고 포항종합제철 기공식을 강행한 일 등이 꼽힌다. 그는 포항종합제철 기공식 참석을 위해 내려가던 중 해임 소식을 들었다.

장기영은 다시 한국일보로 돌아갔다. 한국일보 사주로 있으면서 1973년에는 국회의원 선거에 출마해 당선되어 국회의원으로 활동하기도 했다. 그러나 부총리직에서 물러난 이후에는 그 시절과 같은 눈에 띄는 활약상을 보이지는 못했던 것 같다. 그는 국회의원으로 활동 중이던 1977년 4월 심근경색으로 61세의 이른 나이에 갑작스럽게 세상을 떠났다.

장기영이 부총리로 발탁되던 당시 많은 이들이 의문을 던졌다. 언론사 사주가 갑자기 경제 부문의 수장으로 임명되었으니, 사람들이 의문을 가질 만도 했다. 하지만 돌이켜 보면, 총력을 동원해서 무에서 유를 창조해 내야 했던 당시 한국경제 상황을 고려하면, 불도저 기질이 있었던 그만큼 그 시대 경제 수장에 어울리는 사람은 없었다는 생각도 든다. 그는 시대의 난관을 극복해 가는 데에 필요한 리더십과 추진력을 지니고 있던 인물이었다.

그는 3년여 동안 넘치는 카리스마와 강력한 리더십을 발휘하며 '물 만난 물고기'처럼 종횡무진 활약을 이어 갔고 많은 성과를 거두었다. 온갖 수단을 동원해 물가안정을 이루어 냈으며, 유례없는 역금리를 도입해 산업화에 필요한 내자를 동원하는 데에 성공하기도 했다. 또 외자 도입의 선봉에 서서 '차관 부총리'라 불리기도 했으며, 한국경제가 고도성장의 길에 들어서는 데에 결정적인 역할을 한 수출 주도형 경제성장 전략을 성공적으로 펼치기도 했다. 물론 그 과정에서 그는 임기응변적이거나 밀어붙이기식의 정책 추진으로 부처 간 갈등을 불러온다거나 무리한 외자 도입으로 경제에 큰 부담을 안겨 주는 등의 문제를 낳기도 했다. 하지만 이러한 점을 감안해도 장기영이 한국경제가 고도성장의 길로 들어서는 과정에서 중요한 역할을 했다는 것은 부정할 수 없을 것이다.

4장

김학렬
경제기획원 전성시대의 주역

　　1961년 초 재무부 사세국장 서리로 김학렬이 임명되었다. 사세국은 오늘날의 국세청과 기획재정부 세제실을 합친 것과 같은 부서였으니, 사세국장은 상당히 강한 권력을 지닌 자리였다. 재무부 이재국에서 쫓겨나다시피 해서 예산국으로 옮긴 것이 1959년 7월인데, 불과 1년 6개월 만에 막강한 권력을 지닌 자리에 간 것은 의외였다. 정치권에 연줄도 없었고 누구 비위를 맞출 줄도 모르는 사람이었던 그는 어떻게 사세국장이 되었을까?

　　동료들은 그가 지닌 청렴성과 소명의식을 이유로 꼽았다. 당시는 1960년 4·19 혁명 이후 민주당 정부가 들어선 시기다. 민주당은 이전 정권과의 차별화를 위해 부정부패 청산에 나서 세무 행정 분야도 쇄신하려 하고 있었는데, 청탁이나 압력에도 굴하지 않는 강직한 인물로 알려진 김학렬이 쇄신 작업을 주도해 갈 적임자라고 판단했던 것이다.

　　김학렬은 어떠한 사람이었기에 관료 사회에서 이러한 이미지로 인식되고 있었던 것일까.

제1회 고등고시 수석 합격

김학렬은 1923년 경남 고성에서 태어났다. 아버지는 군청에서 일했고, 어머니는 집안 농사를 관리했다. 어릴 적부터 명석했던 그는 고향에서 보통학교를 졸업한 뒤, 당시 명문이던 부산제2상업학교(부산2상)로 진학했다. 당시 부산제1상업학교(부산1상)는 일본인만 다녔고, 부산2상은 조선인만 다니는 학교였는데 5년제였다. 김학렬은 3대 독자였다. 그래서인지 그의 어머니는 고성과 부산을 오가며 집안 농사도 관리하고 아들의 하숙 생활도 돕는 힘든 생활을 몇 해 동안 하면서 애지중지 아들을 키웠다.

김학렬은 부산2상 졸업을 앞두고 도쿄제국대학에 들어가고 싶었다. 하지만 그에 앞서 거쳐야 하는 예비학교 과정에 입학하는 것이 좌절되었고, 그는 일본 주오대 법학부에 진학했다. 그리고 주오대를 졸업하던 해에 학병으로 동원되었다. 김학렬은 태평양전쟁 말기 최대 격전지였던 남양

군도로 출병했는데, 다행히도 살아서 돌아왔다.

귀국 후 경남공립중학교에서 영어를 가르치던 그는 학교를 그만두고 고등고시를 준비했다. 그에게는 교사보다는 관직이 제격이라고 판단한 아내가 고시 공부를 하도록 그를 등 떠밀었기 때문이었다. 그리고 1950년 제1회 고등고시에 수석으로 합격했다. 이는 그의 인생행로가 크게 달라지는 계기가 되었다. 김학렬은 이러한 변화를 이끌어 준 아내에게 평생 고마워했다.

공무원으로 근무하던 그는 전쟁 중이던 1952년 말, 국비 장학생으로 미국 유학을 떠났다. 공무원 생활을 불과 2년 반 만에 그만두고 유학길에 오른 것이다. 어렵게 공부해서 시작한 공무원을 그만두면서까지, 더욱이 아내와 자식을 한국에 놔두고서까지 그가 미국으로 유학을 간 이유는 무엇일까? 표면적인 이유는 석사학위 취득이었다. 당시 규정상 공무원은 1년 이상 유학을 할 수 없었는데, 석사학위를 취득하려면 그보다 시간이 더 걸렸기 때문이다.

그런데 그에게는 또 하나의 이유가 있었다. 김학렬은 고시 합격 후 중앙청 고시과장으로 근무하다 외자구매처로 옮겼다. 그런데 당시 원조 물자를 분배받게 되면 막대한 이익을 얻을 수 있었으므로, 원조물자 배분 과정에 온갖 부조리가 개입될 수밖에 없었다. 그는 시간이 흐를수록 자신도 뇌물이나 청탁 비리에 연루되는 것은 아닌가 불안해졌고, 그래서 유학을 준비하게 되었다고 한다.

김학렬과 김수환 추기경의 인연

김학렬이 학병으로 동원되었을 당시, 훈련소 동기 중에 훗날 한국 최초의 추기경이 되는 김수환(1922~2009)도 있었다. 김수환 역시 일본 조치대학 재학 중 학병으로 동원되었다. 이것이 인연이 되어 이후 두 사람은 비록 자주 만나는 사이는 아니었으나, 필요할 때 서로에게 도움이 되는 관계를 유지했다. 김수환 대주교가 추기경으로 착좌하는 의식에 김학렬을 초청하여 축사를 요청한 바 있으며, 김학렬은 청와대 정무수석 시절 김수환 추기경과 박정희 대통령의 만남을 주선했다. 또 김학렬은 김 추기경을 통해 민주화 세력 압제에 대한 종교계의 비판 목소리를 전달받아 대통령에게 보고하는 소통 창구 역할을 하기도 했다.

강직한 관료로 주목받다

김학렬은 미국 오하이오주 애크런대에서 경제학 석사학위를 취득한 뒤

1955년 한국으로 돌아왔다. 그리고 유학 전 사직서를 제출하고 떠났던 관가로 다시 돌아갔다. 2년간 재무부 차관의 비서실에서 촉탁직으로 근무한 그는 1957년 8월 증권, 보험 등 제2금융권을 담당하는 이재국 관리과장이 되었다. 그런데 그의 강한 성격이 문제가 되었다. 상의하달 체제로 움직이는 조직에서 김학렬은 올바르지 않다고 판단한 지시는 따르지 않았던 것이다. 이로 인해 조직 내에서 미운털이 박힌 그는 결국 이재국에서 쫓겨나다시피 하며 다른 부서로 옮기게 된다.

그런데 이것이 오히려 그에게 득이 되었다. 이를 계기로 그의 인생의 은인이라고 할 수 있는 이한빈과의 만남이 시작되었기 때문이다. 당시 재무부에서 예산국을 총괄하고 있던 이한빈 국장은 갈 곳 없던 그를 예산4과장으로 데려갔다. 이한빈은 예산제도 개혁을 구상하고 있었는데, 이를 잘 실행하기 위해서는 김학렬과 같이 휘둘리지 않고 일을 강하게 추진할 수 있는 인물이 필요했기 때문이다.

이한빈은 1926년생으로 1923년생인 김학렬보다 세 살이나 어렸다. 놀라운 건 그럼에도 김학렬이 그를 늘 존경하는 마음으로 대했다는 점이다. 때로는 안하무인의 태도를 보이기도 할 정도로 강성이었던 그가 자신보다 어린 이한빈을 그렇게 대했다는 것은 이한빈의 인품과 역량이 그만큼 뛰어났기 때문일 것이다. 실제로 이한빈이 32세의 나이에 예산국장이 될 때에도 연공서열이 분명한 재무부 내에서 그 누구도 이의제기를 하지 않았다고 한다.

이한빈은 예산국 내에 개혁작업반을 만들었고, 김학렬도 여기에 속하게 되었다. 예산국으로 갈 당시 그는 예산에 대해서는 문외한이었다. 하지만 그는 관련 내용을 배우고, 개혁을 위해 당시 한국보다 예산제도가 발전해 있던 대만, 필리핀에 시찰을 다녀오기도 하면서 예산에 관한 지식을 쌓아 갔고, 결국에는 엘리트 예산과장으로 각광을 받게 된다. 예산과 관련해 쌓은 이 당시의 경험은 훗날 그가 부총리가 되어 나라 살림을 책임지게 되었을 때 많은 도움이 되기도 했다.

김학렬은 1961년 초 재무부 사세국장 서리로 임명되었다. 하지만 그는 그 자리에 오래 있지 못했다. 1961년 5·16 쿠데타가 발생하면서 새로 만들어진 경제기획원으로 옮긴 것이다.

그를 경제기획원으로 이끈 사람도 이한빈이었다. 군사정권에서 재무부 차관이 된 그가 김학렬에게 경제기획원이 새로 생기는데, 재무부 예산국을 이끌고 그곳으로 가지 않겠냐고 물어 온 것이다. 이한빈은 부흥부 중심으로 만들어지는 기획원 내에서 예산국을 잘 이끌어 가려면 역량뿐만 아니라 카리스마도 필요한데, 그런 자리에는 김학렬이 적임자라고 판단했던 것 같다.

경제기획원의 실세 차관

경제기획원으로 자리를 옮긴 김학렬은 불과 3개월 만에 예산국장에서 기획조정관으로 승진했다. 오늘날로 치면 차관보급에 해당하는 자리였다.

관운이 풀리는가 싶던 그때, 그에게 시련이 찾아왔다. 기획조정관으로 승진한 뒤 5개월 정도 지났을 무렵 송요찬 내각 수반에게 5개년계획 수립과 관련해 브리핑을 했는데, 그 자리에서 송 수반으로부터 계획에 대해 잘 모르는 것 같다는 말을 들은 것이다. 그러고는 곧바로 기획조정관에서 보직 해임되고 말았다.

결국 역량 부족을 이유로 그를 해임했다는 것인데, 그의 업무 역량은 이미 정평이 나 있었다는 점을 감안하면 이를 액면 그대로 받아들이기는 어렵다. 그보다는 군사정권 초기 군 출신 인사들과 민간 출신 인사들 간의 주도권 다툼 과정에서 벌어진 일이라는 해석이 더 설득력 있어 보인다. 군 출신 인사들이 중심이 된 내각수반실이 경제개발계획 추진 과정에서 주도권을 잡기 위해 그를 쫓아냈다는 것이다. 그가 해임되고 얼마 지나지 않아 김유택 경제기획원장도 사퇴하고 송요찬이 경제기획원 원장도 겸임하게 되는데, 이 역시 이러한 흐름과 무관하지 않아 보인다.

하지만 김학렬이 다시 공직으로 돌아오는 데에는 그리 오래 걸리지 않았다. 송요찬이 몇 개월 만에 물러나자 김유택이 경제기획원으로 다시 돌아오면서 그를 부원장보로 복귀시켰기 때문이다. 그리고 이듬해인 1963년 6월 그는 부원장으로 승진하게 된다. 불과 마흔 살에 차관이 된 것이다. 4년 전 재무부 이재국에서 쫓겨나 갈 곳을 찾던 때와 비교하면 격세지감을 느낄 만한 일이었다.

그가 차관으로 부임할 당시 재직 중이던 원용석 장관이나 그의 후임으로 세 번째 경제기획원장이 된 김유택 장관은 차관에게 일을 거의 맡기

1963년 각 부처의 신구 차관과의 기념 촬영(맨 앞줄 오른쪽 두 번째가 김학렬)
출처: 국가기록원.

는 스타일이었다. 따라서 두 장관이 재임하는 동안 김학렬 차관은 인사를
비롯한 기획원의 안살림과 정책 수립 및 추진 등의 업무를 도맡아서 하였
다. 이렇게 되자 그의 위상은 장관 못지않게 높아졌으며, 그는 차츰 경제
기획원을 장악해 갔다. 당시 그가 얼마나 기고만장해 있었는가를 보여 주
는 에피소드가 있다.

　　한 부처의 장관이 사업과 관련된 예산 문제를 협의하려고 김학렬 차
관에게 만나자고 했다. 그러나 김학렬은 그 사업을 탐탁지 않게 생각하
고 있었기에 장관을 아예 만나 주지도 않았다. 그러다 두 사람이 마주치게

되었고, 장관이 왜 자신을 피하느냐며 항의했다. 이에 김학렬은 "장관께는 기분이 좋지 않아서 예산을 줄 수 없습니다"라고 대꾸했다. 그의 반응에 황당해진 장관은 다시 그에게 나라 예산을 당신 기분대로 책정하는 거냐고 따졌다. 그러자 김학렬은 "제가 기분대로 판단해도 장관께서 수십 번 생각한 것보다 정확하니까요"라고 응수했다고 한다.

차관 재직 시절, 그가 이룬 가장 중요한 성과 중 하나는 제2차 경제개발5개년계획(1967~1971) 수립 과정을 총괄하는 역할을 수행했다는 점이다. 그는 경제기획원 부원장으로서 기획원 주도하에 계획을 수립해 가는 과정을 이끌었다. 제2차 5개년계획은 쿠데타 직후 급하게 작성되었던 제1차 5개년계획과 달리 1년 8개월(1964.10~1966.6)에 걸쳐 준비되었으며, 계획의 완성도 측면에서도 한층 진전된 것으로 평가되는데, 그 때문인지 김학렬 차관도 '2차 계획의 아버지'라고 자처할 정도로 자부심을 갖고 있었다고 한다.

왕초와 쓰루

김학렬은 '쓰루'라고 불렸다. 이름의 학鶴 자의 일본식 발음이 '쓰루つる'이기 때문이었다. 원용석, 김유택 장관 재임 시절 실질적으로 기획원 업무를 주도해 가던 '쓰루'에게 1964년 5월 위기가 찾아왔다. 장기영이 부총리 겸 경제기획원 장관으로 임명된 것이다.

'왕초' 장기영 부총리와 '쓰루' 김학렬 차관의 관계는 참 묘하다. 두 사람이 부총리와 차관으로 있을 당시는 경제기획원의 황금기였다. 따라서 두 사람이 환상의 호흡을 과시하며 일을 추진했을 것으로 생각하기 쉽다. 하지만 현실은 달랐다. 두 사람의 관계는 썩 좋지 않았다. 김학렬은 자신의 직속상관인 장기영에 대해서 공식 석상에서도 거친 말을 서슴지 않았다. 원래 표현이 좀 거칠고 직설적인 데에다 그가 썩 마음에 들지 않았기 때문이다.

두 사람의 관계가 삐걱거린 이유는 무엇일까? 김학렬은 경제기획원에서 그야말로 초고속으로 승진하였으며, 차관이 된 뒤에는 장기영 부총리가 부임하기 이전까지 경제기획원 업무를 전반적으로 주도해 왔다. 이는 원용석, 김유택 두 장관이 일을 맡기는 스타일이었기 때문이기도 하지만, 그가 그만큼 역량이 뛰어났고, 일 욕심 또한 많았기 때문이기도 했다.

이처럼 기세등등하던 그는 장기영이 부임한 이후 뒤로 밀려났다. 장기영이 그에게 권한을 적절히 위임하지 않고 주요 업무는 직접 국·과장을 데리고 처리해서 그를 허수아비로 만들었기 때문이다. 김학렬이 주로 담당했던 것은 제2차 경제개발5개년계획 수립 과정을 총괄하는 역할이나 의례적으로 이루어지는 행사 등이었는데, 이는 그리 주목받을 수 있는 일이 아니었다. 이러한 상황이 이어지자 김학렬은 불만을 품게 된 것으로 보인다.

게다가 두 사람은 많이 달랐다. 장기영이 체격도 좋고 호탕한 성격이었다면, 김학렬은 말랐고 매우 깐깐한 스타일이었다. 업무 처리 방식도 달

1964년 한미잉여농산물협정 조인식에 참석한 장기영과 김학렬(앞줄 맨 왼쪽이 김학렬, 그 오른쪽이 장기영)
출처: 국가기록원.

랐다. 장기영은 별명처럼 일단 밀어붙이고 보는 불도저 스타일이었다. 그
의 모토는 '뛰면서 생각하라'였다. 생각을 다하고 시작하면 늦는다는 것이
다. 그 과정에서 발생하는 문제는 사후에 해결하면 되는 것이었다. 반면
김학렬은 저지르고 보는 스타일이 아니었다. 그는 법과 절차를 지키며 일
을 추진해야 하며, 장애가 되는 요소는 사전에 제거해야 한다고 생각했다.

뿐만 아니라 경제정책에 대한 생각도 달랐다. 장기영은 외자를 많이
들여올수록 좋다고 생각한 반면, 김학렬은 외자 도입, 특히 상업차관 도입
에 신중할 필요가 있다고 생각했다. 또 장기영이 성장 일변도의 정책을 지

향한 반면, 김학렬은 성장을 우선시하되 안정도 함께 꾀해야 한다고 생각했다.

이처럼 두 사람이 달랐지만, 그래도 자신에게 마음을 닫은 김학렬을 상관인 장기영이 품으려 했다면, 두 사람의 관계가 조금은 달라졌을지도 모르겠다. 그런데 장기영도 김학렬의 마음을 돌리려 크게 노력하지는 않았던 듯하다.

그런데 흥미롭게도 이처럼 사이가 좋지 않았음에도 장기영은 김학렬을 2년 4개월 동안 데리고 있었다. 장기영은 임명 당시 박 대통령에게 경제 부처에 대한 인사권을 약속받았다고 한다. 천거하면 대통령이 그대로 임명해 주겠다고 했다는 것이다. 따라서 장기영은 마음에 안 드는 김학렬을 내보내려면 얼마든지 내보낼 수 있었다. 그는 3년여 재임 기간 동안 재무부 장관을 수차례 바꾼 바 있다. 그럼에도 김학렬을 데리고 있었던 것은 결국 그의 업무 능력을 높이 평가했기 때문일 것 같다. 비록 마음에 들지 않고, 심지어 자신에 대해 대놓고 험담을 하고 다니기도 하지만 업무 능력만큼은 탁월했기 때문이다.

1966년 9월 김학렬은 재무부 장관으로 임명되었다. 이렇게 해서 기획원 내에서의 '왕초'와 '쓰루' 두 사람의 '불편한 동거'는 끝났다. 대신 두 사람은 이제 내각에서 '어색한 동거'를 이어 가게 되었다. 하지만 그 기간은 길지 않았다. 김학렬이 장기영의 기존 정책을 바꾸겠다며 맞서다 취임 석 달 만에 물러났기 때문이다.

"재무부의 영광을 되찾겠다"

1966년 9월 한국비료 밀수 사건을 계기로 김정렴 재무부 장관이 물러났다 (→7장). 김학렬은 김정렴 장관 후임으로 재무부 장관이 되었다. 양윤세의 증언에 따르면, 정일권 총리가 그를 재무부 장관으로 추천했다고 한다. 그런데 그의 장관 발탁도 사실 뜻밖이기에 의문이 든다. 이는 장기영이 김학렬을 자신이 이끄는 경제팀의 일원으로 받아들였음을 의미하기 때문 이다.

그 배경은 정확히 알 수 없다. 다만 관련해서 여러 추측이 있는데, 그 중에서 장기영이 한국비료에 처음 현금차관을 허가해 준 사람으로서 한국 비료 문제에서 자유롭지 못했기 때문에, 김학렬을 재무부 장관으로 임명 하려는 대통령의 뜻을 받아들일 수밖에 없었다는 주장이 가장 설득력 있 어 보인다.

지난 2년 4개월 동안 장기영 부총리 뒤로 밀려나 있다가 재무부 장관 이 된 김학렬은 의욕이 충만했다. 그는 취임 후 얼마 지나지 않은 10월 초 기자회견을 열어 "재무부의 영광을 되찾겠다"고 포부를 밝혔다. 재무부가 더 이상 경제기획원에 휘둘리지 않도록 하겠다고 선언한 것이다. 재무부 고유 권한인 금리정책이나 통화정책까지 장기영이 주도하는 상황을 더 이 상 방치하지 않겠다는 것이었는데, 여기에도 왕초 장기영에 대한 거부감 이 작용했는지는 모르겠다.

재무부 장관 임명장을 수여받은 직후 기념촬영 모습(맨 오른쪽이 김학렬)
출처: 국가기록원.

그가 먼저 들고나온 것은 역금리를 시정하는 문제였다. 1965년 9월 금리현실화 조치가 이루어지면서 성립된, 대출금리보다 예금금리가 높은 역금리 상태를 이제 바로잡아 가겠다는 것이었다. 장기영이 역금리를 도입한 것은 내자를 동원하기 위해서였다. 그리고 어느 정도 성과도 있었다. 하지만 정부의 지원에도 은행 경영이 악화되는 문제를 피할 수 없었다. 그리고 그 부담 중 일부를 결국 한국은행과 정부가 떠안고 있는 상황도 해결할 필요가 있었다.

따라서 역금리 문제를 해결해야 한다는 것에 대해서는 어느 정도 공감대가 형성되어 있었다. 그런데 그 실행 방안을 놓고 정부와 은행권이 티격태격하는 상황이 벌어졌다. 은행권은 대출금리를 높이는 방식을 주장한 반면, 김학렬은 기업들의 부담을 고려해 예금금리를 낮추는 방식을 제시했기 때문이다. 김학렬은 결국 이 문제를 해결하지 못했다. 취임 후 고작 3개월 만에 재무부 장관직에서 물러났기 때문이다.

그가 재무부의 영광을 되찾고자 또 하나 들고나온 것은 현금차관을 금지하는 것이었다. 금리현실화 조치로 인해 당시 국내 대출금리는 20%대 중반에 이를 만큼 높았다. 그러자 많은 기업들이 낮은 금리로 현금차관을 들여오고 있었다. 문제는 이로 인해 통화량이 증가한다는 것이었다.

당시 정부는 매년 재정안정계획을 수립해 실행하고 있었다. 미국 측에서 원조를 계속하는 조건으로 이 계획의 수립을 요구했기 때문이다. 이에 따라 통화량 공급을 제한받고 있었는데, 현금차관 유입으로 통화량이 증가하면, 현금차관이 어려운 중소기업이나 가계 부문 등에 공급할 수 있는 통화량이 줄어드는 문제가 발생했다. 김학렬은 이러한 문제를 해결한다는 명목으로 단기 현금차관 도입을 전면 중지한다고 선언했다.

하지만 당시 장기영은 차관 도입은 다다익선이라는 입장을 견지하고 있었기에 그의 현금차관 도입 중단 선언은 상당한 파장을 불러왔고, 김학렬과 장기영은 갈등을 빚게 된다. 부총리와 장관이 이처럼 갈등을 빚는 상황을 계속 방치해 둘 수 없었던 박 대통령은 상황 수습에 나섰고, 결국 장기영의 손을 들어주었다. 그리하여 재무부의 영광을 되찾겠다던 김학렬은 1966년 12월 입각한 지 3개월 만에 허망하게 물러나고 말았다.

청와대에서 대통령의 신임을 얻다

그렇다고 그가 야인이 된 것은 아니었다. 그는 경질되면서 곧바로 청와대 정무수석으로 자리를 옮겼다. 정무수석은 원래 차관급이었는데, 장관을 지낸 그가 부임하면서 장관급으로 바뀌었다. 1968년 3월에는 신설된 경제수석으로 자리를 옮겼다.

청와대에서 수석으로 근무하던 초기, 김학렬은 외부에 자신의 의견을 적극적으로 드러내기보다는 대통령이 정책을 결정하는 데에 도움이 되도록 중요 사안과 관련하여 각종 자료와 전문가들의 의견을 종합해 대안을 제시하는 일에 집중했다. 그 과정에서 그는 대통령의 신임을 얻게 된다.

그의 이러한 활약상을 잘 보여 주는 사례 중 하나가 경부고속도로 건설 사업이다. 박정희 대통령은 1967년 4월 대통령 선거 유세 중 고속도로 건설을 공약했다. 그런데 막상 이를 추진하려니 망설여질 수밖에 없었다. 막대한 규모의 건설비가 필요한 것으로 추정되는 데다 고속도로의 필요성에 대해서도 부정적인 여론이 컸기 때문이다.

당시 한국의 교통과 물류는 철도 중심이었다. 자동차도 얼마 없던 시절이었다. 따라서 많은 돈을 들여 고속도로를 낼 필요가 있느냐는 비판이 여기저기서 쏟아졌다. 그러자 박 대통령은 고속도로 건설의 필요성에 확신을 갖지 못했고, 기존 국도를 좁은 길은 넓히고 구부러진 길은 펴는 등의 방식으로 보완하여 건설하는 방안을 고민하기도 했다.

이때 김학렬이 중요한 역할을 했다. 일본에서 관련 서적을 들여와 고속도로에 관한 지식을 쌓고 있던 그는 공사비 추정액, 건설 방안 등을 담은 보고서를 작성하여 대통령에게 제출했다. 얼마 후 박 대통령은 고속도로를 건설하기로 최종 결정을 내렸는데, 김학렬의 보고가 크게 참고되었다고 한다. 박 대통령은 그해 11월 경부고속도로 건설을 내각에 지시한다. 고속도로 건설에 반대하던 장기영이 물러나고 박충훈이 부총리로 취임한 지 한 달이 지난 시점이었다. 경부고속도로는 이듬해 2월부터 공사에 들어갔고, 1969년 6월 부총리로 취임한 김학렬은 1970년 7월 완공될 때까지 애착을 가지고 사업의 추진 과정을 이끌었다. 이렇게 해서 건설된 경부고속도로가 한국경제의 발전 과정에서 얼마나 중요한 역할을 했는가에 대해서는 굳이 강조할 필요가 없을 것이다.

한편, 그가 경제수석으로 있는 동안 경제수석의 위상과 권한이 강화되어 갔다. 이는 장기영의 뒤를 이어 1967년 10월 박충훈 부총리가 취임한 이후 나타난 변화였다. 장기영은 경제 전반에 대한 정책 결정 권한을 장악하고 주도해 가는 스타일이었다. 반면, 두 차례에 걸쳐 총 4년간 상공부 장관을 지낸 뒤 부총리 겸 경제기획원 장관이 된 박충훈은 경제기획원은 경제 부처 위에 군림하는 부처가 아니라는 판단하에 상공부 장관 시절과 달리 일을 추진력 있게 밀어붙이지 않았다.

그 결과 박충훈의 재임 기간 동안 경제기획원의 위상과 영향력은 상대적으로 하락했다. 김학렬은 이러한 기회를 포착해 전면에 나서지 않으면서도 자신의 역할을 확대해 갔고, 경제기획원 일에도 적극적으로 개입

박충훈

상공부 장관 시절의 박충훈
출처: 국가기록원.

박충훈은 1919년 제주에서 태어나 일본 교토의 도시샤同志社 고등상업학교를 졸업하였다. 상공부 무역국장으로 있던 그는 1949년 공군 대위로 임관하였으며, 1961년 소장으로 예편하였다. 이후 다시 상공부로 들어간 그는 차관을 거쳐 1963년 2월부터 두 차례에 걸쳐 약 4년간 상공부 장관을 지냈다. 당시 한국의 수출이 급증하였고 수출 증대를 이끈 그는 '수출 장관'이라는 별명을 얻기도 했다.

상공부 장관으로 있던 1967년 10월 그는 장기영의 뒤를 이어 부총리 겸 경제기획원 장관이 되어 1년 8개월간 한국경제의 사령탑 역할을 맡았다. 부총리에서 물러난 뒤에는 1973년부터 7년 동안 한국무역협회 회장을 역임하면서 무역 증대를 위해 힘썼으며, 1980년 5월 국무총리 서리로 임명된 뒤 8월 최규하 대통령이 사임하자 12일간 대통령 권한대행을 맡기도 했다. 2001년 82세를 일기로 별세하였다.

했다. 그러면서 대통령의 신임 속에서 자신감이 과해졌는지 기획원의 위상과 영향력 하락에 대해 염려가 늘어나던 기획원의 옛 부하 직원들에게 "내가 곧 부총리로 갈 테니 기획원 일을 잘 챙기고 있으라"는 말을 서슴지 않고 하기도 했다고 한다.

결과적으로 그 말은 허언이 아니었다. 1969년 6월 김학렬은 박충훈의 뒤를 이어 부총리 겸 경제기획원 장관으로 임명되었다. 차관으로 있다가 재무부 장관이 되면서 떠난 지 2년 9개월 만의 화려한 복귀였다.

포항제철 건설의 실현

김학렬이 부총리로 취임하면서 그간 사사건건 부딪치던 '왕초와 쓰루', 김학렬과 장기영 두 사람의 앙숙 관계도 마침내 해소되었다. 당시 IOC 위원으로서 IOC 총회에 참석하고 있던 장기영이 그에게 부총리 취임을 축하하는 축전을 보내온 것이 계기가 되었다. 김학렬도 이에 화답하여 IOC 위원으로서의 직무수행에 성공과 영광이 있기를 바란다는 답장을 보냈다.

부총리로 임명되었을 당시 그는 46세였다. 경제 부처를 이끌고 가는 수장 역할을 맡기에는 너무 젊었다. 경제 부처 장관들은 그보다 연배도 높았고 경륜 또한 많았다. 김정렴 상공부 장관의 경우, 그가 재무부 이재국 과장으로 있을 때 국장으로 모시던 분이기도 했다. 따라서 그가 리더십을 발휘할 수 있을지에 대한 우려도 있었다.

그러나 김학렬은 그러한 부분에 연연할 인물이 아니었다. 그의 리더십에 대한 우려는 기우에 불과했고, 그는 경제팀을 주도적으로 이끌어 갔다. 경제 부처 통솔에 큰 열의를 보이지 않던 박충훈 부총리 재임 시절 약화되었던 경제기획원의 위상은 그의 부총리 취임과 함께 회복되어 갔다.

김학렬은 취임 직후 자신이 구상하는 경제정책 방향을 제시했다. 수출을 경제정책의 구심점으로 삼으며, 종합제철, 석유화학, 발전, 조선 등 국가 기간산업을 적극 육성하고, 물가는 종합적, 장기적으로 관리한다는 등의 내용이 담겨 있었다. 전체적으로 보면, 성장과 안정을 조화시키겠다는 것이었다. 그는 이러한 정책 기조에 따라 경제정책을 펴 나갔다.

김학렬의 부총리 시절 주요 경제적 성과 중 하나는 포항종합제철의 건설이다. 그는 부총리 취임 직후부터 종합제철소 건설을 적극 추진했다. 김학렬은 청와대에서 2년여 동안 수석으로 있으면서 박 대통령이 제철소 건설에 대해 얼마나 마음을 쏟고 있는지 잘 알게 되었다. 박 대통령의 의중을 정확히 파악하고 있던 그는 취임 직후부터 대통령의 숙원 사업을 해결하기 위해 적극 나서, 취임 닷새 만에 정문도 기획원 운영차관보를 단장으로 하는 '종합제철건설 전담반'을 꾸렸다. 그리고 14명의 전담반 구성원에게 오로지 종합제철소 건설을 성취하는 데에만 매달리라는 특명을 내렸다.

사실 종합제철소 건설은 이승만 정권 시절부터의 숙원 사업이었다. 여러 차례 추진되다 번번이 무산된 상태였다. 사업 추진이 번번이 실패로 돌아간 가장 큰 이유는 자본과 기술을 확보하지 못한 데에 있었다. 그가 취임하기 직전에도 정부가 미국, 서독, 영국 등 5개 국가 8개 업체가 연합하여 구성한 대한국제제철차관단KISA: Korea International Steel Associates과 연산 60만 톤 규모의 종합제철소 건설을 추진하기로 했으나, 차관 교섭이 실패로 돌아가면서 계획이 무산되었다.

이러한 상황에서 정부가 의지할 대상은 이제 일본밖에 없었다. 더욱이 한국과 일본은 1965년 일본이 대일청구권자금을 제공하는 것에 합의한 상태였다. 다만 그 사용처에 종합제철소 건설은 포함되어 있지 않았다.

김학렬은 박 대통령에게 대일청구권자금 중 농어촌 개발에 사용될 자금을 종합제철소 건설 사업에 사용할 것을 건의했다. 이 아이디어는 양윤세 당시 경제기획원 투자진흥관에게서 나온 것으로 보인다(→5장)

농어촌 개발에 사용될 자금을 전용하자는 김학렬의 제안에 대해 농어촌 개발에 관심이 많았던 박 대통령은 처음에는 반대했다. 하지만 그의 거듭된 설득에 결국 생각을 바꾸었다. 남은 과제는 청구권자금 사용처를 바꿀 수 있도록 일본을 설득하는 일이었다. 1969년 8월 개최된 한일각료회담에서 이 문제를 제기하여 청구권자금을 사용해 연산 103만 톤 규모의 종합제철소를 건설하는 방안에 대한 일본 정부의 동의를 이끌어 냈다. 이에 앞서 '종합제철건설 전담반'이 제철소의 경제성 확보 방안을 마련하고, 박태준 사장을 비롯한 포항제철팀이 일본 민간기업으로부터 기술 협력에 대한 약속을 받아 낸 상태였는데, 이러한 선제적 조치들이 일본 정부의 동의를 이끌어 내는 데에 큰 도움이 되었다. 이로써 그동안 한국경제의 숙원사업이었지만 자금 문제로 인해, 또 경제성이 없다는 이유로 번번이 좌절

박정희 대통령, 박태준 사장과 함께 포항제철 착공식에 참석한 김학렬 부총리(맨 오른쪽)
출처: 포스코

되었던 종합제철소 건설 사업이 마침내 추진될 수 있게 되었다.

한일 양국은 1969년 12월 일본이 총 1억 2,370만 달러(청구권자금 7,370만 달러, 일본 수출입은행 연불 융자 5,000만 달러)를 제공한다는 등의 내용을 담은 '포항종합제철 건설자금 조달을 위한 한일 간의 기본협약'을 체결했다. 그리고 이듬해인 1970년 4월 1일 포항 영일만에서 박정희 대통령, 김학렬, 박태준 포항제철 사장 등이 참석한 가운데 포항종합제철 착공식이 거행되었다. 이후 김학렬은 수시로 제철소 건설 실무자를 불러 진척 상황을 파악하는 한편 제철소 건설에 파격적인 지원을 해 주었다. 이처럼 정부가 총력 지원을 한 결과 포항종합제철은 1973년 7월부터 가동에 들어갔

다. 공사를 시작한 지 불과 3년 3개월 만에 이룬 쾌거였다. 하지만 안타깝게
도 김학렬은 포항종합제철의 완공을 보지 못했다. 완공 1년여 전인 1972년
초 췌장암으로 세상을 떠났기 때문이다.

성장과 안정이라는 두 마리 토끼 잡기

1960년대 한국은 성장 일변도의 경제정책을 실시하였다. 그 결과 한국경
제는 1960년대 중반부터 빠르게 성장하고 있었다. 이러한 빠른 성장세는
한편으로 물가불안을 이야기하였다. 그런데 당시 한국경제는 이제 막 성
장궤도에 올라선 만큼 성장세를 지속적으로 유지해 가는 것도 중요했다.
또한 경부고속도로 건설, 포항종합제철소 건설과 같이 막대한 예산이 들
어가는 대형 국책사업도 계획대로 추진해야 하는 상황이었다. 한국경제
는 성장과 안정이라는 두 마리의 토끼를 동시에 잡아야 하는 상황에 놓여
있었던 것이다. 이에 김학렬은 성장 일변도의 정책 기조를 고수하기보다
는 성장과 안정의 균형을 지향하고자 했다.

이를 위해 그가 택한 전략은 경부고속도로, 포항종합제철 건설 등
핵심 국가사업에는 자금을 집중 투입하되, 그 이외의 정부 활동에 대해서
는 긴축정책을 펴는 등의 방법으로 통화량 증발을 최대한 억제하는 것이
었다. 경부고속도로, 포항종합제철 건설 등 막대한 자금이 소요되는 사업
에 대해서는 긴축을 요구하기는커녕 관련 "예산이나 자금 배정 등 필요한

조치는 당일로 처리하라"는 특명을 내려 일의 속도를 높일 수 있게 지원했다. 반면 그 외의 일반적인 정부 활동과 관련된 예산 사용은 매우 엄격한 기준을 적용하면서 긴축을 유도했다.

그로 인해 가장 큰 타격을 받은 부처는 국방부와 문교부였다. 이들 부처의 장관들은 자신보다 한참 어린 부총리를 찾아가 머리를 숙이며 예산 증액을 요청해야 했다. 그러나 김학렬은 한술 더 떠서 이들 부처에 예산을 어디에 왜 써야 하는지에 관해서 브리핑을 하도록 한다든지, 기획원 예산실 인력을 해당 부처에 파견해 예산 편성 과정에서 '기술 지원'을 하도록 한다든지 하면서 예산을 더욱 줄이도록 압박을 가했다.

이와 함께 재무부 장관 시절 추진하다가 실패하였으며 자신의 해임 배경이 되기도 한 단기 현금차관 도입 제한을 다시 추진했다. 상업차관 한도제를 도입하여 민간의 현금차관 도입을 금지한 것이다. 이러한 긴축정책으로 인해 재계에서는 아우성이었다. 하지만 김학렬은 정책 기조를 그대로 유지했고, 그의 재임기간 동안 재계와의 불편한 관계는 계속 이어졌다.

김학렬은 차관 시절 제2차 5개년계획을 총괄하여 '2차 계획의 아버지'라 불린다고 했다. 그런데 그는 '3차 계획의 할아버지'라고 불리기도 한다. 그가 부총리 취임 후 1972년부터 시작되는 3차 계획의 준비 과정을 진두지휘했기 때문이다. 당시에는 그 이전의 1차, 2차 계획 수립 시점과는 상황이 크게 달라져 있었다. 경제가 어느 정도 본격적인 성장궤도에 진입해 있었던 것이 가장 큰 차이였다.

이러한 변화를 고려해 3차 계획은 개발 및 성장 위주에서 탈피해 성

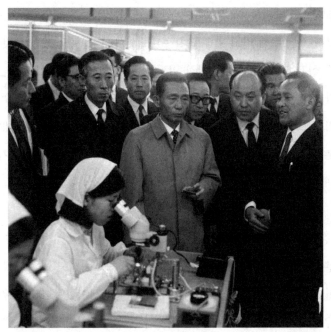

1970년 박정희 대통령의 구미수출공업단지 시찰을 수행 중인 김학렬 (박정희 대통령 왼쪽)
출처: 국가기록원.

장과 안정의 균형을 추구하는 것으로 지향점이 바뀌었다. 계획 기간 중 연
평균 경제성장률 목표도 8.6%로 상대적으로 낮게 잡았다. 이 수치만 보면
별로 낮아 보이지 않는다. 하지만 계획 수립 직전인 1967~1969년 평균 경
제성장률이 12.5%에 달했다는 점을 고려하면 성장과 안정의 균형을 고려
해 목표를 상당히 낮게 잡았다는 것을 알 수 있다.

이와 관련해서 하나의 에피소드가 전해진다. 당초 이희일 기획국장
을 비롯한 실무진은 3차 계획의 성장률 목표를 10%와 12% 두 가지로 상정

하고 모델을 만들었는데 김학렬이 "원래 계획이란 낮게 잡고 실적은 높게 내는 거야. 8%로 해"라고 호통을 치는 바람에 8%대로 수정했다는 것이다. 그런데 실제 3차 5개년계획 기간 연평균 경제성장률은 11.2%였다. 목표 치보다 2.6% 포인트나 더 높았던 것이다. 일종의 처세술이라고 할 수 있는 김학렬의 조치 덕에 3차 5개년계획 기간 동안 경제수장을 맡았던 태완선, 남덕우 두 부총리는 목표를 크게 뛰어넘는 실적을 올린 부총리로 기억될 수 있게 되었다.

김학렬은 1971년 11월 병원에 입원했다. 췌장암이 이미 상당히 진행 되어 손을 쓰기 어려운 상태였다. 몸의 이상을 느끼면서도 병원 진료를 차 일피일 미룬 것이 병을 키웠다. 재무부 사세국장으로 있던 1961년 위궤양 으로 위를 절반이나 잘라 낸 뒤 소화기가 늘 불편했음에도 술, 담배를 즐 기고 과로를 일삼는 등 건강을 챙기지 않았던 것이 원인이었다. 경제 수 장으로서 받는 스트레스 또한 병이 깊어진 요인이었을 것이다. 그는 결국 1972년 1월 부총리직에서 물러났다. 이후 병세가 더욱 악화되어 두 달 후 인 3월 21일 그는 49세라는 이른 나이에 세상을 떠났다. 그날은 그가 준비 과정을 총괄했던 제2차 경제개발5개년계획을 마무리하고 평가하는 회의 가 열리던 날이었다. 박 대통령이 그의 부고를 듣고 회의장을 나와 화장실 로 가서 눈물을 흘렸다는 일화는 잘 알려져 있다.

이처럼 젊은 나이에 세상을 떠났음에도, 김학렬은 한국을 대표하는 경제관료 중 한 명으로 기억되고 있다. 입이 거칠고, 때로는 안하무인의

태도를 보이는 등 인간적인 면에서 부족한 부분이 있었음에도 그가 경제
관료로서 이처럼 높게 평가받고 있는 이유는 무엇일까?

　일단 그는 상당히 명석했다. '천재성'이 있었다고도 한다. 제1회 고
등고시를 수석으로 합격하고, 당시 최고 인재들이 모여 있던 경제기획원
에서도 가장 두각을 나타냈다는 것이 이를 잘 증명한다. 그의 추진력 또한
대단했다. 그동안 여러 차례 좌절을 맛본 종합제철소 건설 사업을 뚝심 있
게 추진하여 결국 성사시켰다. 뿐만 아니라 그는 강직하고 청렴했다. 부정
부패에 연루될까 염려하여 유학길에 올랐고, 재무부 장관은 세무와 관련
된 부정부패 문제를 해결하기 위해 김학렬을 사세국장으로 임명했다.

　김학렬은 명석함에 추진력 그리고 청렴함까지 갖춘 탁월한 경제관
료였다. 그런 그가 떠나고 남은 공백은 컸다. 장기영 부총리 시절부터 이
어진 '경제기획원의 전성시대'가 그의 죽음과 함께 종료된 것은 결코 우연
이 아닐 것이다. 그러했기에 우리는 그를 경제기획원 전성시대의 주역으
로 기억하고 있다.

5장

양윤세, 황병태
경제외교 현장을 누비다

1960년대 이후 한국은 경제개발을 본격 추진하였다. 그 과정에서 가장 문제가 되는 것은 투자자금을 확보하는 일이었다. 이를 위해 내자를 동원하는 것도 중요했지만, 국내에 충분한 자본이 마련되어 있지 않은 상황이었으므로, 외자 도입 또한 추진할 필요가 있었다. 당시 경제외교는 경제발전의 성패를 가를 수 있는 중요한 문제였다. 대통령, 국무총리는 물론, 부총리를 비롯한 많은 경제관료들이 전 세계 경제외교 현장을 누비고 다녔던 것은 그러한 이유에서였다. 따라서 '경제관료의 시대'를 논하면서 경제외교 분야에서 활약했던 이들을 이야기하지 않을 수 없다. 이 장에서는 1960년대 경제외교 현장에서 가장 두드러진 활약을 펼쳤던 양윤세와 황병태, 두 경제관료에 대해 살펴보려 한다.

양윤세는 경제기획원에서 과장 및 국장급으로 근무하면서 수많은 외자 도입 논의 과정에 실무자로 참여하여 '한국 정부의 대외창구'라 불리기도 한 인물이다. 황병태는 과장 시절 대통령의 특사로 파견되어 차관 도입 협상을 벌이는 등 대통령의 신임 속에 경제외교 현장에서 중책을 수행했으며, 경제외교 이외의 영역에서도 중요한 정책 결정 과정에 깊숙이 관여한 인물이다.

혈혈단신 남한행

양윤세는 1931년 황해도 곡산에서 태어났다. 부친은 보통학교 교사였으며,
이복형 한 명과 6명의 동생이 있었다. 그는 보통학교를 졸업한 뒤 1945년
해주사범학교로 진학했다. 그렇다고 교사가 되겠다고 결심한 것은 아니
었다. 그런데 4학년이던 1948년 봄, 그는 뜻하지 않게 반공학생운동의 주
도자로 몰리게 되었다. 해주사범학교 교사 세 명이 남한으로 도망갔는데,
그들과 친분이 있었다는 것이 이유였다. 결국 퇴학 조치를 당한 그는 이러
한 체제에서는 더 이상 살 수 없다고 생각해 혈혈단신 남한으로 내려오게
된다. 안타깝게도 그는 잠시 서울에서 아버지를 만난 것을 제외하고는 이
후 가족과 끝내 재회하지 못했다.

이와 관련해 가슴 아픈 일화가 있다. 남한으로 내려오기 얼마 전 그
는 집에 오던 길에 혼자 아이스크림을 먹었다. 그런데 집에 와서 동생들을

보니 미안한 마음이 들었다. 그래서 '동생들과 아이스크림을 먹으러 가야지'라고 생각했는데 갑작스럽게 남한으로 내려오게 되면서 결국 동생들에게 아이스크림을 사 주지 못했다. 양윤세는 그것이 너무도 후회가 되어서 그 생각이 날 때마다 울었고, 몇십 년 동안이나 아이스크림을 먹을 수 없었다고 한다.

남한에서 홀로 생활하게 된 그는 서울에서 담배 장사, 붕어빵 장사, 가정교사 등을 하면서 동성중학교에 편입학하여 학업을 이어 갔다. 가난과 외로움 속에서도 학업만은 놓지 않았다. 그런데 중학교 6학년 때 한국전쟁이 발발했다.*

한국전쟁 중 그의 삶에 큰 변화가 찾아왔다. 우연한 기회에 미군 통역을 맡게 되었는데, 영어회화를 배운 적이 없었기에 그는 배워 가면서 임무를 수행했다. 경험이 쌓이자 통역장교 시험에 응시해 합격하여 1953년 초 중위로 임관하기도 했다. 그러면서 그는 미국 유학에 대한 꿈을 키워 나갔다.

1955년 7월 전역한 양윤세는 24세의 나이에 전액 장학금을 지원받아 미국 코넬대학으로 유학을 가게 되었다. 미국에서 장학금을 받고 공부하고 싶다면 솔직하게 사정을 적어 미국 학교들에 편지를 보내보라는 미국인 친구의 권유대로 한 결과 코넬대학에서 연락이 온 것이다. 혈혈단신으로 남한에 내려온 지 7년 만에, 또 전쟁으로 정규 학교도 제대로 마치지 못한 상태에서 양윤세는 당당히 아이비리그에 속한 대학으로 유학을 떠나게 된 것이다. 시련 속에서도 낙망하거나 포기하지 않고 스스로를 잘 관리해

---

* 당시에는 중·고등학교가 분리되어 있지 않아 중학교가 6년제였다.

왔기에 가능했던 일이다.

어렵게 유학 생활을 한 그는 1959년 한국인 최초로 코넬대학에서 학사학위를 받았다. 전공은 경제학이었다. 그는 이어 1960년에는 뉴욕대학 대학원에서 외교학 석사학위를 취득한다. 그리고 하버드대에서 1년간 특별학생 신분으로 있다가 세계일주 여행을 한 뒤 1961년 12월 귀국했다.

과장들의 전성시대

황병태는 1935년 경북 예천에서 출생했다. 그의 성장 과정은 잘 알려져 있지 않은데, 어려서부터 수재로서 두각을 나타낸 것 같다. 영남고 시절 고등예비고시에 합격했다는 사실이 이를 잘 보여 준다. 서울대 경제학과에 진학한 그는 2학년 재학 중이던 1956년 고등고시 외교과에 합격하였다. 대학 졸업 후 외무부에서 공무원 생활을 시작한 그는 자신의 전공을 살리고자 6개월 만에 상공부 공업진흥과로 자리를 옮겼다. 1962년에는 신설된 경제기획원으로 다시 옮겨 제1과 과장으로 부임하게 된다. 제1과는 이후 공공차관과로 명칭이 변경되는데, 외국 정부나 국제기구, 공공단체 등으로부터 외자를 끌어오는 것이 주된 임무였다.

공공차관과 과장으로 근무하던 그는 어느 날 박정희 대통령의 호출을 받는다. 그를 부른 박 대통령은 자신이 외자 사업을 직접 챙기겠다면서 그에게 국장을 거치지 말고 장기영 부총리나 자신에게 바로 보고하라는 지시를 내렸다. 과장에 불과한 그에게 대통령과 직접 소통할 수 있는 채널이 마련된 것이다. 대통령의 황병태에 대한 신임은 갈수록 더욱 두터워져 나중에는 대통령이 그에게 경제 현안에 대한 의견을 묻거나 현안을 직접 추진하라고 지시하는 경우가 늘어나게 된다.

당시는 '과장들의 전성시대'였다. 당시 부총리 겸 경제기획원 장관이던 장기영은 차관이나 국장을 배제한 채 과장에게 일을 직접 맡기고 지휘하는 경우가 많았고, 이로 인해 과장 중에서도 경험을 쌓으면서 두각을 나타내는 이들이 적잖았다. 양윤세와 황병태가 그 대표적 인물이었다.

하지만 그렇다고 해도 경제 부처의 일개 과장이 대통령과의 소통 채널을 확보한다는 것은 생각하기 힘든 일이었다. 게다가 당시 주로 계약이 성사되던 것은 황병태가 담당하던 공공차관이 아니라 상업차관이었다. 공공차관은 도입 절차가 복잡하고 성사되기도 어렵다 보니, 황병태 스스로 표현한 것처럼 공공차관과는 '거의 개점휴업 상태'였다. 따라서 대통령이 외자와 관련해서 소통 채널을 만든다면 대상은 그가 아니라 상업차관을 담당하는 민간차관과장이나 그의 직속상관인 경제협력국장이어야 자연스러웠다. 그럼에도 대통령이 그와 같은 결정을 한 이유 혹은 계기는 무엇이었을까?

황병태는 자신이 대통령 앞에서 행한 브리핑 때문일 것으로 짐작하고 있다. 당시 대통령의 주재하에 매월 월간경제동향보고회의가 개최되었다. 이 자리에서는 주로 경제기획원 기획국장이 브리핑을 했는데, 과장인 그에게 세 차례 정도 경제동향을 브리핑할 기회가 주어졌다. 거시경

1964년 청량리-제천 간 자동신호시설 차관 조인식에 참석한 황병태, 양윤세 과장(뒷줄 왼쪽 두 번째가
황병태, 세 번째가 양윤세)
출처: 국가기록원.

제 관련 지표의 숫자만 나열하는 보고 방식을 바꿔야 한다는 생각을 장기
영 부총리에게 이야기하자 그가 기회를 준 것이었다. 황병태는 당시 진행
되고 있던 경제개발 사업의 추진 상황을 중심으로 브리핑을 했고, 그의 브
리핑에 흡족했던 박 대통령은 그를 눈여겨보게 되었다. 이후 그는 종종 박
대통령에게 외자 도입 진척 상황을 보고했으며, 수차례에 걸쳐 대통령의
직접 지시를 받고 경제외교 현장을 누비게 된다.

약방의 감초

유학을 마치고 한국에 돌아온 양윤세는 경제기획원 채용 시험에 합격하여
서기관으로 채용되었다. 원래 사무관을 채용하는 시험이었는데, 그는 해
외 유학 경험이 고려되어 서기관으로 채용되었다. 그리고 입사한 지 얼마
되지 않아 경제협력국 기획과장이 되었다. 이 자리는 외자 도입과 관련된
사안을 취급하고, 해외에서 오는 인사들에게 창구 역할을 해야 하는 중요
한 자리였다. 경제협력국 기획과는 1963년 외자총괄과로 명칭이 변경되
었으며, 양윤세는 1966년 10월까지 외자총괄과장으로 4년 넘게 재직했다.

　　외자총괄과장으로 있으면서 그는 경제협력과 관련된 각종 회담과
협상에 깊숙이 관여하였다. 과장에 불과했던 그가 이처럼 중요한 사안들
에 관여할 수 있었던 것은 당시가 소위 '과장들의 전성시대'였기 때문이다.
그의 활약상을 소개한 신문 기사 하나를 보자.

> "특히 능통한 외국어를 활용하여 지난 62년 이래 만 4년 2개월 동안 외자총
> 괄과장으로 재직 시 외국과의 경협 회담이나 IMF 연차총회 등엔 약방의 감
> 초마냥 씨의 명단이 끼지 않는 때가 없었으며, 65년 5월 대통령의 방미 수행
> 이나 지난 9월 8일의 한일경제각료회의에서도 씨의 역량은 충분히 알려진
> 사실인데."

1966년 11월 1일자 《매일경제신문》 기사로, 양윤세가 경제기획원 외

자총괄과장에서 투자진흥관으로 승진했음을 소개하면서, 외자총괄과장으로서 그가 그간 얼마나 왕성하게 활동해 왔는가를 잘 보여 주고 있다.

우선 그는 유솜USOM과의 교섭창구 역할을 맡았다. 유솜은 주한미국경제협조처로 원조기구이자 미국의 원조자금이 한국에서 적절하게 집행되는지를 감시하는 기구이기도 했다. 따라서 유솜은 한국경제에 꼬장꼬장한 시어머니 노릇을 하기도 했지만, 한편으로는 한국 정부에 다양한 정보를 제공해 주는 역할을 하기도 했다.

그는 1963년 7월 경제기획원과 유솜이 한국의 경제문제를 보다 효율적으로 협의하기 위해 만든 한미경제협력위원회ECC: Economic Cooperation Committee에도 참여했다. 그 전에도 경제기획원과 유솜 간 경제회담이 열렸지만, 이 위원회가 만들어짐으로써 한미 간 교섭이 정례화, 상설화되었다. 한미경제협력위원회는 5·16 이후 한미가 합의하여 운영을 중단했던 한미합동경제위원회와 기능 및 성격 면에서 유사했다. 이 위원회에서는 원조물자의 구성 및 배분, 차관 도입 문제 등에 대해 협의를 진행했으며, 미국이 재정안정을 중시했기 때문에 재정안정계획에 관한 협의를 진행하기도 했다.

이 위원회의 정식 멤버는 한국의 경제기획원 원장과 미국 측 유솜 처장, 그리고 한미 양측의 간사 한 명씩이었다. 양윤세 과장은 한국 측 간사로 참여했는데, 그의 회고에 따르면 미국 측 간사가 경제에 대해 잘 몰라 제 역할을 못해서, 실제로는 그가 혼자서 한미 양측의 간사 역할을 동시에 수행하느라 무척이나 바빴다고 한다. 이 위원회의 간사로 활동하면서 그

1965년 장기영 부총리와 미국 대통령 과학고문 호니그 박사의 접견 자리에 참석 중인 양윤세(가운데)
출처: 국가기록원.

는 경제개발 초기 단계에 한미 간 경제협력체제가 안정적으로 유지되는
데에 기여했다.

　　그는 또한 외자총괄과장으로서 1965년 미국으로부터 1억 5,000만
달러의 AID 차관*을 제공받기로 합의하는 과정에서도 중요한 역할을 했
다. 1965년 5월 박 대통령이 미국을 국빈 방문하게 되었다. 당시 한국은 미
국이 바라던 대로 한일국교정상화를 눈앞에 두고 있었고, 베트남전쟁에
전투 병력을 파병할 예정이었기 때문에 미국으로부터 무언가 '선물'을 기
대할 수 있었다. 이때 한국 정부는 미국에 당시로서는 꽤 큰 규모였던 1억
5,000만 달러의 AID 차관 제공을 요청하였다. 2차 5개년계획의 핵심 프로

＊　AID 차관: 미국이 개발도상국의 경제개발을 위해 제공하는 장기융자를 의미한다.

젝트인 석유화학공단 건설, 화학발전소 건설 등 15개의 사업을 추진하는 데에 필요한 개발자금이었다.

대통령의 방미를 앞두고 양윤세는 이러한 내용을 정리해서 경제공동성명 초안을 기초해 유솜 측과 교섭을 벌였다. 한국 측에서는 이 교섭을 그가 전적으로 맡아서 진행했다. 그리하여 박정희–존슨 공동성명에 '1억 5,000만 달러의 개발차관을 한국에 제공한다'라는 문구가 포함되었다.

29살의 대통령 특명대사

황병태는 대통령의 특명을 받고 경제외교 현장을 누볐다. 그 대표적 사례 중 하나로 당시 미국 5대 정유회사 중 하나였던 걸프사Gulf Oil와의 차관 계약 체결 건을 들 수 있다. 1964년 어느 날 황병태는 청와대의 호출을 받고 찾아갔다가 그 자리에서 대통령 특명대사로 전격 임명되었다. 그에게 부여된 임무는 걸프사로부터 비료공장 건설과 관련된 차관을 유치하는 것이었다.

당시 한국 정부는 울산 정유공장 투자 건 때문에 서울에 체류하던 걸프사 지사장에게 비료공장 건설에 필요한 차관을 제공해 줄 것을 요청하고 있었다.* 그런데 지사장은 콧대 높게 행동하고 있었다. 정부 부처의 국장까지는 아예 상대도 하지 않았고, 장관이 면담을 신청해야 겨우 만나 줄

---

* 걸프사는 당시 한국 정부와 50대 50 합작으로 한국 최초의 정유공장인 대한석유공사 울산공장을 건설하고 있었다.

정도였다. 게다가 요청에 대해 아무 답변도 내놓지 않고 있었다.

상황이 이렇게 돌아가자 답답했던 대통령이 황병태를 대통령 특명 대사로 임명하여 미국으로 보낸 것이다. 미국 피츠버그에 있는 본사의 회장을 찾아가서 직접 만나 담판을 짓고 오라는 것이었다. 대통령이 그 자리에서 붓을 들고 임명장을 써 주었다고 하는 걸 보면, 이것이 공식적인 임명은 아니었던 것 같다. 하지만 형식이 어찌되었든, 29세에 불과한 경제 부처 일개 과장을, 게다가 그의 담당 업무도 아닌 일과 관련해서 특명대사로 임명하고 막중한 임무를 부여한 것은 그 이전은 물론 이후에도 유사한 사례를 찾아보기 힘든 일일 것이다. 대통령이 그의 역량을 그만큼 높게 평가했다는 것인데, 그렇다고 해도 매우 이례적인 일임은 분명해 보인다.

미국으로 건너간 황병태는 처음에는 사기꾼으로 몰리기도 했다. 그가 자신의 신원을 밝히고 걸프사에 전화를 걸어 회장을 만나겠다고 하자 걸프사 측에서 한국 대사관에 확인을 했는데, 황병태라는 사람도 모르고 본국에서 협조 요청을 받은 적도 없다고 했기 때문이다. 워낙 극비리에 이루어지는 일이라 대사관에 아무런 사전 연락도 취하지 말라는 특별 지시가 내려졌기에 벌어진 일이었다.

다행히 오해가 풀려 그는 사흘 만에 걸프사 화이트포드Whiteford 회장을 만날 수 있었다. 그리고 면담을 통해 걸프사 회장의 긍정적인 반응을 이끌어 낸 뒤 귀국하였다. 걸프사에서 한국의 비료공장 건설에 투자하기로 한 것이다. 며칠 후 콧대 높다던 걸프사의 서울 지사장이 황병태 과장을 찾아왔다. 기세가 한풀 꺾인 모습이었다.

이후 황병태는 상공부를 대신해 걸프사와의 협상 창구 역할을 담당했다. 당시 국내에는 1961년과 1962년 각각 충주와 나주에 설립된 두 곳의 비료공장이 있었다. 그런데 이 두 공장에서 생산되는 비료는 국내 비료 수요의 40%를 충족시키는 데에 그치고 있었다. 따라서 정부는 기존 두 공장보다 생산 규모가 훨씬 큰 비료공장을 짓고 싶어 했고, 걸프사 측에 이러한 의향을 전달했다. 걸프사와의 협상은 잘 진행되었고, 이렇게 해서 만들어진 것이 제4비료공장(진해화학 비료공장)이다.

황병태는 1965년 10월 다시 미국행 비행기에 올랐다. 이야기한 것처럼, 같은 해 5월 박 대통령이 미국을 국빈 방문하여 AID 차관을 지원받기로 약속받았는데, 지급이 이루어지지 않자 조급해진 대통령이 그를 다시 미국으로 보낸 것이다. 그에게는 1억 달러를 받아내지 못하면 돌아오지 말라는 특명이 떨어졌다. 그는 매일 국무성 청사 앞으로 가서 담당자에게 인사를 하는 것으로 하루 일과를 시작했다. 담당자가 부담을 느끼도록 하기 위해 박 대통령이 지시한 사항이었다.

공공차관은 상업차관보다 집행되는 데에 더 많은 시간이 걸렸다. 길게는 수년이 걸리기도 했다. 미국 국무성 담당자는 이런 사정을 알면서도 지원 약속 후 불과 5개월이 지난 시점에 매일 찾아와 지원을 압박하는 한국 정부를 이해하기 어려웠을 것이다. 하지만 한편으로는 압박을 느낄 수밖에 없었다. 그리하여 목표한 1억 달러에는 못 미쳤지만 약속된 차관 중 일부가 지원되었고, 황병태는 주어진 임무를 완수하고 미국 출장 석 달여 만에 돌아올 수 있었다.

제4비료공장 건설 기본협약 체결 조인식에서 장기영 부총리를 보좌 중인 황병태(왼쪽 세 번째)
출처: 국가기록원.

이 건의 경우, 걸프사 건과 달리 공공차관 과장인 그의 업무에 해당했다. 그렇지만 당시로서는 상당한 액수인 1억 달러의 차관을 조기에 지원해 달라고 요청하면서 국장급 이상의 관료가 아니라 30세의 젊은 과장을 보냈다는 것은 앞의 특명대사 사례와 마찬가지로 박 대통령이 황병태를 얼마나 신임하고 있었는가를 잘 보여 준다.

IECOK 창설 작업을 담당하다

양윤세는 베트남과의 경제협력이 강화되는 과정에서도 중요한 역할을 했다. 베트남 파병을 계기로 베트남과의 경제협력이 본격화되었는데, 처음에는 베트남으로 물품과 인력을 수출하는 데에 초점이 맞춰졌다. 그런데 1966년 들어와 한국 기업이 건설, 하역, 수송 등 용역을 맡는 것으로 협력 방식이 바뀌었다. 즉 사람을 보내는 데에 그치지 않고 기업을 진출시키는 쪽으로 방향을 튼 것인데, 이렇게 정부 방침이 변한 것은 기업을 보내야 더 많은 것을 얻을 수 있다는, 당시 실무를 담당하던 양윤세의 판단에 따른 것이다.

물론 민간에서는 이미 움직이고 있었다. 당시 베트남 진출을 모색하고 있었던 대표적인 인물로 한진의 조중훈 회장이 있었다. 정부보다 돈을 벌 수 있는 기회를 잘 포착해 먼저 움직이는 건 이와 같은 기업가들이다.

그런데 한국 기업의 베트남 진출을 촉진하기 위해서는 장애가 되는 요소들을 해결할 필요가 있었다. 예를 들어, 한국 근로자의 비자 발급을 신속하게 처리해 주는 문제가 있었다. 또 미군 측에서 한국 기업이 베트남에서 공사나 용역을 따내려면 한국 정부가 지불보증을 해 줄 것을 요구했는데, 그 절차가 복잡했다. 양윤세는 주베트남 미군사령관을 만나 정부의 지불보증을 부총리 서한으로 대체하는 안을 제시해 동의를 얻었다. 기업들이 정부의 지불보증을 받는 데에 소요되는 시간적, 물리적 비용을 크게 줄일 수 있게 한 것이다. 아울러 비자 발급을 신속히 받는 문제도 베트남

측과 신속히 협의해 해결했다.

효과는 즉시 나타났다. 베트남으로 파견된 근로자가 1965년 말에는 100명 정도에 불과했는데, 1966년 말에는 1만 명을 넘어섰다. 베트남에서의 용역 수주도 빠르게 증가하였다. 베트남전쟁이 가져다준 경제특수를 활용하기 위해 민간은 민간대로 움직였고, 정부도 민간이 활동할 수 있는 여건을 만들어 주기 위해 움직여야 했는데, 정부 내에서 그 필요성을 제기하고 주도해 간 이가 양윤세였던 것이다.

양윤세가 펼친 활약 중 또 하나 주목할 것은 1966년 12월 이루어진 대한국제경제협의체IECOK: International Economic Consultative Organization for Korea(이하 '협의체') 창설이다. 이 협의체는 좀 생소할 수 있는데, 한국의 경제발전에 필요한 자금을 조달하고자 만든 국제협의기구라고 할 수 있다.

이 기구의 설립을 제안해 온 것은 미국이었다. 미국은 1950년대 한국에 대한 원조를 도맡았으나 점차 부담을 느꼈고, 1950년대 후반부터 원조를 줄이는 대신 저리의 차관을 제공하는 방향으로 나아갔다. 그리고 부담을 더욱 줄이고자 1964년 말 무렵 한국 지원의 부담을 다른 국가들과 분담하기 위한 기구 설립을 제안해 온 것이다.

양윤세는 미국 대사관 측과 조직의 형태에 대해 논의했다. 그리고 조직을 컨설터티브 그룹consultative group 형태로 만드는 방안을 장기영 부총리에게 보고한다. 컨설터티브 그룹이란 지원하는 나라와 지원받는 나라가 함께 협의하는 형태의 조직이다. 미국은 애초에는 정일영 외무차관에게 도너스 클럽Doner's Club, 즉 지원하는 나라끼리 모여서 논의하는 조직을 제시한 바 있는데, 그가 이를 거부하자 대안으로 이러한 방식을 양윤세에게 제안하여 합의에 이른 것이었다.

양윤세 과장의 보고에 장기영 부총리와 박 대통령이 동의하자, 그는 협의체 조직을 추진하게 되었다. 그는 이 조직에서 사무장 비슷한 역할을 맡아서 협의체 조직을 주도한 세계은행 측과 사무적인 업무를 협의해 진행하면서 산파 역할을 했다. 그 결과 1966년 말 미국, 이탈리아, 프랑스, 일본 등 8개 국가가 참여한 가운데 협의체가 공식 출범했다. 이후 영국 등 세 나라가 추가로 참여하여 회원국은 11개국으로 늘어났다. 협의체는 한국의 외자 조달 창구 역할을 맡다가 한국이 독자적으로 외자를 조달할 수 있게 되었다는 판단하에 1984년 해체되었다.

종합제철소 차관 도입에 난항을 겪다

황병태는 1967년 4월 경제기획원 경제협력국장으로 승진했다. 당시 그의 나이는 32세에 불과했다. 그는 공공차관과장 시절인 1965년부터 종합제철소 건립 문제를 담당해 왔다. 종합제철소 건립은 사업 성격상 상공부 업무였지만, 외자 도입 문제와도 연결되어 있어 경제기획원이 관여하였는데, 창구 일원화가 필요해지자 대통령이 그에게 맡기도록 지시한 것이다.

종합제철소 건설 사업은 잘 진척되지 않았다. 가장 중요한 경제협력 대상인 미국이 반대하여, 건설에 필요한 외자 도입이 성사되지 못하고 있는 데에 원인이 있었다. 철강 수요도 없는데 종합제철소를 짓는 것은 무리이며, 경제성 측면에서도 문제가 있다는 것이 반대의 이유였다. 또 다른 외자 도입 루트인 서독 역시 처음에는 관심을 갖는 듯했지만, 이후 관심이 뜸해져 버렸다. 하지만 대통령의 종합제철소 건립 의지는 확고했다. 그래서 일본과의 협력을 타진하게 되었고, 일본 조사단이 1965년 한국을 찾았다. 그런데 이들 역시 종합제철소 건립은 시기상조라는 평가를 내렸다. 철강 수요 부족이 가장 큰 문제였다.

이렇게 계속 차관 도입에 난항을 겪자 황병태는 종합제철소 건립을 위해서는 두 가지 문제부터 해결해야 한다고 생각했다. 하나는 전담 기구를 설치하는 것이었다. 경제기획원 공공차관과에서 맡기에는 한계가 있다고 생각한 것이다. 그래서 만들어진 것이 '종합제철 추진단'이다. 단장으로는 박태준 당시 대한중석 사장이 임명되었다. 추진단은 이후 종합제철주식회사로 개칭되었으며, 종합제철소 건설 추진 과정을 주도해 갔다. 그리고 대한중석 박태준 사장은 포항제철 초대 사장이 된다.

다른 하나는 수요 문제를 해결할 수 있는 논리를 개발해야 한다는 것이었다. 이 문제가 해결되지 않으면 차관을 제공받기는 어렵다고 판단한 것이다. 물론 국내 수요가 충분해질 때까지 기다릴 수도 있었으나, 대통령의 숙원 사업임을 감안하면 그때까지 마냥 손 놓고 기다리고 있을 수만도 없는 노릇이었다. 고심 끝에 그가 생각해 낸 것이 공급은 수요를 창출한다는 세이의 법칙Say's law이었다. 황병태는 이 이론을 근거로 미국 측을 설득했다. 그러나 미국 측은 충분히 설득되지 않았던 것 같다.

박태준

박태준은 1927년 경남 동래군(현 부산광역시)에서 태어났다. 그는 일본 와세다대 기계공학과로 진학했으나 해방을 맞아 중퇴한 뒤 귀국하였으며, 이후 육사를 나와 군인의 길에 들어섰다. 1961년 5·16 직후 박정희 최고회의 의장의 비서실 장을 역임하기도 한 그는 1963년 소장으로 예편한 뒤에는 경제인으로 변신하여 대한중석 사장으로 취임했다. 그리고 1968년 포항종합제철 초대 사장이 되어 종합제철소 건설 과정을 이끌었으며, 이후 포항제철이 국제경쟁력을 갖춘 철 강회사로 성장하는 데에 크게 기 여했다. 1980년 정계에 입문한 뒤 에는 4선 의원을 지냈으며, 2000년 에는 국무총리에 임명되기도 했으 나 부동산 명의신탁 의혹으로 4개 월 만에 사임했다. 이로써 정계를 은퇴한 뒤에는 포스코 명예회장 등으로 있다가 2011년 84세를 일 기로 사망하였다.

박정희 대통령과 박태준 사장(1978년)
출처: 포스코

한편, 그 사이 한국 정부의 요청으로 미국 코퍼스사의 주도하에 대한 국제제철차관단KISA이 만들어졌다. 미국, 영국, 이탈리아 등의 업체로 구성된 차관단은 미국 수출입은행으로부터 자금을 조달하여 한국에 종합제철소를 건설하려 했다. 이에 대해 미국 정부가 다시 제동을 걸고 나섰다. 미국 당국은 자신이 반대하자 한국 정부가 다른 경로로 미국 수출입은행에 접근했다며 불편한 기색을 내비치기도 했다. 결국 이 계획은 세계은행이 경제성이 없다고 평가한 것을 근거로 무산되고 만다. 이렇게 해서 무산된 종합제철소 건설 사업은 결국 대일청구권자금을 사용하는 방식으로 이후 추진되었는데, 이에 관해서는 뒤에서 다시 살펴보기로 한다.

황병태가 과장 및 국장으로 있으면서 관여했던 종합제철소 건설 사업은 결국 그가 담당한 기간 동안에는 가시적인 성과로 이어지지 못했다. 차관 도입에 어려움을 겪은 것이 결정적 요인이었다. 하지만 그렇다고 해서 그러한 노력을 실패로 치부하는 것은 적절치 않을 것이다. 차관 도입을 위한 다양한 시도 속에 얻은 교훈과 경험이 결국 포항제철소가 건립되는 데에 좋은 자양분이 되었을 것이기 때문이다.

한국 정부의 대외창구

양윤세는 1966년 10월 신설된 투자진흥관으로 승진했다. 투자진흥관은 국장급 자리였다. 당시 그의 나이는 서른다섯이었다. 황병태보다는 다소 늦었지만 역시 매우 이른 나이에 국장이 된 것이었다. 투자진흥관으로서 그는 국내에서뿐만 아니라 전 세계를 누비며 투자유치 활동에 적극 나섰다. 이 가운데 굵직한 일정만 몇 가지 소개한다.

투자진흥관 승진 직후인 1966년 12월 그는 파리에서 개최된 대한국제경제협의체 창립 총회에 참석한 뒤 워싱턴으로 건너가 이듬해 한국을 방문할 예정인 기업인들과 회의를 가지며 이들의 내한을 준비했다. 1967년 3월에는 한국을 찾은 미국 사절단과의 대한 직접투자 관련 협의 과정에 장기영 부총리, 김정렴 상공부 장관과 함께 참여했다. 이 사절단의 방한은 미국의 민간자본, 특히 전자부품 회사들이 한국에 본격적으로 들어오는 계기가 된 것으로 평가되고 있다. 이어 9월에는 브라질에서 열린 IMF, 세계은행 연차총회에 대표단의 일원으로 참석해 경인고속도로, 한국개발금융공사 등의 프로젝트와 관련된 차관 교섭을 벌였다. 그리고 곧바로 미국으로 가서 워싱턴에서 차관 도입을 위한 교섭을 진행하였고, 뉴욕, 시카고, 샌프란시스코에서는 미국 기업인들을 만나 민간투자를 유치하기 위한 활동을 전개했다.

1968년에도 그의 투자유치 활동은 이어졌다. 4월에는 워싱턴에서 열린 제2차 대한국제경제협의체 총회에 참석하여 한국의 외자 유치 계획을 소개했으며, 6월에는 투자교섭단장으로서 한 달 동안 유럽 각국을 돌면서 교섭 활동을 했다. 그 이후에도 그는 투자진흥관으로 총 4년 넘게 있으면서 일일이 열거하기 어려울 정도로 종횡무진 투자유치를 위해 뛰어 다녔다. 그가 투자진흥관에서 물러날 때, 이 사실을 보도한 신문 기사에서 그

1969년 미국 방문 중 미국 재무장관, 세계은행 총재와 만난 양윤세(맨 왼쪽)
출처: 양윤세·주익종, 「고도성장 시대를 열다 – 박정희 시대의 경제외교사 증언」, 해남, 2017.

를 '한국 정부의 대외창구'라고 칭했을 정도로 그는 한국의 경제외교 협상
이 필요한 곳이라면 전 세계 어디든 어김없이 나타나 자신이 맡은 바 소임
을 충실히 수행했다.

그러한 노력은 성과로 이어졌다. 1966년부터 차관 도입이 빠르게 증
가했고 이와 함께 1967년부터 외국인 직접투자도 급속도로 증가했다. 외
국인 직접투자 승인 건수는 1966년 10건에 불과했는데, 1967년에는 21건
에 이르렀고, 1968년과 1969년에는 각각 48건, 49건으로 크게 증가했다.
양윤세 투자진흥관의 투자유치 활동이 차관 도입 및 투자유치 증가에 일
조했음은 굳이 강조할 필요가 없을 것이다.

그가 투자진흥관 시절 했던 중요한 기여 중 하나는 포항종합제철 건

설에 필요한 외자 도입이 난관에 부딪혔을 때 대일청구권자금을 활용하자는 아이디어를 내서 돌파구를 마련토록 했다는 점이다. 당시 한국 정부는 대한국제제철차관단과 연산 60만 톤 규모의 종합제철소를 건설하기로 했으나, 세계은행이 경제성이 없다고 판단함에 따라 차관 교섭이 실패로 돌아가면서 대안 마련이 절실한 상황이었다.

이때 대일청구권자금을 여기에 사용하자는 안이 나왔고, 결국 이 안대로 실행되었다. 그리고 오원철, 김정렴 등 당시 경제관료들은 이 아이디어가 양윤세 투자진흥관에게서 나왔던 것으로 기억하고 있다. 양윤세 자신도 한 인터뷰에서 이러한 이야기를 한 바 있다. 자신이 김학렬 부총리에게 이야기했고, 김 부총리가 이를 대통령에게 보고했다는 것이다.

> "(청구권자금 전용 아이디어는) 내가 김학렬 부총리에게 얘기했어요. '청구권자금 앞으로 몇 년 치 남은 것으로, 예를 들어 제철이나 조선 사업을 하면 어떻겠냐고?' 그랬더니 그 얘기를 듣고 '내가 올라가서 각하께 잘 말씀을 드려 보겠다' 그러더군요."
>
> _육성으로 듣는 경제기적 편찬위원회, 『코리안 미러클』, 나남출판, 2013, 271쪽

참고로 이에 대해서는 다른 의견도 있다. 박태준 전 포스코 회장은 자전 에세이에서 자신이 하와이 모래사장에서 이 안을 떠올렸다고 이야기한 바 있다. 또 황병태는 자신이 김학렬 부총리에게 제안했다고 자서전에서 밝힌 바 있다. 이처럼 다른 설도 있지만, 주변 증인들의 회고를 놓고 볼

대한국제제철차관단KISA과의 사업 중단의 내막

대한국제제철차관단과의 사업이 중단된 이유에 대해서는 본문에서 소개한 내용이 일반적으로 알려진 이야기이다. 그런데 양윤세는 그 내막을 다르게 기억하고 있다. 그의 증언을 요약하면 이렇다. 박충훈 당시 부총리의 지시로 자신이 차관단과의 사업 진척 상황을 살펴보니, 교섭 관련 비용을 모두 한국이 부담하도록 불리하게 되어 있는 데에다, 미국이나 서독 정부는 차관을 빌려줄 계획이 없어 보였다. 그래서 차관단과의 사업을 중단시키기로 했는데, 그 명분이 필요해서 세계은행에 경제성이 없다는 평가를 내려 달라고 요청해 그러한 결과를 받았다는 것이다.

때, 양윤세 투자진흥관이 이러한 아이디어를 생각해 제안했을 가능성이 가장 높아 보인다.

아무튼 이렇게 해서 대일청구권자금을 사용해 포항종합제철을 건설한다는 정부 방침이 정해졌으나, 일본 측의 동의를 얻는 작업도 필요했다. 양윤세는 김학렬의 지시로 일본 측과의 교섭 과정에 참여하여 일본의 동의를 이끌어 내는 데에 기여하였다. 따라서 한국 정부의 숙원 사업이던 포항종합제철 건설 사업이 마침내 추진될 수 있게 되는 데에 양윤세도 한몫 했다고 평가할 수 있을 것이다.

4대 핵공장 건설 사업

황병태는 대통령의 두터운 신임하에 경제외교 이외의 분야에서도 정책 결정 과정에서 중요한 역할을 해 왔다. 그가 경제협력국장으로 부임한 지 얼마 지나지 않은 어느 날 그에게 청와대로 들어와 회의에 참석하라는 연락이 왔다. 무슨 회의인지도 모른 채 그가 황급히 청와대에 도착했을 때, 재무부 장관, 건설부 장관, 경제수석, 경제부총리 등이 이미 와 있었다.

회의에 앞서 식사가 이루어진 뒤 대통령이 대뜸 그에게 물었다. 당시 최대 규모로 건설될 예정이던 소양강댐에 대해 황 국장은 어떠한 생각을 갖고 있냐는 것이었다. 당시 청구권자금을 이용해 소양강댐 건설이 추진되고 있었다. 이 댐은 애초에는 다목적댐으로 계획되었다. 한강에 홍수가 발생하는 것을 막는 데에 초점이 맞춰진 것이다. 그런데 이후 이 댐을 어떠한 형태로 건설할 것이냐를 놓고 의견이 나뉘었다. 처음부터 제방을 높여 고댐을 쌓아 홍수 관리를 위한 다목적댐으로 만들자는 의견과 함께 일단 발전설비를 갖춘 저댐을 만들고 필요시 나중에 고댐으로 만들자는 의견이 대두했던 것이다.

소관 부처인 건설부 장관이나 김학렬 경제수석은 원래 계획대로 고댐을 건설하는 방안을 희망했다. 하지만 전력 공급을 담당하는 한국전력 사장이나 장기영 부총리 등은 저댐 건설을 주장하고 있었다. 이러한 상황에서 박 대통령은 소관 부처 국장도 아닌 황병태를 불러 의견을 물었다. 그는 장기적인 관점에서 보면 저댐보다는 고댐을 짓는 것이 낫다고 의견을 냈다. 직속 상관인 장기영 부총리의 의견과 상반되는 것이지만 아랑곳하지 않고 자신의 생각을 이야기했다. 그의 의견을 들은 대통령은 황 국장의 말이 맞는 것 같다며, 고댐을 짓는 것으로 결론을 내리면서 더 이상 이 문제와 관련해서는 이야기를 꺼내지 못하게 해 버렸다.

이 일화는 박 대통령이 황병태를 얼마나 신임하고 있었는가를 잘 보여 준다. 그런데 이 일화는 다른 한편으로는 당시 정부 정책의 의사결정 방식에 문제가 있었음을 보여 준다고 해석될 수도 있다. 비록 소양강댐 건설 사업은 대일청구권자금을 이용해 추진된다는 점에서 기획원 경제협력국 업무 영역에 해당하는 사업이지만, 댐을 어떠한 형태로 지을 것인가는 경제협력국장인 그가 관여할 사항이 아니었음에도 부총리, 장관 등 핵심 인사들의 상반된 의견이 팽팽히 맞선 상황에서 대통령이 그의 의견을 듣고 결론을 내렸기 때문이다. 그러나 이는 당시 경제정책 결정 과정의 일반적 관행에서 상당히 벗어나 있는 예외적인 사례로 보이므로, 일반화해서 과도한 의미를 부여할 필요는 없을 것이다.

황병태는 통계국장을 거쳐 1970년 3월 경제기획원 운영차관보로 승진했다. 이 시기 그는 경제외교 분야 업무에서는 멀어져 있었다. 당시 그가 했던 중요한 역할 중 하나는 '중공업 추진단' 단장을 맡은 것이다. 이 추진단의 목적은 방위산업의 초석을 마련하는 데에 있었다. 이 시기 방위산업 육성이 추진된 배경에 대해서는 뒤에서 살펴볼 예정이다.

추진단은 어떠한 분야를 우선 육성할 것인가에 관해 논의를 진행해 갔고, 결국 4대 핵심 공장 사업을 추진하기로 결정했다. 4대 핵심 공장에는 주물선 공장, 특수강 공장, 중기계 공장, 조선소가 해당되었다. 이렇게 4대 핵심 공장 중심으로 사업을 추진하기로 결정되면서 '중공업 추진단'이라는 명칭도 '4대 핵공장 사업단'으로 바뀌게 되었다.

사업 분야를 선정한 뒤에는 공장을 만들 기업을 찾아다녔고, 현대조선소, 신진자동차, 대한주철공업사, 풍산금속을 대상 기업으로 선정한 뒤 공장 설립을 맡기고 지원했다. 결과적으로 이 중 풍산금속과 현대조선소에서는 사업이 원활하게 진행되었다. 특히 풍산금속은 원래 식기류를 만드는 공장이었는데, 이 사업을 계기로 비철 산업 분야에서 대기업으로 성장하게 되었다. 반면 신진자동차와 대한주철공업사 사업은 흐지부지되고 말았다.

전체적으로 보면, 4대 핵심 공장 사업은 성공하지 못하였다고 평가할 수 있다. 실패의 가장 큰 원인은 외자 도입이 이루어지지 못한 데에 있었다. 일본으로부터의 지원을 기대했지만, 그것이 제대로 이루어지지 않으면서 사업은 지지부진해졌다. 그러나 4대 핵심 공장 사업은 1970년대 추진되는 중화학공업화의 효시를 이루는 사업이라는 점에서 충분히 의의를 지닌다고 할 수 있다. 그리고 황병태는 단장으로서 그 사업을 이끌었다는 점에서 중화학공업화 초기 단계에 일정 부분 역할을 했다고 평가할 수 있겠다.

양윤세는 1971년 1월에는 농림부 농정차관보로 발령받아 경제기획원을 떠났다. 그는 농림부에서 1년 4개월간 근무하면서 농업 개발 사업, 농업 기계화 등에 힘을 쏟았으며, 이듬해 5월에는 청와대에서 관광 부문을 담당하는 경제제3비서관으로 임명되어, 설악산, 경주, 제주 중문단지 등 관광지를 개발하고, 호텔 건설을 촉진하는 등 관광 진흥을 위해 활동했다.

이처럼 한동안 경제외교와는 다소 거리가 있는 업무를 담당했던 양윤세는 1974년 2월 주미 경제공사로 발령받으면서 다시 경제외교 현장에 복귀하게 된다. 그는 주미공사로 5년 넘게 근무하면서 대한 투자유치를 위해 많은 노력을 기울였고, 적잖은 성과를 거두기도 했다. 당시 그는 연두 차례 정도 미국 각지를 돌며 순회 강연회를 개최해 한국경제를 소개하고 대한 투자를 적극 장려했으며, 미국의 기업인들을 이끌고 내한하여 투자를 성사시키기도 했다.

주미 공사로 있던 1979년 5월 그는 수출입은행장으로 임명되어 한국으로 돌아왔다. 10·26 직후인 12월에는 동력자원부 장관으로 임명되었으나, 이 역시 5개월 정도 재임한 뒤 물러났다. 이후 그는 민간 부문으로 자리를 옮겨 주식회사 한양의 고문으로 있다가 LG그룹 미주 담당 사장을 3년간 역임하기도 했으며, 이후 한라그룹, 한양그룹의 고문 등을 지낸 뒤 은퇴하여 조용히 여생을 보내고 있다.

한편, 차관보를 끝으로 경제관료 생활을 마무리한 황병태는 1974년 미국 유학길에 올랐다. 그는 하버드대학에서 행정학 석사, 버클리대학에서 정치학 박사학위를 받은 뒤 1979년 한국에 돌아와 KDI 연구위원, 한국외대 정치외교학과 교수, 총장 등을 역임하며 학계에 몸았다. 그리고 1988년 정치인으로 변신, 2선 국회의원, 주중대사 등을 지냈는데, 국회의원으로 활동하던 1997년 한보 사태 당시 대출 청탁과 함께 뇌물을 수수한 혐의로 재판에 넘겨졌다가 집행유예로 풀려나 의원직을 상실하기도 했다. 그 역시 현재 은퇴하여 조용히 여생을 보내고 있다.

1960년대 경제발전 과정에서 외자 도입은 중요했다. 외자 도입이 이루어지지 않았다면, 1960년대 경제성장률은 절반 수준에 그쳤을 것으로 추정되기도 할 정도다. 외자 도입이 경제발전 과정에서 이처럼 중요했음에도 양윤세, 황병태와 같이 외자 도입을 실현하기 위해 경제외교 현장을 누비며 활약한 경제관료들의 역할은 지금껏 충분히 평가받지 못해 왔다고 할 수 있다. 다행히도 몇 해 전 양윤세의 경제외교 경험을 담은 회고담이 발간되어 그의 활약상이 상세히 소개된 바 있다.* 앞으로 이러한 논의와 학계의 연구가 더욱 활발해질 수 있기를 기대해 본다.

---

* 양윤세·주익종, 『고도성장 시대를 열다-박정희 시대의 경제외교사 증언』, 해남, 2017. 이 장의 양윤세에 관한 논의도 상당 부분 이 책에 의존하고 있다.

3부
—
질주

6장

최형섭, 김재관
한강의 기적을 이끈 과학자들

경제발전과 과학기술 발전은 결코 떼려야 뗄 수 없는 관계다. 경제발전을 위해서는 생산성 향상이 필요하고, 이는 결국 과학기술 분야의 발전에 의해서 뒷받침될 수 있기 때문이다. 한국의 경제발전 과정에서도 과학기술 분야의 발전은 매우 중요했다. 과학기술 분야의 발전이 있었기에 중화학공업화를 성공적으로 추진할 수 있었으며, 중진국 함정에 빠지지 않고 지속적인 경제발전을 이루어 선진국 반열에 오를 수 있었다. 이것이 '경제관료의 시대'를 논하면서 최형섭, 김재관, 두 과학자에게 주목하는 이유다. 금속공학 분야를 전공한 두 사람은 과학자로서뿐만 아니라 행정가로도 활동하면서 당시 과학기술 분야의 발전은 물론 '한강의 기적'을 이루어 가는 데에 중요한 역할을 했다.

한국 최초의 금속공학 박사

최형섭은 1920년 경남 진주에서 꽤 부유한 집안의 8남매 중 차남으로 태어 났다. 그는 관직에 있던 아버지를 따라 충주, 신의주, 대전 등으로 옮겨 다니 며 어린 시절을 보내야 했다. 학창 시절부터 과학자를 꿈꾸었던 그는 10살 무렵부터 일본 과학잡지 《어린이의 과학》을 사서 읽었고, 고등보통학교에 입학할 무렵에는 시험공부보다 무전기를 만드는 데에 열중했다고 한다. 고등보통학교 재학 중에는 집 뒤의 창고에 '이화학실험실'이라는 실험 공 간을 만들고는 연구를 한다며 틀어박혀 있기도 했다.

그는 대전고등보통학교를 졸업한 뒤, 법대로 진학하길 원했던 아버 지의 뜻을 따르지 않고 일본 와세다대학 이공학부로 진학했다. 그가 전공 한 학문은 채광야금학이었다. 광석을 캐내고 금속을 골라내 정제하고 가 공하는 일에 대해 연구하는 학문이었다. 1944년 와세다대학을 졸업한 최형섭은 고국으로 돌아와 조선광업진흥주식회사에 취직했다. 이 회사는 1940년 일제가 전쟁 수행에 필요한 주요 광물자원을 조선에서 개발 및 증산하기 위해 설립한 것이었다. 그는 이 회사에서 니켈, 코발트, 텅스텐 등의 특수금속을 추출하는 업무를 담당했다.

이후 1945년 8월 해방을 맞은 그는 이듬해 2월 선배의 소개로 서울대 공대 광산학과에 전임강사로 임용되었다. 이후 해사대학으로 옮겨 교수로 근무하다가 다시 국산자동차회사로 자리를 옮겨 기술고문으로 활동했다. 그러던 중 미국 공보원이 주관한 제1회 미국 유학생 선발시험에 합격했다.

그가 택한 학교는 퍼듀대학이었다. 하지만 유학을 떠나기 직전 한국전쟁이 발발하면서 유학은 미뤄지고 공군 장교로 입대하여 전쟁 기간 동안 항공수리창장(소령)으로 근무하였다. 3년간의 전쟁 끝에 1953년 7월 휴전협정이 체결되자 그는 다시 유학을 준비했고, 1953년 말 군에서 전역한 뒤 미국으로 유학을 떠났다. 그는 1955년 노터데임대에서 물리야금 전공으로 석사학위를 받은 뒤 미네소타대 박사과정에 진학했고, 이 학교에서 1958년 이학 박사학위를 취득했다. 금속공학 분야에서는 한국인 최초로 미국에서 받은 학위였다.

유학 중 그는 열심히 연구했고 탁월한 성과를 내기도 했다. 그로부터 20여 년 후 최형섭이 환갑을 맞았을 때, 유학 당시 그를 지도했던 쿡 S. R. B. Cook 교수가 보내온 축하글이 이를 잘 보여 준다.

"1955년 화학야금학의 박사과정을 위해 미네소타대학교에 온 지 얼마 안 되어 최형섭이 여느 대학원생들과는 다르다는 것을 우리 교수들은 곧 알았다. 그의 실험실에는 첫새벽이 될 때까지 불이 켜져 있는 것이 보통이었고 우리는 그와 함께 늦게까지 일을 하지 않으면 죄책감을 느낄 정도였다. 그 당시 최형섭이 이룩한 연구 업적은 매우 우수하여 그 후 금속 분야 기술개발에 크게 공헌하였으며 사반세기가 지난 지금까지도 널리 인용되고 있다."

_김은영, 「최형섭, 과학기술의 선진화를 이룩하다」, 『한국사시민강좌』 50, 일조각, 2012에서 재인용

박사학위를 받은 그는 1959년 8월 한국으로 돌아왔다. 그런데 당시 한국에는 그가 미국에서 수행하던 연구를 이어 갈 수 있는 여건이 갖춰진 곳은 없었다. 그래서 최형섭은 연구 활동을 이어 가지 못하고 한국전쟁 발발 이전에 기술고문으로 근무한 바 있는 국산자동차에 다시 들어갔다. 이곳에서 그는 부사장으로서 국산 소형 자동차를 개발하는 일에 매진했다. 하지만 이러한 시도는 결국 성공으로 이어지지 못했다.

이후 그는 원자력연구소 1급 연구관으로 자리를 옮겼다. 당시 원자력연구소는 이름과 달리 과학 전반을 다루는 종합연구기관에 가까웠기에, 금속공학 박사인 그도 몸담을 수 있었다. 그런데 입사 후 얼마 지나지 않아 5·16 쿠데타가 일어났고, 그는 상공부 광무국장을 겸임하게 된다. 새로 들어선 군사정권이 종합제철소 건설을 추진하면서 금속공학 분야 전문가인 그가 적임자라고 판단해 호출했던 것이다.

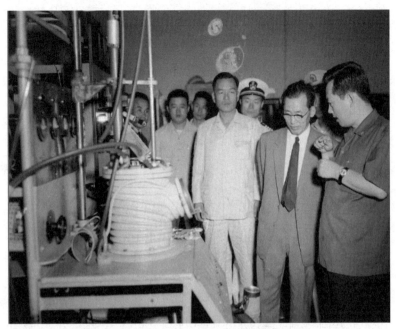

원자력연구소를 시찰 중인 김현철 내각수반에게 설명하고 있는 최형섭(맨 오른쪽)
출처: 국가기록원.

한편, 이 시기 그는 연구기관 설립에도 관심을 쏟고 있었다. 연구 환경이 제대로 갖추어져 있지 않은 현실에 안타까움을 느낀 그는 한국 연구기관의 새로운 모델을 만들어 보겠다는 야심찬 목표를 가지고 금속 분야를 종합적으로 연구하는 연구소 건립을 추진했다. 이렇게 해서 1962년 그의 주도하에 만들어진 것이 금속연료종합연구소다. 이 연구소는 대한중석, 대한석탄공사 등 국영 광업회사들의 지원을 받아 설립되었으며, 50여 명의 연구진을 갖춘 가운데 운영되면서 많은 연구 성과를 내다가 1971년 한국과학기술연구소에 흡수되었다.

그는 상공부 광무국장에서 물러난 뒤, 1962년 4월 원자력연구소 소장을 맡게 되었다. 그는 4년여 동안 소장으로 있으면서 낮에는 원자력연구소에서, 밤에는 자신이 설립한 금속연료종합연구소에서 연구를 수행했고, 여러 뛰어난 연구 성과를 발표했다. 이 시기 그는 연구자로서도 두각을 나타내고 있었다.

한국 철강산업의 발전을 꿈꾸다

김재관은 경기도 화성에서 5남매의 맏이로 태어났다. 호적상으로는 1933년생인데 실제로는 1928년에 태어났다고 한다. 중앙중, 중앙고를 졸업한 그는 1950년 서울대 기계공업과에 입학했다. 그런데 같은 해 6월 한국전쟁이 발발했고, 김재관은 부산으로 피난을 가게 되었다. 그곳에서 미군부대 통역원으로 선발된 그는 전공을 살려 기계와 관련된 내용을 통역하는 역할을 했다. 그러면서 다양한 중화기를 접할 수 있었고, 미군 중화기는 모두 특수강으로 제작된다는 사실을 알게 되었다. 이 경험은 그의 생애에 큰 영향을 미치게 된다. 그는 이때부터 한국도 일반 철강이 아니라 특수강을 생산할 수 있는 국가가 되어야 한다는 생각을 품게 되었고, 이를 실현하는 데에 자신의 삶을 쏟아붓게 된다.

1953년 정전협정이 체결되자 서울로 돌아온 그는 학업을 이어 가면서 서독 유학 장학생 시험을 준비했다. 당시 세계에서 과학기술이 가장 발달한 국가였던 서독에 가서 금속공학을 제대로 공부해 보고 싶었기 때문이다. 1956년 봄 서울대를 졸업한 그는 문교부의 서독 정부 초청 장학생 선발시험에 응시하여 합격한다. 같은 시기에 산업은행 입사 시험에도 합격한 그는 산업은행에서 몇 개월 근무한 뒤 서독으로 향했다.

그가 서독에서 입학한 학교는 뮌헨공대였다. 뮌헨공대는 1868년 설립되어 오늘날까지 20명 가까운 노벨상 수상자를 배출한 명문 대학이다. 그는 이 학교에서 5년 동안 기계공학, 철강학, 금속학, 자동차공학 분야를 연구했으며, 1년간 쾰른대학에서 공업 경영을 공부하기도 했다. 또한 서독 이공계는 1년의 현장 실습을 해야 학위를 받을 수 있었기에 서독 유수의 철강공장에서 현장 실습을 하며 제철에 관한 감각을 익혀 가기도 했다.

그는 1961년 말 뮌헨공대에서 공학 박사학위를 받았다. 해외에서 박사학위를 취득하는 경우가 드물던 당시, 그의 학위 취득 소식은《조선일보》,《동아일보》,《경향신문》등 주요 언론에 보도되었다.

이듬해 김재관은 서독의 데마크Demag 철강이라는 기업에서 근무하게 되었다. 서독 철강업계를 대표하는 기업 중 하나였던 데마크 철강은 이미 한국과 인연을 맺고 있던 기업이기도 했다. 대한중공업의 공사를 맡아 1956년 완공한 바 있었던 것이다. 김재관은 이 기업에 근무하면서 철강 및 특수강 생산 기술, 제철소 건설 노하우 등 철강산업과 관련된 최첨단 지식을 습득하고 경험을 쌓아 갔다.

그러면서 그는 한국 철강공업 육성 방안을 고민하기 시작했다. 이는 한국 정부가 그에게 요청한 것이 아니었다. 그는 대학 시절부터 한국 철강 산업을 발전시키겠다는 꿈을 키워 왔는데, 유학 생활로 학문적 역량이 쌓인 데에다 데마크 철강 근무를 통해 실무 경험도 갖추게 되자 조국의 철강 산업 육성 방안에 대해 본격적으로 고민하게 되었던 것이다.

김재관은 이러한 고민 끝에 1964년 1월 자신이 영문으로 작성한 〈한국의 철강공업 육성 방안〉이라는 제안서를 부총리에게 보냈다. 그러나 부총리는 그의 계획안에 크게 주목하지 않았던 것 같다. 그에게서 별다른 소식이 들려오지 않았다.

내심 실망하고 있던 그에게 뜻밖의 기회가 찾아왔다. 그해 12월 박정희 대통령이 경제개발에 필요한 차관을 얻으려 서독을 방문한 것이다. 대통령 일행의 서독 방문 기간 중 박 대통령과 뮌헨 유학생들이 만나는 조찬 모임이 이루어졌고, 김재관은 이 자리에서 박 대통령에게 자신이 작성한 계획안을 직접 전달하였다. 이 계획안 상단에는 "박 대통령께서 서독 방문 시(1964. 12) 드렸던 한국의 철강공업 육성 방안"이라는 메모가 있다.

한국은 1950년대부터 종합제철소 건설을 모색해 왔지만, 경제성이나 기술 측면에서 긍정적인 평가를 받지 못해 차관 도입에 애를 먹으면서 성과를 내지 못하고 있었다. 그런 상황에서 서독에서 유학한 뒤 서독을 대표하는 철강기업에서 근무 중인 한 박사가 이러한 계획안을 직접 작성해 들고 왔으니, 대통령으로서는 상당히 반가웠을 것이다. 이 만남이 계기가 되어 김재관은 몇 년 후 한국에 돌아와 박정희 대통령의 신임을 받으며 중화학공업화 과정에서 중요한 역할을 수행하게 된다.

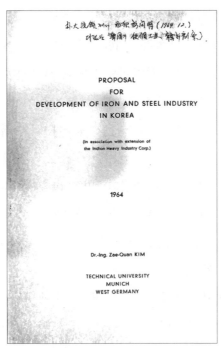

1964년 김재관이 작성한 종합제철 계획안 표지
출처: (사)김재관 박사 기념관.

KIST 설립을 이끌다

1960년대 중반 무렵 한국의 과학기술 연구 환경은 매우 열악했다. 최형섭이 소장으로 재직했던 원자력연구소나 그가 주도해서 만든 금속연료종합연구소가 나름대로 성과를 내고 있었을 뿐, 그 외에는 제대로 된 연구기관이 거의 없었다. 이러한 상황에서 1965년 5월 박정희 대통령의 미국 방문을 계기로 한국과학기술연구소KIST 설립이 추진되었다. 당시 미국 존슨 대통령이 한국군의 베트남 파병에 대한 보답으로 특별한 선물을 하겠다고 하자 종합과학기술연구소 창설의 필요성을 절감하고 있던 박 대통령이 이러한 연구기관의 설립을 지원해 줄 것을 요청했고, 이것이 받아들여지면서 국내에 처음으로 종합연구기관다운 연구소가 만들어질 수 있게 된 것이다.

1966년 2월 KIST의 초대 소장이 임명되었다. 원자력연구소 소장으로 재직하고 있던 최형섭이었다. 소장이 임명되기는 했지만 준비된 것은 아무것도 없었다. 직원은커녕 연구소 공간도 확보된 것이 없었다. 그가 모든 것을 직접 만들어 가야 했다.

준비 과정에서 가장 중요한 것은 역시 우수한 연구인력을 확보하는 문제였다. 최형섭은 국내 대학이나 기업에서 연구인력을 충당할 경우 문제가 생길 수 있다고 생각했다. 가뜩이나 국내에 연구인력이 절대적으로 부족한 상황에서 이들 기관에서 연구인력을 빼내면 해당 기관을 마비 상태에 빠뜨릴 우려가 있다고 판단한 것이다. 그래서 그는 해외 과학기술 인재 영입에 나섰다. 당시 유학 후 국내에 들어와도 대학 외에는 취직할 곳이 마땅치 않은 데에다 국내 연구 환경도 선진 연구 환경을 지닌 국가에 크게 못 미치고 있었기에 많은 과학자, 공학자가 학위를 취득하고도 귀국하지 않고 해외기관에 몸담고 있었다.

최형섭은 해외 과학자, 기술자 들이 근무하고 있는 수백 개의 기관에 KIST에 관한 안내서를 배포했다. 그러자 500여 명이 응모해 왔다. 최형섭

이휘소 박사와 KIST

이론물리학자 이휘소 박사
출처: 강주상, 「이휘소 평전」, 사이언스북스, 2011.

최형섭의 회고록에 따르면, KIST 채용 지원자 중에 이휘소 박사(1935~1977)도 있었다. 당시 뉴욕 주립대에 재직하고 있던 그는 이미 뛰어난 이론물리학자로서 국제적으로도 널리 알려져 있었을 뿐만 아니라, 한국 과학자 중 노벨상에 가장 근접한 것으로 평가되던 인물이다.

그러나 최형섭은 그를 선발하지 않았다. 당시 한국의 여건상 KIST는 기초과학 연구보다는 실용적인 기술개발에 초점을 맞춰야 한다고 판단했기 때문이다. 최형섭은 이휘소 박사에게 정중히 KIST가 기초연구를 할 단계는 아니니 미국에서 계속 연구를 수행하여 성과를 내주시기를 바란다는 내용을 담은 편지를 보냈다. 이에 이휘소 박사는 기초연구를 할 단계가 되면 자신을 꼭 불러 달라고 답신했다. 하지만 안타깝게도 조국의 과학기술 발전에 기여하려 했던 그의 바람은 끝내 실현되지 못했다. 그가 1977년 교통사고로 42세를 일기로 너무 일찍 세상을 떠났기 때문이다.

은 서류 심사, 인터뷰 등의 심사 과정을 거쳐 500여 명의 응모자 중에서 최종적으로 18명을 선발하여 채용하였다. 그는 세계 각지에 흩어져 있는 과학자들을 인터뷰하기 위해 2개월 일정의 출장길에 올라 미국과 유럽을 돌며 강행군을 이어 가기도 했다. 이렇게 해서 선발된 해외 과학자들은 '유치과학자'라고 불리는데, 김재관도 이들 가운데에 한 명이다.

유치과학자들은 한국행을 택함으로써 많은 손해를 감수해야 했다. 한국의 연구 여건은 그들이 몸담고 있던 미국이나 유럽에 비하면 크게 열악했고, 그들이 받는 급여 또한 해외에서 받던 것에 비해서는 4분의 1 수준에 불과했기 때문이다. 그럼에도 이들은 조국의 과학기술 발전에 기여하겠다는 일념으로 한국행을 택했다. 그런데 이들의 급여는 이들이 해외에서 받던 것에 비해서는 크게 줄었지만, 당시 국내 대학교수 급여보다는 크게 높은 수준이었다. 이에 대해 거센 반발도 있었는데, 최형섭은 이러한 대우 조건을 끝내 관철시킴으로써 유치과학자들이 KIST에서 안정적으로 연구에 집중할 수 있는 환경을 마련해 주었다.

최형섭은 또한 연구소 관련 법안을 만드는 과정에서 KIST는 회계 감사도 받지 않고, 사업계획 승인도 받지 않는다는 조문을 넣어 정부의 간섭을 최대한 배제하도록 했다. 사실 이것이 바람직한 조치였다고 이야기할 수 있을지는 의문이 든다. 이렇게 할 경우 자칫 연구소 운영이 방만해지거나 부실화될 수 있기 때문이다. 그 역시 이러한 우려를 익히 알고 있었을 것이다. 그럼에도 그가 이러한 조문을 넣고자 애쓴 것은 연구자들이 정부의 간섭을 받지 않고 자율적으로 연구를 수행할 수 있는 환경을 조성하는

박정희 대통령과 KIST 과학자들이 환담을 나누는 모습(박 대통령 왼쪽이 최형섭, 박 대통령과 악수하고 있는 사람이 김재관)
출처: 국가기록원.

것이 무엇보다 중요하다고 생각했기 때문일 것이다.

　　이처럼 KIST를 설립하기 위해 관련 법을 마련하고 우수한 연구인력을 확보하며, 연구소를 건설하여 최신 연구기기를 설치하는 데에는 많은 시간이 소요되었다. 그래서 KIST는 발족 후 3년이 지난 1969년에 이르러서야 본격적으로 연구 활동을 할 수 있게 되었다. 그렇다면 KIST는 한국 경제의 고도성장 과정에서 어떠한 역할을 수행했을까?

　　당시에는 정부뿐만 아니라 기업들도 연구개발 능력이 부족했다. 이러한 상황에서 문을 연 KIST는 기업으로부터 연구 용역을 수주하여 기업에 필요한 기술을 개발해 주거나, 외국에서 개발된 기술을 수요에 맞게 개량해서 제공해 주는 등의 역할을 하였다. 그리고 이는 초기 산업화 추진 과정에서 기업들이 기술적 한계를 극복하는 데에 많은 도움이 되었다.

KIST는 이와 함께 국가 경제와 관련된 정책 자료를 작성하거나 실태를 조사하여 정부에 보고하는 역할도 활발히 수행했다. 이러한 연구 작업은 특히 정부가 조선, 철강, 자동차 등 주요 기간산업의 정책을 수립하고 추진하는 데에 크게 도움이 되었다. 여기에는 김재관의 역할이 컸다.

안타까운 건 이렇게 조국의 과학기술 발전을 위해 헌신하고자 고국으로 돌아온 과학자 중 다수가 일찍 세상을 떠났다는 점이다. 초기 멤버 중 다섯 명이 대장암, 간암, 백혈병 등으로 인해 귀국 후 3~4년 만에 사망했다고 한다. 격무에 시달린 데에다 조국의 과학기술 발전에 기여해야 한다는 사명감과 책임감에 따른 스트레스 또한 심했던 것이 원인으로 작용했던 것이 아닌가 생각된다.

종합제철소 건설의 숨은 영웅

김재관은 최형섭이 주선한 '유치과학자' 중 한 사람이었지만 최형섭이 선발한 것은 아니었다. 박 대통령이 서독에서의 만남이 퍽이나 인상적이었던 김재관을 기억하고 있다가 KIST 채용을 계기로 삼아 최형섭을 통해 국내로 불러들인 것이다.

다른 '유치과학자'들과 마찬가지로 그에게 KIST로의 이직은 서독에서의 안락한 삶을 포기해야 하는 일이었다. 데마크 철강에서 그가 받던 보수는 KIST가 제시한 보수의 3배 수준이었다. 또한 한국으로 돌아가면 서독에 비해 크게 열악한 근무 환경에서 일해야 했다. 하지만 김재관은 한국 철강산업을 일으키겠다는 야심찬 목표를 오래전부터 품고 있었다. 그랬기에 이 모든 것을 기꺼이 감수하기로 마음을 먹은 그는 11년의 서독 생활을 정리한 뒤 1967년 귀국길에 올랐다.

김재관은 KIST에서 1967년 9월부터 1972년 3월까지 4년 6개월간 근무했다. 이 기간 동안 그는 중화학공업의 발전 방향을 수립하는 데에 중추적인 역할을 했다. 그중 하나가 포항제철 설립의 밑그림을 그린 것이다.

김재관이 KIST에 입사하던 당시에도 한국 정부는 미국, 서독, 영국 등 다섯 개 나라의 여덟 개의 업체가 연합하여 구성된 대한국제제철차관단KISA과 함께 종합제철소 건설 방안을 모색하고 있었다. 그러나 이 계획은 세계은행이 KISA가 제시한 안의 경제적 타당성에 의문을 제기하면서 결국 추진되지 못하고 말았다.

이렇게 되자 한국 정부는 이번에는 일본의 도움을 받아, 특히 대일청구권자금을 사용해 종합제철소 건설 사업을 추진하기로 방침을 정했다. 그런데 제철소 건설에 청구권자금을 사용하려면 일본의 동의를 얻어야 했다. 일본은 한국의 제안에 대해 충분히 검토해서 타당하다고 판단될 경우 자금을 지원하겠다는 입장이었다. 따라서 한국 정부의 계획을 관철시키려면 무엇보다도 국제적으로 인정받을 수 있는 종합제철소 계획안을 마련할 필요가 있었다.

이 문제를 해결하기 위해 1969년 6월 김학렬 부총리를 단장으로 하는 '종합제철사업계획 연구위원회'가 구성되었다. 김재관은 역시 KIST에 근무하고 있던 윤여경과 함께 이 연구위원회에 참여하여 계획안 마련 작업을 이끌었다. 김재관은 총괄 업무와 함께 기술적 타당성을 확보하는 역할을 맡았고, 경제학을 전공한 윤여경은 경제적 타당성 확보 방안을 마련하는 역할을 맡았다.

김재관은 서독을 대표하는 철강기업에서 근무하고 철강공업 육성 방안을 직접 작성해 본 경험이 있었다. 이것이 새로운 종합제철소 계획안 작성 과정을 이끌어 가는 데에 큰 도움이 되었다. 그는 KISA의 계획안이 경제적 타당성 측면에서 인정을 받지 못한 원인을 파악한 뒤 이를 개선하여 사업의 타당성을 높여 나갔으며, 장기적인 관점에서 계획을 수립했다. 이렇게 해서 마침내 일본 측에 제시할 포항제철소 계획안이 마련되었다.* 외자 1억 600만 달러와 내자 633억 원을 동원해 경제적 타당성을 갖춘 연산 103만 톤 규모의 종합제철소를 1972년 7월까지 건설한다는 안이었다. 그가 주도하여 작성한 제철소 계획안은 한국 정부 안이 되었고, 일본 측은 이에 근거한 검토를 통해 종합제철소 건설의 기술적, 경제적 타당성을 인정하였다.

김재관은 1969년 11월 이루어진 한일 양국의 실무진 회의에도 참석하여 생산 방식, 설비 등과 관련해 기술적 타당성을 논의하는 과정에서 한

---

* 계획안의 공식 명칭은 〈종합제철공장 건설을 중심으로 하는 한국철강공업개발에 관한 연구보고서〉였다.

종합제철사업계획 연구위원회 시절의 김재관(윗줄 맨 왼쪽)
출처: (사)김재관 박사 기념관.

국의 입장을 전달하는 역할을 충실히 수행하였다. 제철소 공사가 진행되는 과정에서도 당시 종합제철소 건설 분야 국내 유일의 전문가였던 김재관의 역할은 중요했다. 그는 향후 제철소 규모가 커질 것을 염두에 두고 연산 940만 톤 규모로 확장해도 공장 배치를 변경할 필요가 없도록 설계했고, 이를 바탕으로 공장 건설이 이루어졌다. 그 결과 당시에 비해 제철소 생산 능력이 10배 가까이 커진 20년 뒤까지도 기존 시설의 생산에 지장을 주지 않으면서 생산시설을 계속 확장해 갈 수 있었다. 포항종합제철소 건설과 관련해 최근까지 그의 역할은 잘 알려지지 않았었지만, 그는 이렇듯 종합제철소 건설의 숨은 영웅이었다.

중화학공업 발전의 밑그림을 그리다

김재관은 한국 정부가 중화학공업 육성 방안을 수립하는 과정에서도 기여한 바가 크다. 한국 정부는 1970년 무렵부터 중화학공업 육성을 추진했는데, 그 과정에서 김재관이 작성에 깊이 관여한 보고서들이 정책 방향을 수립하는 데에 중요한 역할을 했다.

먼저 주목할 것은 1970년 5월 발간된 〈한국 기계공업 육성 방안〉이라는 보고서다. 당시 정부는 1968년 북한 무장공비의 청와대 습격 사건, 푸에블로호 납북 사건, 1969년 닉슨 독트린 발표 등으로 인해 방위산업 육성의 필요성을 절감하고 있었다. 이 보고서는 박 대통령으로부터 방위산업 육성을 지시받은 김학렬 부총리의 의뢰로 미국 베텔연구소Battelle Memorial Institute의 수석연구원 해리 최Harry Choi 박사가 책임을 맡고, KIST에서 김재관 등의 연구진이 참여하여 수행한 연구의 결과물로 중화학공업화 추진의 출발점이 된 보고서로 평가되기도 한다.

이 보고서에서는 주물선 공장, 특수강 공장, 중기계 공장, 조선소, 이렇게 4대 핵심 공장을 중점적으로 건설할 것을 제안했고, 정부는 이를 반영해 건설을 추진하게 된다. 원래는 여기에 종합제철소 건설도 포함되어 있었지만, 이는 이미 추진되고 있었으므로 대상에서 제외되었다. 그런데 이 보고서를 작성하는 과정에서 4대 핵심 공장안의 큰 그림을 제시한 이도 김재관이었던 것으로 보인다.

다만 이 계획은 제대로 추진되지 못했다. 해외로부터 상당한 자금과 기술이 도입되어야 추진할 수 있었는데, 이를 도입하는 데에 난항을 겪었기 때문이다. 특히 한국의 방위산업 육성에 대해 거부감을 갖고 있던 일본이 차관 제공에 협조하지 않은 것이 주원인이었다. 이처럼 비록 당초 계획대로 추진되지 못하긴 했지만 4대 핵심 공장 건설계획은 한국의 중화학공업 육성정책의 효시가 되었다는 점에서 의미가 크다고 할 수 있으며, 이를 제안한 김재관 역시 중화학공업 육성정책의 태동 과정에서 중요한 역할을 했다고 평가할 수 있다.

그가 작성에 관여한 보고서 중 또 하나 주목할 것은 〈중공업 발전의 기반〉이라는 보고서다. 이는 그가 책임을 맡아 작성한 것으로 앞서 소개한 보고서 〈한국 기계공업 육성 방안〉을 기반으로 작성한 것인데, 총론에서 그간의 정부 정책, 민간 설비투자, 외국인 투자 및 기술 도입, 연구개발 동향 등에 대해 상세히 소개한 뒤, 산업별 각론에서는 철강 소재, 기계 요소 및 부품, 일반기계, 전기전자, 수송기계, 정밀기계 분야 각각에 대해서 투자, 원자재 수급, 가격 및 기술 경쟁력, 전망 및 육성계획 등을 제시하였다. 중공업 정책 및 산업화의 청사진을 제시한 총 1,350쪽 분량의 이 보고서는 한국 중공업 정책 수립의 초석이 된 것으로 평가되고 있다.

과학기술 분야 발전의 기틀을 다지다

한편, 5년여 동안 KIST 소장으로 있으면서 이 연구소가 발전할 수 있는 기반을 마련하는 데에 힘을 쏟던 최형섭은 1971년 6월 제2대 과학기술처 장관으로 임명되었다. 그는 이때부터 1978년 12월까지 무려 7년 6개월간 장관 임무를 수행했다. 과학기술처 장관은 물론 대한민국 역대 장관 중에서 가장 오랫동안 장관직을 수행한 것이다. 7년여의 장관 재직 기간 동안 그는 한국 과학기술의 발전을 위한 기틀을 다지는 데에 주력했다.

그는 우선 제도적 환경을 크게 개선했다. 과학기술개발을 촉진하는 데에 필요한 각종 법을 제정하기 위해 힘을 기울였다. 1972년 '기술개발촉진법'을 제정하여 대기업과 기술 도입 업체의 기술개발을 의무화하고, 기술개발 투자에 대해서는 금융 및 세제상 혜택을 제공하도록 한 것이 대표적이다. 1973년 '국가기술자격법'을 제정하여 과학기술 관련 자격제도를 체계화한 것도 중요한 성과로 꼽을 수 있다. 그 이전에는 각 부처에서 각종 자격제도를 독자적으로 시행하여 관련 제도가 26개에 이르렀고, 이로 인해 자격제도의 체계가 각기 다르며 관리가 제대로 이루어지지 않는 등 여러 폐단이 발생했다. '국가기술자격법' 제정은 각종 자격제도를 통합하여 통일된 제도를 만들고 과학기술처가 시행토록 규정하였는데, 그 결과 자격제도의 체계화가 이루어질 수 있었다. 이는 기술자격제도를 정착시키고 강화하여 궁극적으로 기술인력 양성을 촉진하는 데에 큰 도움이 되었다.

최형섭은 과학기술 분야 발전에 필요한 다양한 조직도 구축했다. 우선 과학기술 분야 고급 인력의 양성을 위해 한국과학원을 설립했다. 학생들에게는 최신 연구설비, 해외 교수 초빙, 수업료 면제, 병역 특례 등의 혜택이 주어졌으며, 한국과학원은 최고 과학 인재를 양성하는 기관으로 발돋움해 갔다. 참고로 한국과학원은 훗날 KIST와 합쳐져 한국과학기술원 KAIST이 되었다.*

그의 재임 기간 중 여러 정부출연연구소가 만들어져 정부 주도의 연구개발 체제가 강화되기도 했다. 한국표준연구소, 한국전자기술연구소, 한국화학연구소, 한국원자력연구소 등이 이 시기에 설립된 대표적인 연구소이다. 그런데 국내 연구인력은 제한된 상태에서 몇 년 사이 10여 개의 연구기관이 우후죽순처럼 갑자기 생기다 보니 여러 폐해가 발생했다. 이에 따라 1980년 연구기관 통폐합 조치가 이루어지는 등 정부출연연구소들은 개편 과정을 거치며 정비되기도 했다. 한국과학원과 KIST가 통합된 것도 이 시기의 일이다.

최형섭은 1977년에는 기초과학 육성을 목표로 한 연구지원 기관인 한국과학재단을 설립했다. KIST 설립 당시와 달리, 이제는 정부가 산업기술 분야뿐만 아니라 기초과학 분야 육성에도 나설 필요가 있다고 판단했기 때문이었다. 그는 장관으로 있으면서 이 재단의 초대 이사장도 맡아 재단이 기틀을 확립하는 데에 기여하기도 했다. 기초과학 연구지원의 중추기관 역할을 해 온 한국과학재단은 2006년 한국학술진흥재단, 국제과학

---

* 1981년 한국과학원과 KIST가 통합되어 탄생한 KAIST는 1989년 다시 KAIST와 KIST로 분리되었다.

1972년 과학기술처 초도순시 중인 박정희 대통령에게 제품에 대해 설명하는 최형섭
출처: 국가기록원.

기술협력재단과 통합하여 한국연구재단이 되어 현재에 이르고 있다.

　　최형섭은 대덕연구학원도시 건설에도 많은 노력을 기울였다. 그는 1973년 1월 연구와 교육 기능을 중심으로 한 연구학원도시 건설 구상을 대통령에게 브리핑했고, 이 계획은 대통령의 재가를 받아 1974년부터 추진되었다. 연구학원도시가 건설될 곳은 대덕이었다. 그런데 국가개발사업으로 추진되던 연구학원도시 건설계획은 1976년 연구단지를 만드는 것으로 수정되었다. 그러면서 건설을 주도하는 기관도 과학기술처에서 청와대로 변경되었다. 계획은 재조정되었고 그 과정에서 과학자들이 입주할

주택을 건설한다는 계획은 폐기되었다. 이렇게 해서 만들어진 것이 대덕연구단지이다. 여기에는 1978년부터 한국선박연구소, 한국표준연구소 등의 정부출연연구기관과 충남대학교가 입주하였다. 대덕연구단지는 오늘날 대덕연구개발특구로 명칭이 바뀌었으며, 20여 개의 출연연구기관, 7개의 교육기관 등이 자리잡고 있는, 국가 과학기술 발전의 중심 거점이 되고 있다. 최형섭은 비록 연구단지 조성을 마무리 짓지는 못하였으나, 건설 구상을 제시하고 실현시켰다는 점에서 대덕연구단지 건설의 산파 역할을 했다고 평가할 수 있겠다.

자동차 고유 모델 육성 추진

1972년 2월 김재관은 국방과학연구소ADD 부소장이 되었다. 그가 수립했던 중공업 육성 방안이 방위산업 육성과 직결되어 있었으며, 그가 무기 생산과 관련된 철강, 기계 분야의 전문가였기에 국방기술개발을 책임지는 기관으로 발령받았던 것이다. 이곳에서 1년 가까이 재직한 그는 1973년 1월 상공부 중공업차관보로 임명되었다. 전에는 없던 자리였다. 당시까지 상공부에는 광공차관보만 있었는데, 그 소관 업무를 중공업, 경공업, 자원 등 세 분야로 분할함에 따라 세 명의 차관보를 두게 되면서 신설된 자리였다.

중공업차관보로서 그가 남긴 가장 중요한 업적은 자동차 산업 발전의 토대를 마련했다는 점이다. 그는 차관보가 되기 이전부터 자동차 산업을 철강산업 다음으로 중요하게 생각하고 있었다. 그래서 KIST에 온 직후부터 자동차 산업 관련 보고서를 준비하여 KIST에 재직하던 1970년 초 발간한 바 있었다. 〈표준형 차체 개발사업 기획서〉라는 보고서다. 그는 차관보가 된 이후 이 보고서를 기반으로 '장기자동차공업진흥계획' 초안을 작성했다. 이 기획서는 정부가 자동차 사업을 주도해야 하며, 고유 모델을 생산할 필요가 있음을 제안하는 내용을 담고 있었다.

당시 한국의 자동차 생산 역량은 크게 뒤떨어져 있었다. 외국에서 부품을 수입해서 조립하여 판매하는 수준이었다. 따라서 고유 모델을 개발하자는 그의 제안은 지지를 받지 못했다. 이에 김재관은 대통령을 직접 설득하는 등 적극적인 노력을 기울였고, 결국 대통령은 김재관에게 고유 모델 육성을 추진하라고 지시를 내리게 된다.

대통령의 지시로 자동차 고유 모델 육성을 추진할 수 있게 되었지만, 이를 실제로 추진하려 나서는 기업이 없었다. 자동차 회사들은 당시 시장 여건, 기술 수준 등을 고려할 때 고유 모델 양산을 위해 대규모 투자를 하는 것은 무모한 일이라고 판단했던 것이다. 그래도 정부가 강력한 의지를 드러내자 자동차 회사들은 정부에 사업계획서를 제출했는데, 아세아자동차는 투자계획이 비현실적이라는 이유로 정부에 의해 배제되었으며, 기아와 GM은 제1차 오일쇼크가 발생하자 고유 모델 생산계획을 포기하였다.

이제 남은 자동차 회사는 자동차 제조업에 뛰어든 지 6년밖에 안 된 현대뿐이었는데, 현대 내부에서도 반대와 우려의 목소리가 컸다. 김재관은 정부의 적극적인 지원을 약속하며 현대자동차의 정세영 사장과 정주영

1976년 현대자동차 울산공장에서 포니가 조립, 생산되는 모습
출처: 국가기록원.

회장을 설득했고, 마침내 두 사람의 동의를 얻어 냈다. 실제로 그는 국내에 자동차 설계와 디자인을 담당할 인력이 없다는 점을 고려해 외국 자동차 회사들을 현대 측에 소개해 주는 등 적극적으로 지원해 주었다. 영국의 유명 자동차 엔지니어 조지 턴불George Turnbull이 자동차 개발의 총괄책임을 맡은 데에는 그의 역할이 있었던 것으로 알려져 있다.

이렇게 해서 탄생된 한국 최초 고유 모델 자동차가 포니Pony다. 포니는 1976년부터 정식으로 출시되었고, 1978년에는 연산 5만 대를 달성했다. 또 출시 10년 만인 1986년에는 자동차의 본고장 미국 시장에 수출하기 시작했다.

오늘날 한국은 자동차 강국 중 하나다. 김재관은 대다수가 반대하는 상황에서도 고유 모델 추진을 주도함으로써 한국 자동차 산업이 이처럼 성장할 수 있는 기틀을 다진 인물이라고 평가할 수 있다. 그의 주장이 관철되지 않고, 기존의 조립 생산 위주의 생산 방식이 고수되었다면 한국 자동차 산업은 오늘날과 같이 발전하기 어려웠을 것이다.

최형섭은 1978년 12월 장관직에서 물러났다. 그는 장관 재직 시절 겸해 온 한국과학재단 초대 이사장 역할을 1980년까지 수행했으며, 이후에도 한국과학원 원장, 포항제철 고문 등을 맡으며, 과학기술계 및 산업계에서 활동을 이어 갔다. 은퇴한 뒤에는 아프리카 및 동남아 국가들을 방문하여 개발도상국의 과학기술개발정책 및 계획에 대해 자문하였으며, 그 과정에서 태국, 스리랑카, 미얀마의 '과학기술진흥법'을 기초해 주기도 했다.

이처럼 연구자 및 행정가로서 왕성하게 활동하며 많은 업적을 쌓아 왔기에 최형섭은 '한국 과학기술의 아버지'라 불리며, 과학기술 분야 최고의 훈장인 창조장을 받고, 과학기술인 명예의 전당에 헌정되기도 했다. 또 2004년 84세를 일기로 세상을 떠난 뒤에는 과학자로서는 화학자 이태규 (1902~1992) 박사에 이어 두 번째로 현충원 국가사회공헌자 묘역에 안장되기도 했다.

한편, 김재관은 1974년 7월 국립공업표준시험소 소장으로 자리를 옮겼다. 국가 공업표준을 시험하고 분석하며 감정하는 등의 역할을 맡는 기관이었다. 이곳에서 그는 국가표준제도를 향상시킬 방안을 모색했고, 그 과정에서 만들어진 것이 한국표준연구소다. 김재관은 한국표준연구소 설립 과정을 총괄하였으며, 1975년 12월 초대 소장으로 부임했다. 그는 이 연구소에서 5년 가까이 소장으로 있으면서 연구소가 국가표준 체계를 확립하고, 이를 통해 경제발전 및 과학기술 발전에 기여할 수 있는 기관으로 발돋움하는 데에 이바지하였다. 1980년 10월 한국표준연구소 소장에서 물러난 그는 인천대 기계공학과로 자리를 옮겼으며, 이후 후학 양성에 힘쓰다가 1998년 정년퇴임했다. 그리고 2017년 89세를 일기로 세상을 떠났다.

최형섭은 '한국 과학기술의 아버지'라 불릴 만큼, 이미 그 업적을 충분히 평가받아 왔다. 반면 김재관은 그 업적이 잘 알려져 있지 않다가 최근에야 평전이 발간되는 등 재조명되고 있다.[*] 이 장에서 본 것처럼 그가 중화학공업화 과정에서 했던 역할이 적지 않음을 고려하면, 왜 이렇게 오래도록 잊혀져 있었는가 의아하게 생각될 정도다.

그런데 그와 같이 중요한 역할을 한 인물이 오랜 세월 잊혀져 있었다면, 그에 미치지 못하지만 역시 '한강의 기적'을 이루는 과정에서 공헌한 바가 큰 경제관료 중에도 제대로 평가받지 못한 인물 또한 적잖을 가능성이 크다. 앞으로도 김재관과 같은 숨겨진 영웅을 발굴해 내고, 그 업적을 재조명하는 작업이 활발히 이루어져 그들의 활약상이 제대로 인정받으며, '한강의 기적'에 대한 이해 또한 더 풍성해질 수 있기를 기대한다.

---

[*] 홍하상, 『뮌헨에서 시작된 대한민국의 기적 ─ 한국 산업화의 설계자 김재관』, 백년동안, 2022. 이 장의 김재관에 관한 논의도 이 책에 많이 의존하고 있다.

7장

김정렴
박정희의 경제 총참모장

1945년 8월 6일 미군 폭격기가 히로시마 상공에서 원자폭탄을 떨어뜨렸다. 최초의 핵무기 '리틀 보이(Little Boy)'였다. 이 폭발로 히로시마는 완전히 파괴되고 수만 명이 사망하였다. 당시 히로시마군관구교육대에서 교육을 받고 있던 김정렴 역시 피폭을 피할 수 없었다. 그는 얼굴 등에 화상을 입었고 머리카락이 모두 빠지고 고열에 시달리는 등의 어려움을 겪었다. 그래도 다행인 것은 함께 피폭당한 사람들과 비교해 피해가 심각한 편은 아니었다는 점이다. 일본에서 치료받으며 요양하던 그는 그를 찾아 헤매고 있던 형을 극적으로 만나 함께 한국으로 돌아오게 된다.

그로부터 9년 후인 1954년 김정렴은 미국 연수와 출장 업무를 마치고 귀국하던 중 일본에 들렀다. 히로시마에 있는 피폭 환자 치료 및 연구기관에서 검진을 받기 위해서였다. 거기서 그는 자신이 얼마나 기적적으로 살아남았는가를 알게 되었다. 그가 있던 히로시마군관구교육대는 폭심, 즉 원자폭탄이 투하된 지점으로부터 2km도 떨어져 있지 않았다. 그리고 이 피폭 환자 치료기관이 개설된 이후 내원한 사람 가운데 그보다 폭심과 가까운 지점에서 피폭을 경험한 사람은 단 한 명 있었는데 그 사람은 9년이 지난 당시까지 중환자 상태로 일상생활을 하지 못하고 있었다.

물론 김정렴도 화상을 입고, 장 기능에 이상이 생겨 수년간 하루 몇 번씩 설사를 하는 등 후유증을 겪어야 했지만, 일상생활이 불가능할 정도는 아니었다. 폭심 인근에서 피폭을 경험한 것치고는 놀랄 만큼 상태가 양호했다. 그는 정말 운이 좋았던 사람이다. 이후 '한강의 기적'을 이루는 과정에서 그가 했던 역할을 고려하면, 그가 살아남은 것은 한국경제를 위해서도 천만다행이었다.

대를 이어 은행원이 되다

김정렴은 1924년 서울에서 김교철-최안자 부부의 셋째 아들로 출생했다. 서울에서 태어났지만, 그는 주로 충청남도 강경에서 학교를 다녔다. 동일은행 은행원이던 아버지가 강경지점 지점장으로 가게 되면서 그도 보통학교 재학 중 강경으로 이사했기 때문이었다. 아버지가 근무한 동일은행은 1931년 한일은행과 호서은행이 합병하여 만들어진 민족계 은행으로, 1942년에는 한성은행과 합병하여 조흥은행이 되었다.* 김교철은 해방 후인 1949년부터 1956년까지 조흥은행 두취(은행장)를 역임하기도 했다. 후일 김정렴은 은행원으로서 사회에 첫발을 들여놓게 되는데, 여기에는 아버지의 영향도 작용했을 것이다.

김정렴은 1941년 강경상업학교를 졸업한 뒤, 일본 규슈에 있는 오이타고등상업학교(현 오이타대학) 경제학부에 입학했다. 그는 이 학교를 1944

---

* 조흥은행은 존속하다가 2006년 신한은행에 합병되었다.

년 졸업했는데, 졸업성적은 250명 중 2등으로 매우 우수했다. 이처럼 빼어난 성적 덕분인지, 졸업 후 그는 조선은행에 입행했다. 당시 은행, 특히 조선은행과 식산은행은 최고 엘리트들이 가는 직장이었다.

그는 입행 직후 군에 입대해야 했다. 당시 제2차 세계대전 전황이 악화되자 대학생 징병 유예 제도가 폐지되었으며, 일제는 조선인에 대해서도 징병제를 실시하고 있었다. 그는 일본 구마모토에 있는 육군예비사관학교에 입교하여 9개월간 고된 훈련을 받고 졸업했다. 그리고 히로시마군관구교육대에서 교육을 받던 중 피폭이라는 절체절명의 위기를 경험하고 극적으로 살아남게 된다.

1차 통화개혁

김정렴은 1945년 11월 피폭으로 인해 쇠약해진 몸을 이끌고 조선은행에 복직했다. 그는 발권부, 국고부, 업무부 등에서 근무하였고, 1950년 한국은행이 설립되는 과정에서는 한국은행 설립위원회 사무국 실무책임자로서 정관, 직제를 기안하는 등 중요한 역할을 담당했다. 이후에도 그는 한국은행에서 다양한 활약을 했는데, 그 가운데 특히 주목할 것은 1953년 단행된 통화개혁이다.

김유택 한국은행 총재는 1952년 7월 그에게 극비리에 통화개혁안을 작성해 제출하라고 지시했다. 김정렴은 각국의 통화개혁 사례에 관한 대

1950년대 중후반 한국은행 조사부 시절 김정렴(맨 오른쪽)
출처: 중앙일보.

외비 보고서를 작성해 제출한 바 있는데, 이 보고서가 전쟁으로 인한 악성 인플레이션을 수습하기 위해 통화개혁을 추진하고 있던 김유택의 눈에 띄었던 듯하다. 김정렴은 2주 후 통화개혁안을 제출했고 8월 하순 보완된 안을 다시 제출했다.

9월 초 그는 백두진 재무부 장관의 호출을 받고 재무부 장관실을 찾아갔다. 백두진은 그에게 통화개혁을 해낼 수 있겠느냐고 물었고, 김정렴은 주저 없이 해낼 수 있다고 대답했다. 그만큼 자신이 있었다. 백두진은 그에게 통화개혁 실무를 맡겼다. 당시 김정렴은 28세에 불과했다.

통화개혁을 준비하면서 그는 비밀 엄수에 관해 서약을 해야 했다. 서약서에는 비밀을 누설할 경우 총살에 처한다는 구절도 있었다고 한다. 추진 과정에서 문제가 생기면 자칫 목숨마저 내놓아야 할 수도 있었던 것이다. 통화개혁은 그만큼 사전에 정보가 누설되지 않는 것이 중요했기 때문이다.

그는 배수곤 기획조사과장 대리를 천거해 함께 작업을 시작했다. 이후 몇몇 사람이 작업에 합류했다. 이들은 통화개혁이 단행될 때까지 여러 달 동안 낮에는 은행에서 업무를 보고, 저녁에는 통화개혁 관련 업무를 하는 생활을 했다. 업무를 비밀리에 진행하느라 업무 수행 장소를 해운대, 송도, 광복동 등으로 옮겨 다니기도 했다.* 그렇게 해서 1953년 1월 통화개혁안이 만들어졌고, 2월 15일에 통화개혁이 전격 단행되었다.

통화개혁의 주요 내용은 다음과 같았다. 우선 화폐 단위가 '원'에서 '환'으로 바뀌었다. 화폐 단위는 1962년 통화개혁 때 다시 '원'으로 바뀌어 오늘날까지 유지되고 있다. 신新환과 구舊원의 교환비율은 1대 100이었다. 100원을 1환으로 하는 것이었다. 이렇게 하면서 원화 표시 화폐의 유통과 거래를 금지했다.

이와 함께 1인당 교환할 수 있는 금액에 상한을 두었다. 생활비 명목으로 1인당 500환까지만 교환할 수 있도록 한 것이다. 통화개혁의 주요 목적은 전쟁으로 인해 늘어난 통화량을 흡수해서 인플레이션 문제를 완화하는 것이었다. 이를 위해서는 주민들이 갖고 있는 재산 중 일부, 구체적으로 말하면 현금과 요구불 예금을 일정 기간 동안 봉쇄해 둘 필요가 있었다. 통화 교환에 상한을 둔 것은 이러한 이유 때문이다.

이에 대해 이승만 대통령은 무조건 교환을 해 주지, 생활비 이외의 교환은 왜 금지하느냐며 문제를 제기했다. 사실 동결 조치 관련 내용을 포

---

* 당시에는 정부가 부산에 있었다.

함한 통화개혁안은 이미 대통령의 승인도 받은 상태였다. 그럼에도 대통령이 이러한 반응을 보인 것은 동결 조치에 불만을 가진 사람들의 민원이 있었기 때문으로 보인다. 결국 동결 조치를 완화하는 것으로 조정이 이루어졌는데, 이는 통화개혁의 의미를 퇴색시키는 일이었다.

한편 통화개혁은 과잉 유동성을 봉쇄하는 것뿐만 아니라, 한국 정부가 물가안정을 달성하려는 의지를 지니고 있다는 것을 미국 측에 보여 주는 데에도 목적이 있었다. 이는 미국이 마이어 협정을 통해 한국 정부가 경제를 안정시킬 분명한 행동을 취한다면 유엔군대여금을 상환하기로 약속했기 때문이었다. 통화개혁은 이러한 측면에서는 효과를 발휘해 미국은 한국 정부가 물가안정을 달성할 의지를 드러냈다고 판단하여 유엔군대여금을 상환하였다. 이러한 측면까지 종합적으로 고려하면, 통화개혁의 성과는 나쁘지 않았다고 평가할 수 있겠다.

물가안정의 실현

김정렴은 한국은행의 외국 유학 지원 프로그램의 도움을 받아 1958년 초 미국 클라크대학으로 유학을 떠났다. 그리고 1년 만에 경제학 석사학위를 취득하고 다시 한국은행으로 돌아왔다. 그런데 복귀 후 얼마 지나지 않은 1959년 3월 송인상 부흥부 장관이 재무부 장관으로 자리를 옮기면서 그를 재무부 이재국장으로 기용하겠다는 의향을 알려 왔다. 송인상이 부흥부 장관이 되기 전 5년여 동안 한국은행 부총재로 있으면서 그의 역량을 확인했기에 그를 요직에 앉히려 한 것이다.

평생 한국은행에 몸담고자 했던 그는 고심 끝에 이 제안을 받아들여 재무부로 파견되었다. 그는 1년 5개월 정도 이재국장으로 있었다. 이 기간 중 가장 중요했던 업무는 재정금융안정계획을 수립하고 집행하는 일과 공정환율을 유지하고 환율 개정 관련 교섭을 진행하는 일이었다. 재정금융안정계획은 미국이 원조를 제공하는 조건으로 한국 정부가 이 계획을 수립해 실행할 것을 요구함에 따라 1957년부터 작성하고 있었다. 미국 측은 원조가 한국경제 재건에 도움이 되려면 경제안정이 전제되어야 한다고 보았기에, 재정금융안정계획을 수립하고 집행하도록 함으로써 과도한 통화 증발로 인해 인플레이션이 유발되는 문제를 방지하려 했다. 이 계획은 치밀하게 수립될 필요가 있었다. 개략적인 내용만 담은 것이 아니라 세부적인 내용까지 담고 있었고, 계획을 초과하거나 계획 이외 자금을 지출하려면 미국과 합의를 해야 했기 때문이다.

김정렴은 이 계획과 관련된 실무를 담당하는 합동경제위원회 산하 재정금융분과위원회 소위원회 위원장을 맡아 대과 없이 일을 수행했다. 그리고 이러한 정책을 통해 통화량 증가를 억제한 결과 물가상승률은 그가 국장으로 있는 동안 비교적 낮은 수준을 유지했다. 다만 그로 인해 경제성장세가 둔화되는 문제가 발생했는데, 이는 감수해야 했다.

한미는 1956년 9월 물가를 기준으로 물가가 25% 이상 오르게 되면 500대 1의 환율을 조정하기로 합의한 바 있었다. 그런데 그가 이재국장에 취임한 1959년 4월에는 도매 물가가 이미 기준 시점 대비 25% 가까이 오른 상태였다. 이승만 대통령이 환율 인상에 대해 매우 부정적이었으므로, 그는 물가 인상을 어떻게든 억제하려 안간힘을 썼다. 하지만 결국 1959년 하반기 1956년 9월 대비 도매물가 상승률은 25%를 넘어섰고, 이듬해 초 한미 양국은 환율을 500대 1에서 650대 1로 조정했다. 재정금융안정계획 추진 등을 통해 물가상승률을 낮춰 환율 조정 시점을 다소 늦출 수는 있었지만, 조정 자체를 막기는 어려웠던 것이다.

2차 통화개혁 실패의 쓴맛

김정렴은 4·19 혁명 이후 민주당 정권이 들어서자 이재국장을 사임한 뒤 한국은행으로 복귀했다. 이후 중앙정보부에 자문위원으로 파견 나가 있던 그는 1962년 초 최고회의 재경위원 유원식 장군으로부터 통화개혁 관련 보고서 작성을 요청받았다. 통화개혁을 할 생각은 없고, 그저 참고할 목적이라고 했다. 그런데 보고서를 제출하자 유원식의 이야기가 달라졌다. 이번에는 구체적인 안을 기안해 달라고 요청해 온 것이다. 경제개발5개년계획을 수행하는 데에 필요한 산업자금을 조달하기 위해서 통화개혁을 할 필요가 있으니 그 안을 만들어 달라는 것이었다. 통화개혁 과정에서 예금을 동결해 산업자금으로 돌리겠다는 것이었다.

5월 초순 완성된 안을 제출하자 유원식은 이번에는 최고회의 의장

공관에 가서 박정희 의장 등이 모인 자리에서 통화개혁안에 대해 설명해 줄 것을 요청해 왔다. 김정렴은 5월 17일 의장 공관에 가서 직접 개혁안에 대해 설명했다. 이 자리에서 그는 보고서 내용을 발표하면서 산업자금 조달을 위해서 통화개혁을 하는 것에 대해 부정적인 입장을 피력했다. 전통적인 재정금융 수단을 활용하는 것이 바람직하다고 판단했기 때문이다. 그러면서 만약 추진한다면 미국 원조 당국과의 충분한 사전협의가 필요함을 강조했다. 그러나 통화개혁은 그가 보고서 작성을 요청받기 전에 이미 시행하기로 결정되어 있었다. 새로운 은행권이 이미 영국에서 인쇄되어, 그가 최고회의 의장 공관을 찾아간 바로 다음 날인 5월 18일 부산항을 통해 들어올 예정이었던 것이다.

결국 1962년 6월 통화개혁이 단행되었다. 화폐 단위를 '환'에서 '원'으로 다시 바꾸고, 원과 환의 교환비율은 1대 10으로 하며, 세대별로 1인당 500원 한도 내에서 교환해 준다는 것이었다. 그런데 미국 측에서 사전에 통보나 협의가 없었던 것에 대해서 항의해 왔다. 원조 당국과 사전협의가 필요하다는 그의 제안은 끝내 받아들여지지 않았던 것이다. 미국 측은 통화개혁의 백지화를 요구하며 응하지 않으면 경제원조를 중단하겠다고 통보해 왔다. 원조에 의존하고 있던 한국 정부는 결국 백기를 들 수밖에 없었다. 통화개혁은 결국 산업자금 마련을 위한 예금 동결 조치는 취소하고, 화폐 단위만 '환'을 '원'으로 바꾼 채 실패로 끝났다. 통화개혁의 예기치 못한 실패는 비록 그의 잘못 때문은 아니었지만, 그에게 가장 뼈아픈 경험으로 남게 된다.

통화개혁 직후 김정렴은 재무부 차관으로 발령을 받았다. 당시 그의 나이는 38세에 불과했다. 그는 18년간 몸담았던 한국은행을 완전히 떠나야 했다. 재무부 차관은 한국은행 운영을 감독하는 금융통화위원회의 당연직 대리위원이었으므로, 한국은행 직원 신분을 갖는 것이 온당치 못하다고 판단했기 때문이다.

그는 재무부 차관으로 1년 정도 있었다. 이 기간 그가 주로 한 것은 통화개혁 실패와 증권파동을 수습하는 일이었다. 이 중에서도 특히 어려웠던 것이 증권파동의 사후 수습이었다. 증권파동은 1962년 투기성 거래가 벌어지면서 증권시장이 과열되고 주가가 급등하다가 폭락한 사건을 가리킨다. 이로 인해 많은 투자자들이 스스로 목숨을 끊는 등 심각한 사회적 파장이 일어났다. 김정렴은 1년 동안 김세련 장관 및 후임 황종률 장관, 민영훈 이재국장, 조중훈 증권과장 등과 함께 증권거래법을 개정하고, 주식회사 형태로 있던 증권거래소를 공영제로 개편하는 등의 조치를 통해 증권파동을 수습해 갔다. 이렇게 해서 상황이 어느 정도 진정되자 그는 차관직을 내려놓았다.

수출주도형 공업화 추진

재무부 차관에서 물러난 김정렴은 학계로 가고자 했다. 연세대 교수로 임용되는 절차가 마무리되어 가던 1964년 6월 그는 상공부 차관으로 임명된다. 한 달 전 취임한 장기영 부총리가 사전협의 없이 임명 사실을 발표해 버렸다. 제안해 봤자 그가 고사할 것이 분명하다는 것을 알고 있던 장 부총리가 당사자도 모르게 진행한 일이었다. 장기영은 한국은행에 함께 근무한 바 있어 그를 잘 알고 있었고, 입각하기 전에도 그에게 종종 경제 현안에 관한 의견을 물어오곤 했었다. 상공부 차관으로 임명되면서 학자로서 제2의 인생을 시작하려던 그의 계획은 물거품이 되고 말았다.

상공부 차관으로 1년 7개월여 동안 재직하면서 그가 박충훈 상공부 장관의 신임하에 가장 역점을 두고 추진한 것은 수출주도형 공업화였다. 국내 시장의 협소함과 포화 상태 등을 고려할 때, 수출주도형 공업화로의 전환이 시급하다고 판단했기 때문이다.

그런데 당시에는 수입대체공업에 대한 보호정책이 이루어지고 있었으므로, 수출 증대를 도모하기 쉽지 않았다. 기업들이 수출을 늘리는 것보다는 수입을 하거나 수입대체에 주력하는 것이 이익이 되는 구조였기 때문이다. 김정렴은 이러한 문제를 해결하기 위해서는 무역을 자유화하며 관세를 낮추는 등의 시장 자유화 정책을 추진할 필요가 있다고 판단하고, 상공부가 추진할 수 있는 부분에 대해서는 적극적으로 변화를 모색했다.

그는 무역 자유화를 위해 수출 실적이 있는 수입업자에게만 수입권을 부여하는 제도인 수출입 링크제를 폐지해 갔다. 그리고 그가 부임할 당시 거의 없던 자동수입승인품목의 비중을 끌어올렸으며, 수입쿼터품목을 대폭 폐지하고, 수출보조금 지급 제도도 폐지하였다. 이와 함께 수입승인 방식도 포지티브 리스트positive list 방식에서 네거티브 리스트negative list

수출주도형 공업화로의 전환 이유

한국경제가 고도성장을 실현하게 된 주요 요인 중 하나는 수출주도형 공업화를 추진했다는 점이다. 그리고 김정렴을 비롯한 당시 주요 경제관료들은 수출주도형 성장 전략으로의 전환이 국내 시장의 협소함과 포화 상태 등을 고려해서 이루어진 선택임을 강조한다.

그런데 당시 정황을 놓고 보면, 수출주도형 성장 전략을 선제적으로 추진했다기보다는 1960년대 초반 예상보다 수출, 특히 공산품 수출이 호조를 보이자 수출에 자신감을 얻어 수출주도형 성장 전략을 추진하게 되었다고 이야기하는 것이 더 적절해 보이기도 한다.

제1차 5개년계획 기간 중 수출 계획과 실적을 보면 흥미로운 부분이 관찰된다. 1961년 계획 수립 시에는 농수산물과 광산물 중심으로 수출하는 것으로 계획이 마련되었다. 1963년 계획을 보면, 농수산물 수출은 2,320만 달러, 광산물 수출은 2,940만 달러로 목표가 설정된 반면, 공산품 수출 목표는 640만 달러에 불과했다. 계획 수립 당시에는 농수산물과 광산물 같은 1차 산품 이외에는 변변한 수출 품목이 없었으므로, 목표를 이렇게 설정할 수밖에 없었다.

그런데 1963년 수출 실적은 계획과 전혀 다른 양상을 보였다. 농수산물과 광산물은 당초 목표치를 밑돌았던 반면, 공산품 수출액은 2,810만 달러로 계획을 크게 웃돌았을 뿐만 아니라 농수산물과 광산물 수출액보다 많았다. 전년(620만 달러)과 비교해도 공산품 수출은 4.5배 이상 급증했는데, 철강재, 합판, 면포 등의 수출이 급증한 결과였다.

1963년 공산품 수출이 갑자기 증가한 이유는 무엇일까? 당시 미국을 비롯한 선진국의 산업이 고도화되면서, 선진국에서는 노동집약적 경공업이 사양 산업이 되고 있었다. 따라서 선진국의 노동집약적 공산품에 대한 수입 수요가 증가하고 있었다. 게다가 미국 시장에 소비재를 공급하던 일본도 중화학공업화를 추진하면서 수출 구조가 달라지고 있었다. 1963년 한국의 공산품 수출 급증은 이러한 상황에서 발생한 '기회의 창'을 효과적으로 활용한 결과라고 이야기할 수 있다.

1963년 공산품 수출이 호조를 보이자 미국 측 요구로 1차 5개년계획을 수정하는 과정에서 공산품 수출 목표가 크게 증가했다. 당초 계획에서는 1964년 공산품 수출 목표가 830만 달러였는데, 수정 계획에서는 4,650만 달러로 여섯 배 가까이 증가했다. 공산품 수출에 대해 그만큼 자신감이 생겼던 것이다. 그러면서 그동안 국제수지 개선 수단으로 인식했던 수출을 이제는 산업 발전의 동력으로 간주하게 된다. 수출주도형 성장 전략의 채택은 이러한 배경하에서 이루어진 일이었다.

1964년 수출 1억 달러 달성을 기념하여 개최된 제1회 수출의 날 기념식 장면
출처: 국가기록원.

방식으로 바꾸기 위해 힘썼다. 수입이 가능한 품목을 나열하는 방식에서
수입이 제한되는 품목을 나열하고 그 외의 품목은 모두 자유로이 수입할
수 있도록 제도를 바꾸려 한 것이다. 이러한 변화는 이후 그가 상공부 차
관을 그만두고 재무부 장관으로 있던 1967년 7월 실현된다.

김정렴은 자유화 정책과 함께 수출산업 육성을 위한 정책도 추진했
다. 그 가운데 가장 중요한 것은 수출특화산업을 선정한 것이다. 국제 분
업상의 우위, 국제수지 효과, 고용유발 효과 그리고 다른 산업에의 파급
효과 등을 종합적으로 고려하여 생사류, 면직물, 합판, 의류, 피혁제품, 라

디오 및 전기기기 등 13개의 품목을 선정하고, 여기에 자금과 기술을 중점 지원하기로 한 것이다. 이 가운데 다수의 품목은 이후 한국의 수출주력상품으로 발돋움하게 된다.

　이처럼 수출주도형 공업화로의 전환을 모색했기에, 상공부 차관으로 재임하면서 김정렴이 가장 뿌듯했던 때는 수출 1억 달러를 돌파한 1964년 11월 30일과 그해 수출 목표 1억 2,000만 달러를 달성한 12월 31일이 아닐까 싶다. 그는 회고록에서 당시 그가 느낀 감격이 어느 정도였는지에 대해 이렇게 이야기하고 있다.

> "1964년 12월 31일 저녁 늦게까지 수출통계 숫자를 집계해 수출 목표 1억 2,000만 달러 달성에 막대한 관심을 가지고 있던 박 대통령에게 직접 전화로 목표 돌파를 보고했다. 박 대통령으로부터 전 직원에 대한 위로와 격려의 말을 듣고 통행금지가 거의 가까워 귀가했을 때의 그 성취감을 그 후로도 가끔 되새기고는 한다."
>
> _김정렴, 『최빈국에서 선진국 문턱까지』, 랜덤하우스, 2006, 155쪽

GATT 가입을 실현하다

상공부 차관으로 있던 김정렴은 1966년 1월 재무부 장관으로 임명되었다. 같은 해 9월 한국비료 밀수 사건이 터져 사임했기 때문에 그의 재무부 장

관 재직 기간은 8개월 남짓으로 그리 길지 않았다. 한국비료 밀수 사건이란 삼성 계열사인 한국비료가 사카린 원료 2,000여 포대를 면세품인 건설자재로 위장해 들여와 판매하려다 적발된 사건으로, 정부가 밀수 행위를 묵인, 방조했다는 의혹이 일면서 내각이 총사퇴를 했을 만큼 사회적으로 큰 파장을 일으켰다.* 김정렴은 이처럼 재무부 장관으로서 짧은 기간 동안 재임했지만, 그 사이 한국경제에 의미 있는 조치를 몇 가지 취했다.

그중 하나는 조세 행정 강화와 조세 개혁을 추진했다는 점이다. 경제 개발 추진 과정에서 급증하고 있는 재정자금 수요를 어떻게 충당하느냐가 경제발전과 경제안정의 관건이라고 판단하여, 조세 수입 증대를 도모하고자 이러한 변화를 모색했던 것이다.

조세 행정 강화 방안의 핵심은 국세청 신설이었다. 당시 조세 행정은 재무부 사세국이 담당하고 있었다. 김정렴은 국세청을 신설해 세무 관련 조직을 확대, 개편하면 세무 역량이 강화되어 20~30% 세금 증수가 가능하다고 판단했다. 그래서 이미 전임 장관 시절부터 논의되던 국세청 신설을 서둘러 추진했고, 마침내 1966년 3월 국세청이 신설되었다. 초대 국세 청장으로는 이낙선 청와대 민원비서관을 임명했다. 이낙선(1927~1989) 청장은 5·16 쿠데타에 참여한 인물로, 이후 상공부 장관과 건설부 장관 등을 역임했다.

국세청 신설의 효과는 빠르게 나타났다. 1966년 내국세 징수 실적은

---

* 삼성 이병철 회장은 이 사건에 책임을 지고 한국비료를 정부에 헌납했다. 아이러니하게도 삼성은 공기업으로 운영되던 한국비료를 1994년 공개매각 때 다시 매입했으며, 한국비료는 삼성정밀화학(주)으로 명칭이 변경되고 주력 사업도 바뀐 채 운영되다가 2016년 롯데에 인수되어 롯데정밀화학(주)으로 명칭이 다시 변경된 가운데 운영되고 있다.

전년에 비해 70% 가까이 증가했고, 이듬해에는 1966년 대비 40% 넘게 증가했다. 새로운 세목을 창설하거나 세율을 인상하지 않았고, 세무사찰에 나선 것도 아니었음에도 세무 행정 강화를 통해 이처럼 큰 증세 효과를 거두었던 것이다.

그는 재무부 장관으로 있으면서 '관세 및 무역에 관한 일반협정', 즉 GATT 가입을 추진하기도 했다. 당시 GATT에 가입하면, 6만 6,000여 품목에 대해 GATT 양허관세율*을 자동으로 적용받게 되어 수출경쟁력이 강화되는 등 무역에 큰 혜택이 있을 것으로 예상되었다. 그럼에도 정부는 가입 신청을 못 하고 있었는데, 수출입 링크제, 수출보조금 지급 등 비관세 장벽이 많았기 때문이었다. 김정렴은 무역 자유화를 추진하는 과정에서 비관세 장벽이 상당 부분 폐지되는 등의 변화가 나타나자 GATT 가입이 가능하다고 판단했다. 그리하여 1966년 5월 국무회의 의결을 거쳐 GATT 가입을 신청했고, 그가 사임한 이후인 1967년 4월 마침내 GATT 가입이 실현되었다. 이로써 한국은 최혜국대우 원칙을 기반으로 하는 다자통상체제에 편입되어 기존 가입 국가들의 관세양허 혜택을 일괄적으로 받아 선진국 수출시장 진출이 유리해졌으며, 각국의 통상 정보를 공유할 수 있게 되었다. 따라서 GATT 가입은 이후 한국의 수출이 확대되는 데에 기반이 되었다고 할 수 있다.

---

* GATT 회원국들이 관세를 일정 수준 이상 올리지 않겠다고 약속한 세율.

석유화학공업 발전의 기반을 다지다

한국비료 밀수 사건으로 재무부 장관직에서 물러났던 김정렴은 약 1년 후인 1967년 10월 이번에는 상공부 장관으로 임명되었다. 1967년은 제2차 경제개발5개년계획이 시작된 해다. 그는 상공부 장관으로서 부총리 겸 경제기획원 장관과 함께 제2차 5개년계획의 중화학공업 부문 2대 핵심 사업인 종합제철소 건설 사업과 석유화학공업단지 건설 사업을 이끌어 가야 했다. 종합제철소 건설 사업은 기획원이 주관하고 상공부가 협조하는 방식으로, 석유화학공업단지 건설 사업은 상공부가 주관하고 기획원이 협조하는 방식으로 추진되었다.

이 중 김정렴의 주도하에 상공부가 주관했던 석유화학공업단지 건설 사업에 대해 보자. 이를 위해서는 먼저 석유화학공업의 특성에 대해 살펴볼 필요가 있다. 공업화를 진전시키기 위해서는 제철소 건설도 필요하지만, 석유화학 부문 육성 역시 필요하다. 합성섬유, 합성고무, 합성수지, 합성세제 등 공업화 과정에서 필요한 핵심 소재의 상당수가 석유화학 산업에서 생산되기 때문이다.

그런데 석유화학공업은 관련 공장들을 한 지역에 밀집시킬 필요가 있다. 석유화학공업은 석유를 나프타로 분해하는 과정에서 발생하는 여러 물질을 원료로 삼는데, 이들 원료가 모두 기체 상태여서 멀리 보내기 어려우므로, 공장들을 한 지역에 모아 두는 것이 효율적이기 때문이다. 한국 정부가 제2차 5개년계획 기간 울산에 석유화학공업단지를 건설해 관련

1968년 수출진흥확대회의에서 발표 중인 김정렴(서 있는 인물)
출처: 국가기록원.

공장을 밀집시키려 한 것은 그와 같은 이유에서였다.

석유화학 공장들은 동시에 준공되어 가동될 필요도 있다. 그래야 석유를 나프타로 분해하는 과정에서 발생하는 여러 물질을 폐기하지 않고 사용하여 경제성을 확보할 수 있기 때문이다. 하지만 이렇게 하려면 단기간 내에 막대한 자본이 투입되어야 한다는 제약이 있다. 그래서 공업화 초기 단계에서 석유화학공업 육성은 쉽지 않은 과제다.

그가 상공부 장관으로 부임했을 당시 석유화학 공장 건설은 지지부진했다. 국영으로 하기로 한 나프타 분해 공장을 제외한 나머지 공장은 실수요자인 민간기업 12개를 지정해 사업을 개별적으로 추진토록 했는데, 차관 교섭이 원활히 진척되지 않아 사업이 제대로 추진되지 못하고 있었다. 이렇게 민간기업에 맡겨 두어서는 일이 제대로 이루어질 수 있을지조차 알 수 없는 상황이었다.

김정렴은 기존의 실수요자 지정을 일부 백지화하는 등 사업 방향을 전면 수정하기로 마음먹었다. 주요 계열공장은 정부가 주도해서 건설한 뒤 각 공장을 실수요자에게 불하하고, 그 외의 공장은 계획대로 민간 실수요자가 추진하는 것으로 방침을 세운 것이다. 이렇게 되자 지정이 백지화된 기업들의 반발이 뒤따랐다. 이들의 진정이 이어지는 바람에 김정렴은 청와대와 국회에 수차례 불려가 해명을 하느라 진땀을 흘려야 했다. 그러나 그는 적당한 선에서 타협하지 않고 변경된 방침을 끝까지 관철시켜 나갔다.

결국 실수요자 선정이 완료되어 이듬해인 1968년 3월 석유화학공업 합동 기공식이 거행되었다. 그런데 이후에도 일부 공장의 합작 및 차관 교섭은 마무리되지 못하고 있었다. 김정렴은 7월 한미상공부장관회의 참석차 미국을 방문하는 길에 교섭이 완료되지 않은 미국 회사들을 직접 일일이 찾아가 경영진과 교섭을 벌였다. 그 결과 차관 교섭이 마무리될 수 있었고, 공장 건설이 본격 추진되기 시작했다.

이처럼 우여곡절을 겪으며 추진된 울산석유화학공업단지 건설 사업은 그가 자리를 옮겨 대통령 비서실장으로 있던 1972년 10월 마침내 마무리되었다. 그 이후 여천석유화학공업단지도 건설되는 등 석유화학공업 육성은 순조롭게 이루어졌고, 오늘날 한국은 석유화학공업 분야에서 강국의 지위를 유지하고 있다.

한국경제를 총괄하는 역할을 맡다

상공부 장관으로 2년여 재직했던 김정렴은 1969년 10월 대통령 비서실장으로 임명되었다. 그 이전에도 그는 두 차례의 통화개혁을 주도하고, 재무부와 상공부에서 차관으로 2년 6개월, 장관으로 2년 9개월 있으면서 경제발전에 기여해 왔다. 하지만 그가 한국경제에 미치는 영향력이 극대화된 시기는 비서실장으로 재임했던 9년여의 기간이라고 볼 수 있다.

박정희 대통령은 그를 비서실장으로 임명하면서 자신은 국방과 안보에 집중할 테니, 김 비서실장이 경제 문제를 잘 챙겨 달라고 주문했다. 박 대통령이 국방과 안보에 집중하려 한 것은 안보 상황이 그만큼 좋지 않았기 때문이다. 당시 북한은 군사적 공세를 강화하고 있었다. 1968년 김신조를 비롯한 북한 무장공비 31명이 청와대를 습격하려 했던 1·21 사건이 대표적인 사례였다.

이런 상황에서 박 대통령은 경제 분야에 정통할 뿐만 아니라 차관, 장관을 역임하며 업무 역량을 입증하고, 풍부한 경험을 쌓아 온 김정렴에게 경제 분야를 맡기기로 한 것이다. 김정렴은 경제기획원을 포함한 경제 관련 부처의 매니저 역할을 맡아 자리에서 물러날 때까지 9년 넘게 수행

1975년 박정희 대통령을 수행해 보건사회부 업무보고에 참석한 김정렴 비서실장(박 대통령 오른쪽)
출처: 국가기록원.

했다.

　이렇게 되면서 경제정책 수립 과정에서의 주도권이 차츰 경제기획원에서 청와대로 이동하는 양상이 나타났다. 이는 특히 경제기획원 전성시대를 이끈 김학렬 부총리가 건강상 이유로 물러나고, 중화학공업화가 본격 추진되기 시작한 1970년대 초반 이후 두드러졌다. 박 대통령이 중화학공업화를 직접 챙기려 한 데에다 중화학공업화 추진에 대해 기획원이 적극적인 태도를 보이지 않았던 것이 원인이라고 할 수 있다. 그 결과 부총리보다 비서실장의 역할이 더 커졌고, 김정렴은 오원철 제2경제수석비서관과 함께 박 대통령을 도와 경제 부문을 이끌어 갔다.

그가 비서실장으로 있던 9년 동안 한국경제에는 많은 변화가 있었다. 중화학공업화가 대표적이며, 그 이외에도 산림녹화, 새마을운동, 8·3 조치, 의료보험제도의 도입, 부가가치세 도입, 기술인력 양성, 과학기술 분야 연구기관 설립 등의 변화가 나타났다. 김정렴은 경제 전반에 걸쳐 정책의 수립과 실행 과정을 주도해 갔으며, 앞서 소개한 변화들은 모두 그의 손을 거쳐 갔다고 이야기해도 과언이 아닐 것이다. 여기서 이 모든 내용을 살펴보기는 어려우며, 그의 재임 기간 있었던 변화 가운데 그가 관여했던 몇 가지 부분을 중심으로 짚어 본다.

사채동결 조치

1970년 무렵 한국경제에 위기의 그림자가 드리워지고 있었다. 그 가장 큰 원인은 부실 차관기업의 발생에 있었다. 1960년대 많은 한국 기업들이 외국으로부터 차관을 들여왔다. 이 가운데 일부 기업은 무리해서 차관을 도입했다. 당시 한국 기업이 자체 신용으로 외국에서 차관을 들여오기가 어려운 점을 감안해, 정부가 기업들의 상업차관 도입에 대한 지급보증에 나섰던 것이 그 배경이 되었다.

그런데 1960년대 말부터 차관에 대한 원리금 상환이 본격화되자 기업들의 무리한 차관 도입에 따른 문제가 표면화되기 시작했다. 이에 정부는 1969년 1차적으로 차관기업 중 부실기업 정리에 나섰다. 청와대에 설치된 부실기업정리반이 조사를 통해 30개 차관기업을 부실기업으로 판단하고 정리한 것이다.

하지만 그 이후에도 상황은 크게 나아지지 않아 계속해서 부실 차관기업이 발생했다. 1969년과 1971년 정부가 두 차례에 걸쳐 환율을 인상한 것도 기업들의 차관 상환 부담을 가중시키고, 결과적으로 부실화를 재촉하는 요인으로 작용했다. 그 결과 1971년 조사에서는 차관을 도입한 147개 민간기업 중 26개가 부실 내지 불건전 기업인 것으로 나타났다.

특히 문제가 되는 것은 상당수의 차관기업이 사채시장에 의존하고 있다는 점이었다. 차관 상환을 위해 급전이 필요한데, 공식 부문을 통한 자금조달이 쉽지 않자 사채까지 사용하게 되었던 것이다. 그러나 이는 당장의 위기를 모면하는 데에는 도움이 되었지만 기업의 재무 상태를 더욱 수렁에 빠뜨리는 결과로 이어졌다. 결국 재계는 1971년 6월 대통령에게 특단의 조치를 요구했다. 전국경제인연합회 김용완 회장이 재계를 대표해서 정부가 사채 금리를 내리고, 사채업자의 횡포를 막는 등의 형태로 사채 문제 해결에 나서 줄 것을 강력히 건의한 것이다.

박 대통령은 김정렴에게 김용완 회장의 건의에 대해 어떻게 생각하는지 물었다. 김정렴은 하룻밤의 말미를 달라고 한 뒤 사채 대책에 관한 생각을 정리해 다음 날 아침 대통령에게 보고했다. 보고의 요지는 이러했다. 정상적인 대책은 사채를 은행이 대불해 주는 것이나 사채 규모가 워낙 커서 현 상황에서는 시행하기 쉽지 않으며, 사채를 일정 기간 동결하는 것

만이 유일한 해법이라는 것이었다. 그러면서 사채동결로 사채업자의 희생 속에 기업이 살아나면, 기업에 대해서는 기업공개를 요구해야 한다는 점도 강조하고 있었다.

박정희 대통령은 그의 보고를 듣고 사채동결 조치를 취하기로 결정했다. 김정렴은 김용환 외자담당 비서관을 실무 담당자로 천거했고, 이후 작업은 김용환이 추진했다(→9장).

결국 김정렴이 제안한 대로 사채동결 조치는 이루어졌다. 그 핵심은 기업과 사채권자의 모든 채권-채무 관계는 무효화되고 월리 1.35%, 3년 거치 5년 상환의 새로운 계약으로 대체되거나, 채권자가 원할 경우 출자로 전환된다는 것이었다. 이와 함께 기업의 단기고리 대출을 연리 8%, 3년 거치 5년 상환의 장기저리 대출로 전환할 수 있도록 하는 조치도 이루어졌다.

그 결과 위기에 처해 있던 기업들은 당장의 어려움을 극복하고 소생할 수 있는 계기를 마련했다. 다만 정부 정책에 의해서 사채업자의 재산권이 침해되는 문제가 발생했다는 점, 기업의 도덕적 해이moral hazard를 불러올 수도 있었다는 점 등 이 조치가 갖는 부정적인 측면도 있었음을 함께 기억할 필요가 있다.

김용환

1975년 박정희 대통령을 수행 중인 김용환 재무부 장관(앞줄 오른쪽)
출처: 국가기록원.

김용환(1932~2017)은 충남 보령에서 태어났으며, 서울대 법학과 4학년이던 1956년 고등고시 행정과에 합격했다. 재무부에서 공직 생활을 시작한 그는 재무부 이재국장, 농림부 농정차관보, 청와대 외자관리비서관, 상공부 재무부 차관, 청와대 경제 제1수석비서관, 재무부 장관 등을 역임했다. 그 과정에서 그는 청와대 외자관리비서관 및 상공부 차관 시절 8·3 조치를 설계하는 역할을 맡은 바 있으며, 재무부 장관 재임 중에는 외환위기를 성공적으로 극복하고, 부가가치세 도입을 이끌기도 했다. 1978년 12월 재무부 장관을 끝으로 관직에서 물러난 그는 정치인으로 변신, 1988년부터 2004년까지 4선 국회의원을 지냈는데, 1997년 발생한 IMF 외환위기 당시에는 비상경제대책위원장을 맡아 외채협상을 주도하는 등 외환위기 극복을 위해 적극 나서기도 했다.

박정희-김정렴-오원철 3자 회동

김정렴은 박정희 대통령, 오원철과 함께 중화학공업화를 이끈 인물로 강조되곤 한다. 그런데 김정렴이 중화학공업화와 관련된 정책 결정 과정에서 구체적으로 어떠한 역할을 했는가에 대해 밝힌 연구 결과물을 찾기는 어렵다. 오원철 수석과 달리 김정렴 자신이 중화학공업화 추진 과정에서 구체적으로 어떠한 역할을 했는가에 대해 소상히 밝히지 않은 것도 그 원인 중 하나일 것이다. 그렇다고 해서 그가 중화학공업화 추진 과정에서 기여한 바가 적었던 것은 아닐 것이다. 당시 그는 비서실장으로서 경제 전반을 총괄하고 있었기 때문에 대통령이 가장 중시하는 중화학공업화에 대해서도 계속 보고를 받고 관여했을 가능성이 높다.

이런 사정으로 인해 중화학공업화의 추진 과정에서 그가 구체적으로 어떠한 활약을 했는가에 대해서는 이야기하기 어렵다. 따라서 여기서는 중화학공업화 추진을 결정하는 계기가 된 모임으로 알려진 박정희-김정렴-오원철 3자 회동에 대해서 소개하는 것으로 중화학공업화와 관련된 김정렴의 활약에 대한 논의를 갈음하기로 한다.

1970년 무렵 한국의 안보 상황은 좋지 않았다. 북한의 도발이 잦아졌고 주한미군의 주둔이 불확실해진 상황이었다. 이렇게 되자 한국 정부는 자주국방의 필요성을 절감하게 되었고, 방위산업을 육성하기 시작했다. 방위산업 육성을 위해 1970년 처음 추진한 것이 4대 핵심 공장 건설이다. 그런데 1년이 지나도록 4대 핵심 공장 건설 사업은 뚜렷한 진전을 보이지 못하고 있었다. 방위산업 육성에 필요한 차관 도입이 잘 이루어지지 못한 것이 가장 큰 원인이었다. 경제기획원은 1971년 11월 박 대통령에게 4대 핵심 공장 건설과 관련된 외자 도입이 이루어지지 못하고 있음을 보고했고, 대통령과 관련 관료들의 고민이 깊어질 수밖에 없었다.

그러던 찰나에 상공부 오원철 차관보가 김정렴에게 자신이 구상한 방위산업 육성 방안을 보고했다. 보고의 핵심은 방위산업은 경제성이 없어 투자자금 유치가 어려우니, 장기적으로 수익 창출이 가능한 민영 중화학 공장을 육성하는 것으로 방향을 틀고, 이들이 유사시 방위산업으로 전환할 수 있도록 하자는 것이었다.

아이디어가 그럴듯하다고 생각한 김정렴은 곧바로 그를 대통령에게 데려가 관련 내용을 보고하게 했다. 보고를 받은 박 대통령은 오원철의 아이디어가 맞는 것 같다며 그가 제시한 방안에 동의했다. 그러면서 1969년 11월 폐지했던 제2경제수석실을 다시 만들어 그를 제2경제수석비서관으로 임명하고 방위산업과 중화학공업 육성을 관장하게 했다.

오원철에 따르면 이 회동을 통해 ① 병기 개발에 착수할 것, ② 방위산업은 민영 공장 생산체제로 할 것, ③ 방위산업 육성은 중화학공업화의 일환으로 추진할 것, ④ 기술자, 기능공의 양성 및 확보가 중요, ⑤ '4대 핵심 공장' 사업은 취소할 것 등이 결정되었다고 한다. 즉 이날의 3자 회동은 중화학공업화 추진 방향을 정하는 데에 결정적인 자리가 되었던 것이다. 이후 오원철은 경제수석으로서 자신이 구상한 대로 중화학공업화를 이끌어가게 된다. 이렇게 되는 데에는 오원철의 아이디어를 귀담아듣고 그 가치

를 파악하여 그를 대통령에게 데리고 가서 3자 회동을 이끌어 낸 김정렴의
역할 또한 적잖았다고 할 수 있다.

부가가치세 도입 연기론을 뒤집다

그가 비서실장으로 재직하던 시절 세제 측면에서 나타난 가장 큰 변화는
부가가치세 도입이었다. 1976년 정부는 부가가치세 도입 계획을 발표하
면서, 도입 시점을 1977년 7월 1일로 못 박았다. 그런데 도입을 얼마 남기
지 않은 상황에서 부가가치세 시행에 신중할 필요가 있다는 신중론이 대
두했다. 통화량 팽창으로 인해 물가불안이 심각한 상황에서 물가상승을
더욱 부채질할 수 있는 부가가치세 신설을 추진하는 것이 과연 적절한가
라는 문제제기가 이루어진 것이다.

이를 놓고 6월 13일 청와대에서 당정 협의가 이루어졌다. 대통령은
사안의 중요성을 고려해 참석자 모두에게 의견을 밝히도록 했다. 전체적
으로 반대가 우세했다. 최각규 농수산부 장관은 7월 1일 시행에 찬성했지
만, 장예준 상공부 장관, 남덕우 부총리, 최규하 총리 등은 연기를 주장했
다. 특히 남덕우 부총리의 경우, 부가가치세제 도입의 추진을 지시했던 장
본인임에도 연기 쪽으로 돌아서 있었다. 물가불안에 대한 우려가 그만큼
컸던 것이다.

시행을 연기하는 쪽으로 대세가 기울던 회의 막판, 김정렴은 물가상

승은 어느 정도 우려되나 시행을 연기하면 다음에는 저항이 더 거셀 것인 만큼, 국가 백년대계를 생각해 당초 방침대로 시행해야 함을 역설했다. 대통령은 그의 주장에 설득되었는지, 연기 주장이 우세했음에도 예정대로 시행하는 것으로 결단을 내렸다. 김정렴에 대한 박 대통령의 신임이 어느 정도였는가를 확인할 수 있는 대목이다.

이렇게 해서 도입된 부가가치세는 오늘날 종합소득세, 법인세와 함께 3대 세목 중 하나로서 정부 재정에서 중요한 비중을 차지하고 있다. 그런데 도입 직후에는 그 후폭풍이 거셌다. 1978년 선거에서 여당이 패하면서 12월 큰 폭의 개각이 단행되어, 김정렴 비서실장, 남덕우 부총리, 김용환 재무부 장관 등 장기간 한국경제를 이끌어 온 경제팀이 모두 물러나게 되었는데, 그 주요 요인 중 하나가 부가가치세 도입이었다.

당초 우려했던 부가가치세 도입에 따른 물가앙등 문제는 발생하지 않았지만, 조세저항이 예상을 뛰어넘었다. 부가가치세의 즉각 시행을 이끈 김정렴이 자신의 회고록에서 "부가가치세를 회상할 때 떠오르는 것은 나의 상상을 훨씬 뛰어넘는 조세저항이었다"라고 이야기하고 있을 정도다.

9년여 동안 재직한 비서실장직에서 물러난 김정렴은 이듬해 1월 주일대사로 부임한다. 그리고 어떠한 이유에서인지 1980년 8월 대사직에서 물러나는 것을 끝으로 56세라는 이른 나이에 공직에서 은퇴한 뒤 야인으로 돌아갔다. 이후 그는 저술 활동 등을 통해 한국의 경제발전 경험을 정리해 알리고, 박정희대통령기념사업회 회장을 맡는 등의 활동을 하며 조용히 지내다 2020년 96세를 일기로 세상을 떠났다.

　김정렴은 28세에 통화개혁 실무를 주도하고, 재무부와 상공부 장·차관을 역임할 만큼 능력이 출중했을 뿐만 아니라, 9년여 동안 비서실장으로 있으면서 잡음 한번 일으키지 않고, 자신이 부각되는 상황 한번 만들지 않을 만큼 자기관리가 철저하고 겸손히 자신의 역할에 충실할 줄 아는 사람이었다. 한마디로 그는 관료의 표상이 되기에 충분한 역량과 인품을 갖춘 인물이었다. 그러했기에 그는 '한강의 기적'이 실현되는 과정에서 늘 중심적인 역할을 수행하였으며, 우리는 그를 '박정희의 경제 총참모장'으로 기억하고 있다.

8장

오원철
한국 중화학공업화의 설계자

김정렴, 남덕우, 김학렬 등 박정희 대통령이 특별히 아끼는 경제관료는 여럿 있었다. 그런데 그중 '국보'라는 찬사를, 그것도 한 번이 아니라 여러 번 들었던 이는 오원철 경제수석뿐이었다. 그것은 비서실장으로서 대통령을 10년 가까이 지근거리에서 보좌한 김정렴조차 한 번도 들어 보지 못한 최고의 찬사였다. 오원철은 도대체 어떠한 경제관료였기에 이처럼 대통령의 절대적인 신임을 받을 수 있었던 것일까.

엔지니어 오원철

오원철은 1928년 황해도 송화군의 지주 가정에서 7남매 중 장남으로 태어 났다. 아버지가 만석꾼이었다고 하니, 집안은 상당한 재력을 갖추고 있었 던 것 같다. 고향에서 고등보통학교를 졸업한 그는 1945년 경성공업전문 학교에 입학했다. 그런데 해방 후 얼마 지나지 않아 북한에서 무상몰수 무 상분배 형태로 농지개혁이 이루어지면서 지주들이 재산을 대부분 잃었 다. 북에 있던 그의 가족 역시 다른 지주들처럼 재산을 잃고 고향에서 쫓 겨났고, 서울에서 학교를 다니고 있던 그와의 연락도 끊기고 말았다. 다행 히 그의 부친은 한국전쟁 중 단신으로 남한에 내려와 그와 만났지만, 안타 깝게도 모친과 여섯 동생은 북에 남겨져 생이별을 하고 말았다.

　1946년 경성공업전문학교는 서울대학교 공대로 개편되었다. 화학 공학을 전공한 오원철은 대학을 다니면서 졸업 후 일본 유학을 다녀와 교수가 되겠다는 꿈을 품게 된다. 그러나 4학년에 재학 중이던 1950년 한국 전쟁이 발발하면서 그의 인생행로는 크게 달라진다. 그는 공군 기술장교 후보생 시험에 응시하여 합격한 뒤, 6개월간 훈련을 받은 후 1951년 6월 공군 소위로 임관했다. 그는 6년여 동안 공군에서 복무하다가 1957년 소령으로 전역했는데, 군에 있으면서 사천, 마산, 진해, 대구 등 여러 지역에서 항공창을 운영하는 일을 담당했다. 그러면서 그는 다양한 항공기계 부품을 다루는 기회를 가질 수 있었고, 이를 통해 정밀기계 분야 엔지니어로서의 소양과 경험을 쌓아 갔다.

전역 이후 오원철은 시발始發자동차라는 기업에 들어갔다. 1955년

1957년 시운전 중인 시발의 7인승 세단
출처: 국가기록원.

설립된 자동차 회사로 최초로 국산 자동차를 만든 기업이었다. 당시 이 회사는 미군이 버린 군용 드럼통을 망치로 두드려 펴서 만든 차체와 미군이 폐차한 트럭, 지프차 등의 부품이나 뼈대 등을 가지고 손수 조립해서 차를 만들었다. 이렇게 만들다 보니 차 한 대를 만드는 데에 3~4개월 걸렸다고 한다. 그는 공장장으로 있으면서, 분업화, 전문화를 통해 자동차 생산량을 늘리는 데에 기여했다.

그런데 1960년 4·19 이후 사회 혼란이 가중되는 상황에서 시발자동차는 운영난에 빠졌다. 이에 그는 자동차 부품 회사인 국산자동차로 자리를 옮겼다. 참고로 회사 이름이 국산자동차였다. 최형섭이 당시 이 회사 부사장으로 재직하고 있었는데, 오원철을 데리고 간 것이다. 두 사람은 한국전쟁 때 함께 공군 항공창에서 복무하면서 연을 맺은 것 같다. 여기서도 그는 공장장으로 근무했다.

제1차 5개년계획 탄생의 비밀

오원철은 1961년 5·16 직후 갑자기 군사정부에 소환되어 당시 국가 최고 권력기관이던 국가재건최고회의의 기획위원회 조사과장으로 기용되었다. 이렇게 해서 그는 졸지에 공무원이 되었고, 이후 20년간 경제관료로서의 길을 걸어가게 된다. 자동차 부품을 만드는 회사 공장장으로 근무하던 그가 어떻게 갑자기 군사정부의 호출을 받게 된 것일까? 오원철은 훗날 한 인터뷰에서 공군에서 항공기 정비, 주물, 도장 등 기계와 관련해 안 해 본 일이 없는 데에다 당시 최첨단 제품인 자동차와 자동차 부품 공장의 공장 장을 지낸 이력이 감안된 것 같다고 이야기한 바 있다. 하지만 구체적으로 누가 왜 그를 추천했는지는 알 수 없다.

그는 1개월 뒤 상공부 화학과장으로 자리를 옮겼다. 당시 상공부 광무국장을 맡게 된 최형섭이 그를 천거했기 때문이다. 최형섭이 그를 화학과장으로 추천한 데에는 그를 잘 알고 있었다는 점 외에도, 그가 장교 시절부터 주로 기계와 관련된 일을 해 왔지만 대학에서의 전공은 화학공학이었다는 점도 고려되었을 것으로 보인다. 이후 그는 청와대로 옮기기 전까지 상공부에서 9년 넘게 근무하면서 공업제1국장, 기획관리실장, 광공전 차관보를 역임하게 된다.

그가 상공부 화학과장으로 옮기고 얼마 지나지 않아 각 부처에 경제개발5개년계획에 담을 추진안을 제출하라는 지시가 내려왔다. 명확한 지침도, 양식도 없는 상태였기 때문에 각 부처는 추진안을 어떻게 작성할 것인가를 놓고 고심할 수밖에 없었다. 오원철 역시 고심 끝에 '화학공업발전계획'을 작성하여 최고회의에 제출했다. 가장 시급한 나주비료공장부터 건설하고, 그다음에 소다회공장, 정유공장, 제3·4비료공장, 제3·4시멘트공장 등을 건설한다는 계획이었다. 그는 각 공장별로 생산 제품명, 규모, 국내 수요, 건설비, 건설 기간 등에 관한 내용을 작성했다.

사실 이 계획에 대해 오원철 스스로도 자신이 없었다. 이러한 장기계획을 세워 본 적이 없었으니 당연한 일이었다. 그럼에도 그가 제출한 계획은 상당히 좋은 평가를 받았고, 그는 최고회의에서 그 내용을 직접 발표하게 되었다. 오원철은 갱지 10여 장에 차트를 그려 최고회의를 찾아가 권력을 쥐고 있던 군인들 앞에서 '화학공업발전계획'을 브리핑했다. 다행히 특별한 질문은 없었다. 민간인 신분이었으며, 훗날 건설부 장관이 되는 주원(1909~1988)이 "충분한 사전 검토가 이루어진 계획인가?"라고 물었을 뿐이다. 오원철은 분위기상 차마 계획에 대해 자신 없다고 이야기할 수 없어 '그렇다'고 대답했다. 이렇게 해서 그가 작성한 '화학공업발전계획'이 통과되었다. 결국 오원철이 작성한 정유, 비료, 시멘트 등 화학공업 부문의 발전계획은 제1차 5개년계획의 핵심을 구성하게 된다.

한편, 지침도, 양식도 없던 상황에서 그의 계획이 통과되자, 그가 준비한 갱지 10여 장에 그려진 차트는 계획서 작성의 모범 양식이 되었다고 한다. 상공부뿐만 아니라 농림부 등 다른 부서에서도 그가 만든 차트를 기준으로 삼아 계획을 발표할 자료를 만들었던 것인데, 이는 한편으로는 1차 5개년계획이 얼마나 졸속으로 만들어졌는가를 보여 주는 사례이기도 하다.

수출주도형 공업화의 숨은 주역

오원철은 1964년 6월 상공부 공업제1국장으로 승진했다. 화학공업과 경공업을 담당하는 자리였다. 그가 임명되기 전까지 공업제1국장은 임기가 보통 수개월에 불과할 만큼 교체가 잦았다. 그의 전임인 김우근 국장도 3개월을 채우지 못하고 자리를 옮긴 바 있었다. 그러나 오원철은 거의 4년 동안 이 자리에 있으면서 일관된 정책을 추진해 갔다. 공업제1국장이 되면서 그가 사명으로 삼은 것은 모든 공업을 수출체제로 전환하는 것이었다. 이를 위해 그는 내수 위주인 산업체계를 수출 중심 구조로 개편하는 데에 주도적인 역할을 수행했다.

그가 공업제1국장으로 승진했던 시점의 상황을 잠시 살펴보자. 1963년 공산품 수출이 갑자기 호조를 보여, 공산품 수출액이 1962년 620만 달러에서 1963년 2,810만 달러로 급증했다. 그러자 미국 측의 요구로 1차 5개년계획을 수정하는 과정에서 공산품 수출 목표가 크게 상향 조정되어, 1964년 공산품 수출 목표는 830만 달러에서 4,650만 달러로 여섯 배 가까이 증가했다. 이처럼 수출 목표를 상향 조정한 것은 공산품, 특히 경공업 제품 수출에 그만큼 자신이 생겼기 때문이다. 그러면서 수출에 대한 인식도 바뀌어 수출을 국제수지 개선 수단이 아니라 산업 발전의 동력으로 간주하기 시작했다.

그는 바로 이러한 시기에 화학공업과 경공업을 담당하는 공업제1국 장으로 승진했다. 따라서 그는 수출주도형 성장을 본격 추진하기 시작하던 시점에 매우 중요한 역할을 맡았다고 할 수 있다. 오원철이 모든 공업을 수출체제로 전환하기 위해 추진한 정책은 다음과 같다. ① 수출을 더 많이 하는 업체일수록 더 많은 혜택이 돌아가도록 할 것, ② 수출과 관련된 애로사항은 필요하면 법을 개정하거나 새로운 행정조치를 취해서라도 해결해 줄 것, ③ 수출업체에는 시중금리보다 싼 금리로 융자해 주고, 외자 도입도 우선적으로 해 줄 것, ④ 수출 상품, 수출 공장마다 공업국 직원을 담당관으로 지명해 수출 동향을 세밀히 파악할 것, ⑤ 업종별, 업체별 수출계획을 작성해 밀고 나갈 것.

그가 공업제1국장으로 있으면서 이러한 정책을 추진하는 동안 한국의 수출은 급증했다. 수출은 1964년 사상 처음으로 1억 달러를 달성하여 1억 2,000만 달러를 기록한 뒤, 1965년에는 1억 8,000만 달러, 1966년에는 2억 5,000만 달러에 이르렀으며, 이듬해에는 3억 5,000만 달러를 넘어섰다. 그가 4월에 기획관리실장으로 옮긴 1968년에는 5억 달러를 돌파했다. 오원철이 공업제1국장으로 재직한 4년 사이 수출 규모가 무려 4배 이상 증가한 것이다. 이러한 수출증대는 주로 경공업 제품의 수출 호조에 힘입은 것이었다는 점에서, 경공업 수출 관련 정책을 이끌었던 오원철의 역할이 컸다고 이야기할 수 있겠다.

오원철은 중화학공업화를 주도한 인물로 기억되고 있다. 그가 중화학공업화 추진 과정에서 매우 중요한 역할을 했다는 점에서 이러한 평가를 받는 것은 결코 과하지 않다. 그런데 그는 그 이전인 1960년대 한국경제가 수출주도형 경제로 전환하는 과정에서도 경공업 수출 업무를 총괄하면서 수출을 확대하는 데에 중요한 역할을 했다. 따라서 그가 중화학공업화 이전인 1960년대 경제발전 과정에서 기여한 부분에 대해서도 보다 높은 평가가 이루어질 필요가 있어 보인다.

석유화학공업단지 건설과 금오공고 설립

오원철은 상공부 공업제1국장으로 있으면서 종합제철소 건설과 함께 제2차 5개년계획의 양대 핵심 프로젝트 중 하나였던 석유화학공업 육성계획을 주도적으로 추진하기도 했다. 그런데 사업 추진에 앞서 경제기획원에서 미국 컨설팅 회사 ADLArthur D. Little, Inc.에 의뢰해 받아 본 타당성 조사 결과는 실망스러웠다. ADL의 보고서는 한국 내 수요가 적어 연산 3만 톤 규모의 공장을 짓는 게 바람직한데, 이러한 규모의 공장은 경제성이 없다며 부정적 평가를 내리고 있었다. 화학제품 원료를 계속 수입해서 사용하는 것이 낫다는 것이었다. 이에 대해 오원철은 ADL이 한국경제의 가파른 성장세를 고려하지 않고, 지나치게 보수적으로 수요를 예측했다며 30만 톤 규모의 공장을 지어야 한다고 경제기획원을 설득했고, 결국 10만 톤 규모의 생산시설을 짓는 것으로 결론이 났다. 이후 한국경제의 추세를 놓고 보면, 결과적으로 오원철의 판단이 옳았다.

설득 끝에 생산시설 규모를 10만 톤으로 늘리고 나니, 이제는 소요 예산 규모에 대한 부담이 그를 짓눌렀다. 총 2억 3,400만 달러, 한화로 약 712억 원이 들어갈 것으로 예상되었는데, 이는 당시 추진되고 있던 대규모 사업인 경부고속도로 건설 사업에 소요된 비용의 두 배에 가까운 규모였다. 당시로서는 말 그대로 천문학적인 자금이 들어가는 사업이었다.

투자 재원이 충분치 않은 상황에서 만약 이러한 대규모 자본을 투자한 사업이 실패한다면, 이 사업을 추진하고 더욱이 ADL이 제시한 3만 톤 대신 10만 톤 규모의 생산시설을 짓도록 이끈 장본인인 그에게도 비난의 화살이 쏟아질 것이 분명했다. 오원철은 회고록에서 이 때문에 "첫아기를 낳는 산모의 두려움이 몇 년간이나 계속"되었다고 밝히고 있다. 그래서인지 그는 1968년 기획관리실장, 1970년 광공전 차관보로 승진했음에도 계속해서 석유화학공업 육성계획에 관여했고, 결국 1972년 울산석유화학공업단지가 완공되는 데에 중추적인 역할을 했다.

그의 불안감은 준공 이후에도 한동안 지속된 것 같다. 잔치 분위기 속에서 열린 준공식에서도 그는 과연 공장들이 성공적으로 가동될 수 있을까 하는 걱정에 잔치 분위기에 동화될 수 없었다고 한다. 다행히 큰 사고는 발생하지 않았다. 그리고 한국경제는 울산석유화학공업단지와 그 이후 만들어지는 석유화학 생산시설을 기반으로 석유화학 제품을 자급함은 물론, 석유화학 분야의 강국으로 발돋움하게 된다.

1970년 광공전 차관보로 승진한 그는 기술인력 양성이 필요하다고 생각했다. 당시에도 공업고등학교는 있었다. 그런데 학교에서 기술 교육이 충실히 이루어지지 않아 양질의 기술인력을 배출하는 데에 한계가 있던 상황이었다. 오원철은 이러한 문제를 해결하고자 일본의 해외협력기금 중 기술원조자금을 이용해서 양질의 공업고등학교를 설립하는 방안을 제안했다.

이 제안은 받아들여졌다. 그리하여 1970년 7월 개최된 한일 경제각료회의에서 이 방안에 대한 일본 측과의 합의가 이루어졌고, 일본 조사단의 조사를 거쳐 학교 설립이 추진되었다. 이렇게 해서 그가 청와대 경제

1972년 울산석유화학공업단지 완공에 기여한 공로로 훈장을 수여받는 오원철
출처: 중앙일보.

수석으로 있던 1972년 11월 구미전자공업단지 내에 문을 연 학교가 금오공업고등학교다. 참고로 '금오'는 이 학교의 설립자 박정희 대통령의 아호다.

이 학교는 졸업 즉시 현장에 투입할 수 있는 기술공을 양성하는 것을 학교 설립의 목표로 삼았으며, 입학생들에게는 파격적인 대우가 이루어졌다. 공납금은 전액 면제였고, 무료로 기숙사에 입사할 수 있었다. 게다가 초기 3년간은 일본인 실기교사 8명이 교육을 실시하고 일본에서 들여온 최신형 기계로 실습이 이루어졌다. 이들 최신형 기계를 이용하여 실습하고자 공과대학생들이 방문하거나 기업에서 돈을 지불하고 기계를 빌려가는 일도 있었다.

이렇듯 학생들에 대한 전폭적인 지원이 이루어지자, 전국에서 우수한 인재들이 몰려들었다. 예를 들어, 1976년 신입생에 대한 조사 결과를 보면, 400명 중 중학교를 수석 졸업한 학생이 126명에 이르렀으며, 256명은 상위 5% 이내에 드는 학생이었다. 졸업생들의 성과 또한 우수했다. 이에 정부는 자신감을 가지고 1973년부터 대구기계공고, 부산기계공고, 광주기계공고 등 정밀가공사 양성 학교를 선정하여 대대적인 교육 지원에 나섰으며, 1976년부터는 해외 진출 기술인력 공급을 목적으로 한 시범공고를, 1977년부터는 전기, 건설, 제철, 철도, 전자 등 특정 분야의 기능인력을 양성하기 위한 특성화 공고를 선정하여 인력 양성에 힘썼다. 이러한 지원을 통해 학교에서 교육받고 배출된 기술인력들은 이후 중화학공업화 과정에서 중요한 역할을 했다.

중화학공업화의 청사진

오원철은 1971년 11월 상공부를 나와 청와대 제2경제수석비서관이 되었다. 그가 제2경제수석으로 임명된 계기에 대해서는 앞서 소개한 바 있는데 간략하게 이야기하면, '4대 핵심 공장 건설 사업'의 성과가 기대에 크게 못 미치면서 방위산업 육성 방안이 벽에 부딪힌 상황에서 그가 새로운 해법을 내놓았고, 이 방안을 긍정적으로 평가한 박 대통령이 그에게 청와대 비서실에서 근무하면서 이를 추진해 갈 것을 지시했던 것이다. 이때부터 그는 1979년 12월까지 8년간 제2경제수석으로 근무하면서 중화학공업화 과정을 이끌게 된다.

사실 제2경제수석비서관은 1968년 3월 청와대 조직 개편 과정에서 처음 만들어졌다가 이듬해 11월 폐지된 상태였다. 즉 박 대통령은 그를 청와대로 데려오기 위해 제2경제수석 자리를 부활시켰던 것이다. 참고로 제1경제수석은 재무, 농림, 건설 등을 맡았고, 제2경제수석은 교통, 해사, 과학, 기술 등을 맡았다. 따라서 제2경제수석은 엔지니어 출신이 맡는 것이 적절했다고 할 수 있는데, 2대 수석인 그는 공대 출신이었고, 초대 신동식 수석 역시 조선공학을 전공한 엔지니어였다.

청와대 제2경제수석비서관으로서 초기 그에게 맡겨진 주된 임무는 방위산업을 육성하는 것이었다. 그런데 이후 그의 역할은 중화학공업화를 추진하는 것으로 확대되었다. 그는 이러한 변화의 시점이 1972년 5월이었다고 회고한다. 어느 날 박 대통령이 대뜸 오원철에게 "100억 달러를 수출하려면 무슨 공업을 육성해야 하냐"는 질문을 했다. 바로 전년인 1971년 수출이 처음 10억 달러를 돌파했고, 불과 3개월 전 1980년 수출 목표를 55억 달러로 확정했던 만큼, 수출 100억 달러는 아직 먼 훗날의 이야기 같아 보이는 상황에서 대통령이 이러한 질문을 던진 것이다. 오원철은 현시점에 대통령이 이러한 질문을 던진 것은 무언가 근본적인 변화를 모색할 필요가 있음을 그에게 넌지시 이야기하기 위해서라고 판단했다.

당시 한국의 수출 증가는 경공업 제품 수출이 주도하고 있었다. 하지만 경공업 제품 중심의 수출로는 수출 성장세를 지속해 가는 데에 한계가 있을 수밖에 없었다. 한국은 1960년대 풍부한 저임금 노동력을 활용해서 가격경쟁력이 높은 제품을 생산해 판매하는 방식으로 수출을 늘려 왔다. 그런데 이렇게 해서 경제가 성장하자 국내 임금 수준이 점차 상승했고, 그 결과 가격경쟁력이 약화되고 있었다. 게다가 한국보다 저렴한 노동력을 지닌 후발 개도국이 제품의 질을 끌어올리며 추격해 오고 있었고, 선진국에서는 노동집약적 상품 수입에 대한 규제를 강화하는 양상이 나타나고 있었다. 그 결과 1970년 무렵 한국의 수출증가세는 한풀 꺾이고 있었다. 1960년대 중반 이후 수출주도형 공업화 과정에 깊숙이 관여한 바 있던 오원철은 이러한 상황을 잘 인식하고 있었기에 박 대통령의 질문이 예사롭지 않다고 생각한 것이다.

이에 오원철은 자신이 그동안 구상해 온 산업구조 고도화 전략을 바탕으로 한 자료를 2~3일 만에 만들어 대통령에게 보고했다. 그 핵심은 수출 100억 달러 달성을 위해서는 중화학공업화를 추진해야 한다는 것이었다. 그는 1955년 수출 20억 달러를 달성하고 2년 뒤인 1957년 중화학공업화를 선언하였으며, 그로부터 10년 후인 1967년 수출 100억 달러 목표를 실현한 바 있는 일본 사례 등을 들어 가며 중화학공업화 추진이 필요함을 설명했다. 이 보고에 참석해 있던 김정렴 비서실장도 그의 브리핑에 힘을 실어 주었다. 그의 설명을 들은 박 대통령은 그에게 중화학공업화 추진 계획을 작성할 것을 지시했다.

정리하면, 방위산업 육성이라는 군사적 필요성 때문에 이미 중화학공업 육성이 추진되던 상황에서 지속적인 수출 확대를 통한 경제성장이라는 경제적 필요성이 더해져 중화학공업화가 본격적으로 추진되게 되었으며, 오원철이 이를 위한 구체적 계획을 작성하는 작업을 맡았던 것이다.

오원철은 김광모 비서관 등 소수의 제2경제수석실 직원들만을 데리고 대통령이 지시한 중화학공업 마스터플랜을 만들기 위한 작업을 비밀리에 진행했다. 이러한 비밀주의가 때로는 다른 부처와의 갈등을 불러오기도 했다. 특히 예산을 분배하는 경제기획원의 반발이 심했다. 막대한 예산이 소요되는 사업임에도 관련 부처의 의견을 무시하고 불투명하게 추진한다는 것이었다.

하지만 오원철은 중화학공업화 계획을 수립하고 있다는 사실이 알려지면 반대 세력의 반발로 인해 제대로 추진조차 해 보지 못한 채 중단될 위험이 있다며 비밀주의를 고수했다. 오원철을 중심으로 한 제2경제수석실 구성원들은 밤샘을 밥 먹듯이 하며 계획 마련에 몰두했고, 1972년 말 마침내 중화학공업화의 마스터플랜인 〈공업구조개편론〉을 마련했다.

〈공업구조개편론〉의 주요 내용은 다음과 같다. 우선 중점 육성 업종으로 철강, 화학, 조선, 전자, 기계공업을 선정하고 있다. 이후 여기에 비철금속이 추가되어 중화학공업 중점 육성 업종은 6개로 늘어나게 된다. 이들은 모두 산업 연관 효과가 크고 고부가가치 창출이 가능하며, 수출고도화에 기여할 수 있는 산업이었다.

이러한 중점 육성 업종 선정은 오원철이 강조해 온 임팩트 폴리시Impact policy에 기반해서 이루어졌다고 할 수 있다. 임팩트 폴리시란 용어는 그가 만들어 사용한 것으로, 초반에는 모든 분야를 한꺼번에 육성하지 않고, 파급 효과가 크거나 전략적 중요성이 높은 업종을 선정해 집중적으로 육성하는 전략을 의미한다. 일종의 불균형 성장 전략이라고 할 수 있다.

〈공업구조개편론〉에서는 또한 국내 협소한 시장 규모를 고려해 처음부터 수출을 목표로 삼을 것을 제안하면서, 이를 위해 가격경쟁력을 확보할 수 있도록 대규모의 공장을 지을 것을 권하였다. 중화학공업에서는 생산 규모가 커질수록 생산 단가가 낮아지는 규모의 경제economies of scale가 성립한다는 점을 고려한 제안이었다. 이 외에도 기술 고도화가 성패를 가르는 핵심 요소인 만큼, 기술자 자질 향상 및 기술계 교육제도 개편을 적극 추진할 필요가 있다는 점, 중화학공업은 전후방 연관 효과가 크고 대규모 사회간접자본이 필요하다는 점을 고려해, 각 산업별로 대규모 공단을 조성할 필요가 있다는 점 등을 제안하고 있었다. 이 〈공업구조개편론〉은 이후 정부에서 공식적으로 수립하는 '중화학공업육성계획'의 근간이 되었다.

이렇게 중화학공업화의 청사진이 마련되자, 1973년 1월 박 대통령은 신년 연두회견을 통해 "정부는 이제부터 '중화학공업 육성'의 시책에 중점을 두는 '중화학공업 정책'을 선언하는 바이다"라고 하면서 중화학공업화 추진을 공식 선언했다. 이 선언을 계기로, 그동안 제2경제수석실을 중심으로 물밑에서 은밀히 준비되던 중화학공업화는 공식화되어 본격적으로 추진되기 시작했다.

엔지니어링 어프로치

오원철이 임팩트 폴리시와 함께 누차 강조해 온 정책 수립 원리로 '엔지니어링 어프로치engineering approach', 즉 '공학적 접근법'이라는 것도 있다. 그는 이를 "다양한 데이터를 이용해 가장 합리적이고 이익이 되며 위험이 적은 공장 건설 방법을 발견하는 것을 기본 원리로 하는 과학"이라고 정의했다.

이해를 돕기 위해 공장을 짓는 경우를 예로 들어 본다. 엔지니어링 어프로치에서는 먼저 공장 건설 목표를 수립할 필요가 있는데, 목표는 구체적이어야 한다. 언제까지 무엇을 달성하겠다는 것이 수치로 제시되어야 한다. 목표가 수치로 구체화되면, 이윤, 수요, 시장성, 건설 기간, 확장 계획 등을 철저히 조사하고 관련 데이터를 모아 종합적으로 분석한다. 그리고 목표에 도달하는 데에 가장 합리적이고 유리하며 위험성이 적은 공장 건설 방법을 선택한다. 이것이 그가 강조했던 공학적 접근법이다.

'오 국보' 중화학공업화를 주도하다

1973년 5월 국무총리가 위원장을 맡고, 경제기획원 장관, 재무부 장관을 비롯한 경제 부처 장관 등이 위원으로 참여하는 중화학공업추진위원회가 설치되었다. 중화학공업 육성을 위한 종합계획, 중화학공업의 입지계획, 부문별 추진계획 등을 심의, 의결하는 기구였다. 중화학공업추진위원회 위원장은 국무총리였으나, 회의는 주로 대통령이 주재한 가운데 열렸다. 박 대통령이 그만큼 중화학공업화에 관심을 갖고 있었기 때문이다. 회의는 1973년부터 1974년 8월까지 총 18회 개최된 뒤에는 더 이상 열리지 않았는데, 주요 사항이 대부분 결정되어 개최될 필요가 없었기 때문으로 보인다.

한편, 중화학공업추진위원회가 설치되면서 총리 직속 기구인 중화학공업추진위원회 기획단도 출범했다. 기획단은 중화학공업추진위원회와 관련된 실무를 담당하는 상설기구였다. 총리실 소속이었지만 실제로는 청와대가 주도했다. 차관급인 기획단의 초대 단장에는 김용환 대통령 경제담당특별보좌관이 임명되었으며, 위원으로는 각 부처 차관보나 국장급 인사가 임명되었다.

오원철은 1974년 2월 김용환 특보에 이어 기획단 단장을 맡게 되었다. 청와대 경제수석과 겸임하는 형태였다. 오원철은 중화학공업화의 밑그림을 그린 데에 이어 이제 자신이 설계한 대로 중화학공업화를 실질적으로 기획하고 추진하는 역할을 담당하게 된 것이다.

청와대 경제수석이자 기획단 단장으로서 그는 상당한 자율성을 가지고 중화학공업화 정책을 추진했던 것 같다. 부총리도, 경제 부처 장관도 아닌 그가 이처럼 주도권을 쥐고 중화학공업화 정책을 추진할 수 있었던 것은 대통령이 종종 '오 국보'라고 부를 만큼 그를 신임하고 있었기에 가능한 일이었다.

공업단지 건설을 예로 들어 보자. 앞서 〈공업구조개편론〉에 각 산업별로 대규모 공단을 조성하는 방안이 포함되어 있다고 이야기한 바 있는데, 오원철은 이를 실행에 옮겼다. 그는 여천, 온산, 거제 등 6개 도시에 산업기지를 조성하는 사업을 추진하면서 자신이 '공업단지화 전술'이라 명명한 방식에 따라 먼저 정부가 부지를 조성하고 전기, 수도, 도로 등 기반시설을 갖추어 놓은 뒤 공장의 입주를 유도하도록 하는 과정을 주도했다. 기계공단이 들어선 창원의 경우, 입지 선정부터 도시계획까지 모든 과정에 깊숙이 개입했다. 창원시는 그러한 공로를 인정해 훗날 그를 1호 명예시민으로 선정하기도 했다. 그의 진두지휘하에 만들어진 여천석유화학단지, 창원의 한국종합기계공단, 온산비철금속단지 등의 중화학공업단지는 오늘날까지 그 명맥이 이어지면서 한국의 중화학공업 발전에 중요한 역할을 해 오고 있다.

이들 산업기지 선정과 관련된 일화도 있다. 1972년 말 오원철의 특명을 받은 조사팀이 부지 조사에 나섰을 때의 일이다. 이때는 아직 중화학공업화 추진 계획이 발표되기 전이었던 만큼, 비밀리에 산업기지에 대한 조사가 이루어지고 있었다. 조사팀은 여수 일대와 온산만을 거쳐 창원에 이

김종필 총리에게 중화학공업단지 건설계획을 설명 중인 오원철(맨 왼쪽)
출처: 국가기록원.

르렀다가 해안경비병들에게 거동 수상자로 적발되고 말았다. 그런데 이들은 자신들이 산업기지 부지를 조사할 목적으로 그곳에 있었다는 것을 끝내 밝히지 않았다. 그러자 경비부대 사령관은 이들을 간첩으로 오인해 전 부대에 비상을 걸었다. 1970년대 초반 당시 한반도 정세를 고려하면 충분히 그런 의심을 살 만한 상황이었다. 이 촌극은 산업기지 선정이 얼마나 철저하게 비밀리에 진행되었는지, 또 관계자들이 얼마나 투철한 사명의식을 갖고 준비에 임하고 있었는지를 잘 보여 준다.

행정수도 이전 계획 추진

오원철은 경제수석으로 있으면서 중화학공업화 외에도 여러 경제 현안에 관여했다. 그 가운데 하나가 국토 개편 계획이다. 1975년 박 대통령의 지시로 중화학공업추진위원회 기획단 산하에 태스크포스팀이 만들어졌고, 오원철이 책임을 맡았다. 이 팀 구성의 핵심 목적은 행정수도 이전 추진이었다.

당시 행정수도 이전을 추진한 이유는 무엇일까? 서울이 휴전선과 너무 가깝다는 점, 수도권 인구 집중 문제가 갈수록 심해지고 있다는 점, 그리고 국토 이용의 효용성을 높일 필요가 있다는 점 등이 고려되었다. 태스크포스팀은 2년간 전국을 누비며, 안보와 균형개발이라는 측면에서 행정수도로 적합한 지역을 물색했다. 행정수도 후보지를 찾는 과정에서 또 하나 고려한 부분은 인근에 대규모 공업기지 개발이 가능한가 여부였다. 행정수도 인근에 제2의 종합제철소를 건설하여 수도의 경제적 기반도 마련해 주고자 한 것이다.

그렇게 해서 오원철이 이끄는 태스크포스팀이 마련한 행정수도 후보지는 충남 연기군이었다. 대규모 산업시설이 들어설 배후도시의 후보지는 충남 태안군 북서부 해안에 있는 가로림만加露林灣이었다. 연기군은 당초 생각한 행정수도 입지 조건에 부합하는 지역이었으며, 가로림만은 제철소가 들어설 경우 필요한 대형 항구와 대규모 공업기지를 건설하는 데에 적합한 지역으로 평가되었다.

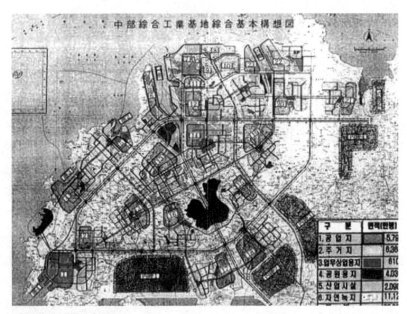

당시 가로림만 일대 개발 계획도
출처: 오원철, 『박정희는 어떻게 경제강국 만들었나』, 동서문화사, 2006, 635쪽.

태스크포스팀은 검토 결과를 박 대통령에게 보고했고, 박 대통령은 정주영 현대 회장과 함께 현지 시찰을 다녀오기도 했다. 정 회장을 데리고 간 것은 종합제철을 그에게 맡기려는 심산이었던 것 같다. 이후 공업기지 건설과 관련해 기본 계획을 만들고 가로림만 인근에 산업도로를 건설하는 등의 진척이 있었지만, 10·26이 발생하면서 행정수도 이전 계획은 무산되고 말았다. 그리고 이곳에 건설되려던 제2종합제철소는 전남 광양에 건설되었다.

이 계획이 예정대로 추진되었다면 어떻게 되었을까? 그 결과가 긍정적이었을지, 부정적이었을지는 알 수 없다. 다만 국토개발 양상이 현재와는 사뭇 다르게 전개되었을 것임은 분명해 보인다.

중동 진출이라는 활로를 뚫다

1973년 제1차 오일쇼크가 발생했다. 중동전쟁이 발발하자 석유수출국기구OPEC가 감산에 나서 석유 가격이 폭등한 것이다. 이로 인해 세계경제가 상당한 어려움을 겪었고, 한국경제도 타격을 입었다. 중화학공업화를 이제 막 시작한 상황에서 마주한 오일쇼크는 한국경제에 큰 악재였다.

오원철은 노심초사하면서 외국 손님을 만날 기회가 있을 때마다 그들의 국가에서는 위기 극복을 위해 어떠한 대책을 수립하고 있는지 물었다. 그런데 일본 쪽 이야기가 흥미로웠다. 오일쇼크로 돈이 넘쳐나는 중동 산유국들이 경제건설에 나서려 하고 있어 일본은 중동 진출을 모색하고 있다는 것이었다.

그는 이 이야기를 듣고 곧바로 진출 분야, 추진 방향 등을 담은 중동 진출 방안 보고서를 작성해 김정렴 비서실장을 찾아갔다. 그리고 그와 김 비서실장의 보고를 받고서도 확신을 품지 못하고 있던 박 대통령을 설득해 결국 중동 진출 추진을 이끌어 냈다.

이후 중동 지역으로부터의 해외건설 수주액은 빠르게 증가했다. 1965년부터 1973년까지 중동에서의 수주액은 총 2,400만 달러에 불과할 정도로 중동과의 경제 관계는 제한적이었다. 그런데 중동 진출이 모색되면서 수주액은 1974년 8,900만 달러, 1975년 7억 5,100만 달러로 증가하였으며, 중동 진출이 본격화된 1976년 이후에는 더욱 빠르게 증가했다. 그 과정에서 특히 현대건설의 활약이 두드러졌다. 현대건설은 1975년 10월 처음으로 바레인 아랍수리조선소 건설공사를 수주한 데에 이어 1976년에는 사우디 주베일 산업항 공사도 따냈는데, 이 공사의 계약 규모는 9억 6,000만 달러로 당시 한국 정부 예산의 4분의 1에 달하는 수준이었다. 이러한 중동 진출 활성화는 한국경제가 오일쇼크를 극복하고 1970년대 후반에도 계속해서 고도성장을 실현해 가는 데에 적잖은 도움이 되었다고 평가할 수 있다.

오원철은 10·26 직후인 1979년 12월 제2경제수석과 중화학공업기획단 단장직에서 물러났다. 한창 일할 나이인 51세에 경제관료 생활을 마무리한 것이다. 이후 그는 고초를 겪기도 했다. 1980년 5월 권력형 부정축재자로 몰려 보안사에 끌려갔다가 8월 풀려난 것이다. 그가 권력형 부정축재자로 몰리게 된 것은 방위산업에 관여하면서 군인들에게 부드럽지 않게 대했던 것에 대해 신군부가 응징한 것이라는 이야기도 있는데, 정확한 내막은 알기 어렵다.

이후 그는 12년간 칩거하다가 1992년 다시 사회로 돌아왔다. 하지만 더 이상 관료 생활을 하지는 않았고, 민간 연구소의 상임고문 등으로 활동했다. 그러면서 김정렴과 마찬가지로 주로 자신의 관료 생활 경험을 토대로 한국의 경제발전 경험에 대해 정리하는 글을 쓰는 데에 집중했다. 그의 대표적인 저서는 1995년부터 7권의 시리즈로 발간한 『한국형 경제건설』이다. 한국의 중화학공업화 과정을 산업별로 소상히 밝힌 책으로 당시 한국 경제를 이해하는 데에 매우 유용한 참고자료이다. 이후 조용히 여생을 보내던 그는 2019년 91세를 일기로 세상을 떠났다.

오원철은 박정희 대통령의 두터운 신임 속에 한국의 중화학공업화를 설계한 인물로 기억되고 있다. 비록 독불장군식으로 일을 추진했다거나 그 과정에서 과잉투자, 경제력 집중 등의 부작용을 낳았다는 비판도 있지만, 그가 중화학공업화를 성공적으로 이끌면서 한국경제에 기여했음은 부인하기 어려울 것이다.

그런데 오원철이 중화학공업화 과정에서만 기여한 것이 아니다. 1960년대 초반부터 경제개발계획 수립 및 수출주도형 공업화 추진 과정에서도 중요한 역할을 했으며, 울산석유화학공업단지 건설, 금오공고 설립, 행정도시 이전 계획 추진, 중동 진출 등의 측면에서도 기여한 바가 적지 않았다. 이러한 부분까지 확인하고 나니, 박정희 대통령이 그를 '오 국보'라 부르며 애지중지했던 이유가 좀 더 잘 이해되지 않는가.

9장

남덕우
1970년대 한국경제의 뛰어난 관리자

1998년 8월 동아일보는 정부 수립 50주년을 맞아 여론선도층을 대상으로 설문조사를 실시했다. 그중에는 역대 가장 뛰어났던 경제관료를 묻는 질문도 있었는데, 남덕우가 압도적인 1위를 차지했다. 무려 43.6%가 그를 최고의 경제관료로 꼽았다. 10.4%로부터 지지를 받은 2위 김학렬과의 격차는 현격했다.

이 설문조사의 시점이 IMF 외환위기 극복 시점과 맞물려 있었다는 점에서, 이러한 결과에는 조사 당시와 대비되는 고도성장을 이루었던 박정희 정권에 대한 향수가 작용했을지도 모른다. 하지만 그로부터 사반세기가 지난 현시점에 다시 설문조사를 한다고 해도 그가 역대 한국 최고의 경제관료 중 한 명으로 꼽힐 것은 명약관화하다.

남덕우는 왜 이처럼 최고의 경제관료로 기억되고 있는 것일까.

행원에서 경제학자로, 그리고 관료로

남덕우는 1924년 경기도 광주에서 태어났다. 가정 형편이 그리 넉넉지 않아서 그는 보통학교 졸업 후 상급학교에 진학하지 못하고 서울에 올라와 상점에서 일했다. 학업에 대한 열의를 포기할 수 없었던 그는 일하는 틈틈이 검정고시를 준비했다. 하지만 그는 일제에 징용되어 일본 아오모리현으로 갔고, 해방을 맞이하고서야 한국에 돌아오게 된다.

한국으로 돌아온 그는 을지로에서 프린트사를 운영했다. 가족을 부양하기 위해서였다. 그러다 1946년 9월 야간대학 모집 공고를 보고 지원해 합격한다. 그가 다니게 된 학교는 오늘날 국민대학교의 전신인 국민대학관으로, 그가 입학할 당시에는 정규 대학이 아니었다. 1948년 정규 주간 대학으로 승격했고, 남덕우는 국민대 정치학과 1회 졸업생이 되었다.

그런데 졸업 직후 한국전쟁이 발발했다. 남덕우는 북한의 공작대에 잡혀 의용군으로 끌려갈 위기에 처하기도 했다. 다행히 극적으로 탈출한 그는 이후 숨어 지내다가 1951년 1·4 후퇴 때 부산으로 내려가게 된다. 부산에 혈혈단신 내려온 그는 미군에서 통역으로 일하다가 자유당 정헌주 국회의원의 비서로 들어가게 되었다. 그런데 그가 정 의원 이름으로 잡지에 쓴 글이 이승만 정부를 비판했다는 이유로 문제가 되자 비서를 그만두고 은신했다. 그러던 중 그의 삶에 결정적인 터닝포인트가 찾아왔다. 1952년 11월 한국은행의 행원 모집이 있어 응시했는데 수석으로 합격한 것이다. 이를 계기로 남덕우의 인생행로는 경제 분야로 향하게 된다.

그런데 그가 경제에 대해 잘 알고 있어 한국은행 시험에 수석 합격한 것은 아니었다. 학과 시험을 마치고 구술시험을 볼 때의 일이다. 송인상 부총재가 FOB가 무엇이냐고 물었다. 그는 'Free on Board' 즉 관세 부과 이전의 적재화물을 이야기한 것이었다. 그런데 남덕우는 'Field of Battle'이라고 대답했다. 전시 상황을 고려해 임기응변으로 대답한 것이었는데, 송인상은 웃어 넘겼다고 한다.

한국은행은 당시 최고의 직장이었다. 그러한 직장에, 그것도 수석으로 합격해 들어갔으니 안주했을 법도 하다. 그런데 그는 1954년 3월 돌연 사표를 던졌다. 당시 그는 서울대 대학원에서 경제학을 공부하고 있었는데, 배우면 배울수록 제대로 공부할 필요가 있다는 생각이 들었기 때문이다. 한국은행을 그만둔 그는 모교인 국민대에서 전임강사로 근무하면서 서울대 대학원에서 경제학 석사 과정을 수료했다. 그리고 1957년 미국 스미스–문트 프로그램Smith-Mundt Program 장학생으로 선발되어 아내와 두 아이를 서울에 남겨 둔 채 미국 오클라호마주립대로 유학을 떠났다.

그는 3년 만인 1960년 석사와 박사 과정을 마치고 돌아왔다. 다시 국민대로 돌아가 강의하던 그는 1964년 서강대로 자리를 옮겼다. 이 시기 그는 경제학자로서 왕성하게 활동했다. 1965년 그는 『가격론』 초판을 발행했는데, 이 책은 국내에서 미시경제학 이론을 체계적으로 소개한 최초의 교과서였으며, 1970년대 주요 대학에서 교재로 활용되었다. 또 그는 박영사에서 출간된 『경제학대사전』의 편찬 과정에서도 주도적인 역할을 하였으며, '본원통화', '통화승수'와 같은 개념을 국내에 소개하기도 했다.

강의와 연구로 바쁘게 활동하는 가운데 남덕우는 점차 정부 일에도 관여하게 되었다. 정부의 각종 회의에 참석하여 정부 정책을 평가하고 자문하는 등의 역할을 맡았던 것이다. 이러한 자리에서 그는 비판적인 발언을 많이 했다. 오원철은 이 시기의 남덕우를 정부 정책에 대해 쓴소리를 잘하던 인물로 기억하고 있다. 그의 인터뷰를 보면 이런 이야기가 나온다.

"1960년대 경제개발계획 평가교수단 멤버 중 이른바 '서강학파'의 태두였던 남덕우 서강대 교수는 정부 정책에 대해 쓴소리를 잘하는 분이었지. 대통령 이하 국무총리, 각 부처 장관과 학계 전문가들이 한데 모여 경제개발계획의 추진 상황을 평가하고 토론하는 자리에서, 남 교수는 경제 문제를 조목조목 날카롭게 비판하면서 후진국의 경제개발에는 무엇보다 최고지도자의 리더십이 중요하다는 것을 강조해 주목을 받았어."

_윤재석, 『조국 근대화의 주역들』, 기파랑, 2014, 24~25쪽

서강학파

남덕우는 서강학파의 대부로 불린다. 서강학파는 서강대 교수 출신으로서, 한국경제의 고도성장 과정에서 활약했던 경제관료 집단을 지칭한다. 당시 서강대 교수 출신으로서 관계에서 활약했던 인물은 여럿 있었다. 대표적으로 남덕우와 함께 서강학파의 1세대로 불리는 이승윤, 김병국, 김만제 교수가 있다.

이 중 이승윤은 미국 위스콘신대에서 경제학 박사학위를 받은 뒤 1964년부터 서강대 교수로 재직하였으며, 1980년 재무부 장관, 1990년 부총리 겸 경제기획원 장관 등을 역임했다. 또 김만제는 미국 미주리대에서 경제학 박사학위를 받은 뒤 1966년부터 서강대 교수로 재직하다가 1971년 KDI로 옮겨 12년간 초대 원장을 지냈으며, 1983년에는 재무부 장관, 1986년에는 부총리 겸 경제기획원 장관 등을 지냈다. 이 외에도 서강학파 2세대로 불리는 김병주, 김덕중, 김종인 교수 등이 있다.

서강대가 이처럼 경제관

서강학파 1세대 교수들(왼쪽부터 김병국, 남덕우, 이승윤)
출처: 이코노미톡뉴스.

료의 산실이 되었던 이유는 무엇일까. 우수한 교수진을 확보한 것이 가장 큰 요인일 것이다. 서강대는 재단의 지원하에 다른 대학에 비해 미국에서 경제학을 배워 온 교수를 더 많이 영입하고 있었다. 서강학파의 1세대로 불리는 세 교수는 모두 당시 드물었던 미국 유학파였다. 서강대 교수들이 상아탑 속에 머물려 하기보다는 경제학은 실천의 학문이라 생각하여 현실 문제에 적극적으로 참여하려는 경향을 보이고 있었다는 점도 서강학파 출현의 이유일 것이다.

이처럼 정부에 대해 쓴소리를 아끼지 않으면서, 한편으로 최고지도자의 리더십이 갖는 역할을 강조한 덕분에 남덕우는 박정희 대통령의 눈에 띄게 되었다. 1967년 여름 한국을 떠나 1년간 미국 스탠퍼드대의 교수 초청 프로그램에 참여한 그는 한국으로 돌아온 뒤 경제과학심의회의 상임위원으로 위촉되는 등 다시 정부 정책에 관여하였고, 1969년 10월 재무부 장관으로 임명되었다. 김학렬 부총리 겸 경제기획원 장관이 그를 천거했다고 한다. 이렇게 해서 그는 자신이 천직이라 생각해 온 학자의 길에서 벗어나 관료의 길에 들어서게 되었다.

그에게 임명장을 주는 자리에서 박 대통령은 "그동안 정부가 하는 일에 비판을 많이 하던데, 이제 맛 좀 봐"라고 농담을 했다고 한다. 그런데 그건 농담이 아니었다. 이후 14년간 그는 정부 관료로 있으면서 온갖 쓴맛을 보게 된다.

안정론자 남덕우

남덕우는 관료 생활 후반부에는 성장 우선론자에 가까웠다. 경제성장을 최우선 순위로 놓고 정책을 펼친 것이다. 하지만 관료 생활 초기 그는 안정론자에 가까웠다. 학자 시절 그는 "연간 통화증가율을 15% 이상 허용하자고 주장하는 것은 무모하다"는 입장을 고수했는데, 재무부 장관이 된 이후에도 이러한 시각을 견지했다. 그는 긴축통화정책을 실시하는 것이 자신의 역할이라고 생각했다. 경제개발을 추진하는 과정에서 통화량이 증가해 물가가 상승하는 상황이 만성화된 현실을 타개하는 것이 재무부 장관으로서 자신에게 주어진 임무이며, 이를 위해서는 긴축이 불가피하다고 판단했다.

그가 재무부 장관이 되었을 때 통화 관리 실태는 심각했다. 공식 통계상으로도 통화증가율이 높았는데, 그 내막을 들여다보니 실제로는 더 높았다. 당시 IMF와 통화량 증가에 대한 계획을 약정하는 것이 관례였는데 통화량이 약정액을 크게 초과했지만, 그렇지 않은 것처럼 분식되어 있었던 것이다. 이는 언젠가는 알려져 문제가 될 수밖에 없는 심각한 사안이었다. 남덕우는 부처 출입기자들에게 이실직고하면서, IMF와의 관계도 의식해야 하니 크게 보도하지는 말아 달라고 간청했다. 하지만 결국 이는 신문에 크게 보도되었고, 그는 자신이 벌인 일이 아님에도 재무부 장관으로서 언론과 국회로부터 상당한 고초를 겪어야 했다.

남덕우는 통화량 증가율을 낮추는 등의 긴축정책을 추진했다. 그러

1970년 베트남을 방문 중인 남덕우(오른쪽 두 번째)
출처: 국가기록원.

자 산업계, 특히 수출업계의 반발이 심했다. 재무부의 긴축정책으로 인해 수출업계가 자금난에 시달려 수출이 안 된다는 것이었다. 당시에는 매월 대통령이 참석하는 수출진흥확대회의가 열렸다. 이 자리에서는 주로 수출 실적에 대한 보고가 이루어졌지만 각계에서 민원을 제기하는 시간도 있었다. 한국무역협회 회장은 이런 기회를 이용해 긴축정책에 대한 비판의 목소리를 높였다.

　이러한 저항에 직면하면서도 남덕우는 긴축정책을 고수했다. 그 결과 그가 장관으로 있었던 1970~1974년 연평균 통화증가율은 30% 정도로 낮아졌다. 학자 시절 자신이 갖고 있던 지론과 비교하면 상당히 높은 수준이지만, 이전 5년, 그러니까 1965~1969년의 통화증가율에 비해서는 10% 포인트 가까이 낮아진 수준이었다.

하지만 긴축을 통해 궁극적으로 해결하고자 했던 인플레이션 문제와 관련해서는 만족스러운 성과를 거두지 못했다. 그가 장관으로 있던 5년간 연평균 도매물가 상승률은 16%에 달했다. 1973년까지는 어느 정도 물가상승을 관리하는 데에 성공했지만, 1974년 물가가 40% 넘게 상승한 탓이었다. 남덕우 자신도 회고록에서 "인플레이션 수습에는 실패했다"고 인정하고 있는데, 그 사이 오일쇼크가 발생하는 등 여건이 좋지 않았기에 불가피한 측면도 있었지만, 그로서는 뼈아픈 경험이었다.

부가가치세 도입 논의의 물꼬를 트다

한국에서 부가가치세가 도입된 것은 1977년의 일이다. 그런데 이에 관한 논의가 시작된 것은 남덕우가 재무부 장관으로 있던 시기였다. 그에게 부가가치세에 관한 정보를 제공해 준 이는 김재익이었다(→11장). 김재익은 당시 유럽에서 도입되고 있던 부가가치세 제도를 한국에도 들여올 필요성이 있다고 경제관료들에게 강조하곤 했는데, 남덕우에게도 이야기한 것이다.

당시 간접세는 영업세, 물품세, 주세, 전화세 등 10여 가지로 다양했으며, 과세 기준과 방법도 제각각이었다. 또 영업세와 같은 일부 세목의 경우 세액 산정의 투명성 측면에서 문제가 있어 조세 마찰을 불러오는 주요인이 되고 있었다. 부가가치세의 도입은 이러한 문제를 해결하기 위해 세목을 단일화, 간소화하는 데에 도움이 될 수 있었다. 게다가 부가가치세는 과세 대상이 광범위하여 세수 확대에 도움이 될 뿐만 아니라 세정의 효율성을 제고하는 데에도 기여할 수도 있을 것으로 보였다. 문제는 거래 시 의무적으로 영수증을 주고받도록 하는 데에 있었는데, 이 부분만 해결될 수 있다면 도입 효과는 클 것으로 예상되었다.

남덕우는 1972년과 1973년 해외 전문가를 초청해 자문했다. 1974년에는 공무원, 학자 등으로 구성된 부가가치세 시찰단을 영국, 서독 등 주요국에 파견하여 조사토록 하는 등 준비 작업을 이어 갔다. 이때 파견된 인물 중에는 그에게 부가가치세 제도를 알려준 김재익 박사 외에 현재 정치계 원로로 활동 중인 김종인 당시 서강대 교수 등도 포함되어 있었다. 이들은 귀국하여 남덕우에게 현지에서 보고 들은 내용을 자세히 보고했다. 남덕우는 이들의 의견을 종합하여 판단한 뒤 1976년 제도를 도입하는 것으로 방향을 잡았다.

그런데 얼마 지나지 않아 그는 부총리 겸 경제기획원 장관으로 자리를 옮기게 되고, 부가가치세 도입 업무는 후임인 김용환 장관이 맡게 되었다. 재무부는 부가가치세를 도입하는 것으로 방침을 정하고 있었지만, 학계와 재계 등에서는 부가가치세 도입을 찬성하는 측과 반대하는 측이 팽팽히 맞서고 있었다. 이에 새로 부임한 김용환은 외국 전문가의 조언, 시찰단 활동 보고서, 찬성론과 반대론의 논리 등을 종합 검토하였고, 마침내 1976년 1월 이 제도를 도입할 것임을 공식적으로 발표했다. 초안에는 기본 세율은 10%로 하되, 경기 상황에 따라 7~13%로 탄력적으로 조정될 수 있도록 하며, 사치품에 대해서는 특별소비세를 부과하고, 생필품은 면세한다는 등의 내용이 담겼다. 시행 시점은 1977년 7월 1일로 잡았다.

정부의 공식 발표 이후에도 찬반양론이 첨예하게 맞섰다. 경제기획원 실무 담당자들이 물가안정을 이유로 제동을 걸고 나섰고, 경제단체들도 시기상조론을 들고 나왔다. 아이러니하게도 재무부 장관 시절 부가가치세 도입 논의를 촉발시켰던 남덕우 부총리마저 연기론을 지지하는 쪽으로 기울어져 있었다. 물가불안에 대한 우려가 그만큼 컸던 것이다. 하지만 김정렴 비서실장이 예정대로 시행할 것을 주장했고, 이에 대통령이 결단을 내려 부가가치세 도입은 예정대로 이루어지게 되었다. 단, 세율은 10%로 고정하는 것으로 바뀌었다.

부가가치세 제도가 성공적으로 정착되기 위해서는 거래 과정이 투명해야 한다. 그래서 정부는 '영수증 주고받기 운동'을 펼쳤다. 당시 국내에서 영수증을 주고받는 관행이 확립되어 있지 않았기 때문이다. 정부는 이와 함께 판매자들에게 금전등록기를 보급하고, 소비자가 일정 수의 영수증을 모으면 세액을 일부 환급해 주는 제도를 실시하기도 했다. 이러한 노력 속에 부가가치세 제도는 빠르게 정착했고, 도입 후 40여 년이 지난 오늘날 부가가치세는 종합소득세, 법인세와 함께 한국에서 가장 중요한 세목 중 하나로 자리매김하고 있다.

8·3 조치와 기업 금융환경 개선

1972년 8월 8·3 조치가 전격 단행되었다. 1960년대 정부 보증을 통해 많은 기업이 차관을 들여왔는데, 1960년대 말부터 부실 차관기업이 속출했고, 이들 기업이 사채시장에 의존해 문제가 더욱 악화되었다. 이에 재계에서 정부에 특단의 조치를 요구하고 나섰고 정부가 긴급조치를 단행한 것이다.

8·3 조치의 핵심은 기업과 사채권자의 채권−채무 관계를 무효화하고, 월리 1.35%, 3년 거치 5년 상환의 새로운 계약으로 대체한다는 것이었다. 채권자가 원할 경우에는 대출금을 출자로 전환할 수도 있었다. 당시 사채 평균이자가 월 3.84%에 이르렀으므로 이 조치를 통해 기업은 이자 부담을 크게 덜 수 있게 되었다. 게다가 3년 거치가 가능해져 당장 원금을 상환해야 하는 부담도 피할 수 있게 되었다는 점에서 이는 기업에 상당히 유리한 조치였다. 아울러 2,000억 원의 특별금융채권을 발행해 장기저리 자금을 조달하여 기업의 단기고리 대출을 연리 8%, 3년 거치 5년 상환의 장기저리 대출로 전환할 수 있도록 하는 조치도 이루어졌는데, 이 역시 기업에 유리했다.

8·3 조치의 성패는 1주일의 신고 기간 동안 기업과 사채권자가 얼마나 자발적으로 신고하느냐에 달려 있었다. 그런데 신고 규모는 예상을 뛰어넘는 수준이었다. 전국경제인연합회는 사채 규모가 1,800억 원 정도일 것으로 예상했다.* 하지만 실제로 사채권자가 신고한 금액은 3,571억 원,

---

* 남덕우 장관의 회고록을 보면, 당시 남덕우는 박 대통령과 신고액 알아맞히기를 했는데, 자신은 2,000억 원 이상으로 예측한 반면, 박 대통령은 3,000억 원 이상을 예측했다고 한다. 그저 운이 좋았는지는 모르겠지만, 재계를 대표하는 단체인 전경련, 주무 부처인 재무부의 장관보다도 박 대통령이 현실에 더 근접한 값을 내놓았던 것이다.

1·15 조치가 될 뻔했던 8·3 조치

사채동결 조치의 구체적인 내용을 준비하는 역할은 외자관리비서관 김용환이 맡았다. 김용환은 1971년 9월 심형섭 비서관 등과 함께 실무팀을 구성했다. 비밀 유지가 중요했던 만큼 그는 서울 회현동에 있는 한 호텔 방에 '경주종합개발계획'이라는 위장 간판을 내걸고 준비에 착수했다. 김용환이 이끄는 실무팀은 3개월여 준비한 끝에 1971년 12월 15일 사채동결 대책 수립을 마무리하고, 대통령에게 보고했다. 그리고 1월 15일을 긴급명령 발표 디데이로 잡았다. 하지만 국내외 정세를 고려해 긴급명령 단행을 연기하게 된다. 예정대로 진행되었다면, 아마도 '8·3 조치'가 아니라 '1·15 조치'가 되었을 것이다. 조치의 완성도를 높일 시간을 확보한 김용환은 관련 전문가들의 의견을 듣는 등의 과정을 거치면서 정책의 완결성을 높이며 정세가 변화되기를 기다렸다.

1972년 6월경, 마침내 디데이가 정해졌다. 8월 3일이었다. 그 사이 상공부 차관이 된 김용환은 이후에도 비밀 유지에 각별히 주의를 기울였다. 이를 위해 긴급명령 최종안을 육필로 작성한 뒤, 이번에는 아예 우이동의 호텔 한 층을 빌려 디데이 일주일 전부터 복사기 네 대를 가지고 복사했다. 기계가 고장나는 돌발 상황에 자체적으로 대처하기 위해 심형섭 비서관은 복사기 회사에 가서 복사기를 분해, 조립하는 방법까지 익혔다고 한다. 이처럼 비밀리에 준비된 8·3 조치는 8월 2일 밤 청와대 임시국무회의에서 의결, 공포되었다. 마침내 8·3 조치를 시행하게 된 것이었다.

채무를 진 기업이 신고한 금액은 3,456억 원이었다. 당초 예상의 두 배에 육박하는 수준이었으며, 1972년 7월 통화량의 88%에 해당하는 금액이었다. 그만큼 당시 지하경제 규모가 컸던 것이다.

8·3 조치가 추진되던 당시 남덕우는 주무 부처인 재무부의 장관이었다. 따라서 그는 8·3 조치의 여파를 고려해 여러 측면에 신경을 써야 했다. 우선 한국경제에 계속 관여하고 있던 국제통화기금IMF이 이 조치를 문제 삼을 가능성이 있었다. 남덕우는 이재국장과 함께 워싱턴으로 날아가 세 시간 동안 IMF 한국 담당관에게 사채동결 조치 계획을 이야기하고, IMF 측에서 이를 양해해 줄 것을 요청했다. 다행히도 한국 담당관은 이들의 요청을 수락하였다.

주식시장을 발전시키기 위한 조치도 추진했다. 기업이 자금 수요를 충당하기 위해 은행의 단기융자에 의존하고, 그것이 여의치 않으면 사채시장을 찾거나 외국에서 차관을 얻으려 하는 구조가 이러한 위기를 낳은 근본 원인이라고 판단했기 때문이다. 따라서 가장 시급한 과제는 기업이 주식을 발행해 자본금을 조달할 수 있는 주식시장을 발달시키는 일이었다.

1972년 8·3 조치 당시 설치되었던 사채신고상담소 모습
출처: 국가기록원.

이를 위해서는 우선 시장 환경을 개선할 필요가 있었다. 남덕우는
8·3 조치 이전인 1971년 공매도, 공매수를 금지하고, 실물 거래만 가능하
도록 하는 조치를 취한 바 있었다. 주식거래의 투기적 요소를 제거하기 위
함이었다. 그는 1973년 2월에는 증권사의 현대화와 대형화를 촉진하고자
증권거래법을 개정했으며, 증권시장에서 기업 주식 대신 증권금융회사
자체의 주식이 주로 거래되는 문제를 해결하고자 증권금융회사 자체 주식
의 상장을 금지하기도 했다.

제도적 환경을 조성하는 것은 주식시장 발전의 필요조건이지 충분

8·3 조치와 위장사채

8·3 조치를 통해 얻은 성과 중 하나는 위장사채 문제를 상당 부분 해결했다는 점이다. 위장사채란 쉽게 이야기하면, 기업주들이 자신의 가족이나 친척 명의로 자기 기업에 빌려준 사채를 의미한다. 기업주들이 자신의 기업에 금리가 높은 사채를 빌려준다는 것은 선뜻 이해하기 어려운 일이다. 그들은 왜 이런 일을 했던 것일까? 고금리의 이자를 받아 사익을 챙기기 위해서였다. 기업에 손해가 가더라도 기업주 자신은 치부를 하겠다는 생각으로 이런 행동을 취했던 것이다. 따라서 이들은 한마디로 악덕 기업주들이라고 할 수 있다.

그런데 사채 신고를 받고 보니 그 규모가 적잖았다. 위장사채는 전체 사채 신고 금액의 3분의 1 수준에 달하는 1,137억 원이었다. 정부는 이들에 대해 출자로 전환토록 하고, 전환하지 않을 경우에는 불이익을 주도록 함으로써 위장사채 문제를 해결했다.

조건은 아니다. 주식시장이 발전하려면 기업들이 적극적으로 상장에 나서야 한다. 따라서 남덕우는 기업공개를 촉진하고 나서기도 했다. 1972년 12월 제정된 기업공개촉진법은 말 그대로 기업공개를 촉진해 기업 재무구조를 개선하고, 주식 발행을 통한 직접금융을 장려하며, 국민의 기업 참여를 유도하기 위해 마련된 것이었다. 앞서 1968년에도 이러한 입법 취지하에서 '자본시장 육성에 관한 법률'이 제정된 바 있었다. 이 법은 세제상 혜택을 부여해 기업공개를 유도하는 내용을 담고 있었는데, 성과는 크지 않았다. 기업공개촉진법은 그보다 더 적극적으로 기업공개를 촉진하기 위해 마련된 법이었다. 이 법에 따르면 재무부 장관이 공개 대상 법인을 선정해 기업에 공개를 명하고, 만약 기업이 공개를 할 경우에는 세제 및 금융상 특전을 주되, 기업이 이를 따르지 않을 경우에는 불이익을 줄 수 있었다.

이러한 강제적인 제도가 도입된 결과 증권시장에 신규로 상장되는 기업의 수는 증가했다. 하지만 여전히 충분한 수준은 아니었다. 더욱이 8·3 조치로 혜택을 입게 된 재계는 기업공개 촉진을 약속한 바 있었는데, 여전히 많은 기업들이 이를 차일피일 미루고 있었다. 이에 1974년 5월 박 대통령은 '5·29 특별지시'를 통해 비공개 대기업에 대한 제한 조치를 더욱 강화했다. 비공개 대기업의 여신 관리를 대폭 강화하고, 이들 기업의 대주주에 대한 세무 관리를 강화하는 등의 조치를 취한 것이다. 특별지시의 내용 역시 남덕우가 이끄는 재무부에서 나온 것이었다.

그의 뒤를 이어 1974년 9월 김용환이 재무부 장관으로 부임한 이후에도 기업공개를 촉진하기 위한 조치는 이어졌다. 그 결과 1972년까지 66개 사에 불과했던 증권거래소에 상장된 회사 수는 1979년 박 대통령 사망 시에는 355개로 크게 늘어났다.

남덕우는 8·3 조치를 계기로 사금융 양성화에도 나섰다. 8·3 조치 이틀 전인 1972년 8월 1일 단기금융업법, 상호신용금고법, 신용협동조합법이 제정되어, 단자회사, 상호신용금고 등 '제2금융권'이 형성될 수 있는 법적 기반이 마련된 것이다. 여기에는 제도권 밖에 있던 사금융 시장을 제도권으로 흡수한다는 목적도 있지만, 이들을 기관투자자로 양성한다는 의도도 있었다. 주식시장이 발전하려면 투자자 집단도 필요한데, 당시에는 기관투자자 그룹이 형성되어 있지 않았기 때문이다.

한편, 남덕우는 '우리사주조합' 결성 정책도 적극 추진했다. 이는 종업원 지주제도의 일종으로, 종업원이 원할 경우, 법인이 주식을 상장할 때 총발행주식의 10분의 1 이하를 종업원에게 우선 배정토록 한 제도이다. '우리사주'라는 말은 남덕우가 만들었다고 한다. 이 제도는 종업원의 애사심을 함양하고 노사 협조를 도모하기 위해 마련된 것이었는데, 정부는 각종 지원을 제공하면서 우리사주조합 결성을 장려했다. 우리사주조합 제도는 오늘날까지도 지속되고 있다.

국민투자기금의 고안

정부는 1973년부터 중화학공업화 정책을 본격적으로 추진했다. 계획은 야심찼다. 철강, 비철금속, 조선, 전자, 화학, 기계 등 6개 분야를 중점 육성하겠다는 것이었다. 이러한 계획을 실현하는 데에 가장 문제가 되는 것은 역시 재원을 확보하는 일이었다. 100억 달러에 이를 것으로 예상되는 투자자금을 어떻게 확보할 것인가가 관건이었다. 그런데 계획 수립 과정에서 재원을 어떻게 마련할 것인가에 대한 협의는 충분히 이루어지지 않았다.

남덕우는 재원 조달 문제를 책임져야 하는 부처의 장관으로서 상당한 부담을 느낄 수밖에 없었다. 자금조달 방안을 대통령에게 보고해야 하는 숙제를 안고 고심하던 남덕우는 마침내 해법을 하나 찾아냈다. 일본 제도에서 힌트를 얻어 '국민투자기금'을 고안해 낸 것이다. 이는 정부가 국민투자채권을 발행해서 은행에 예치되어 있는 공무원연금기금, 군인연금기금, 사립학교교원연금기금 등 공공기금을 흡수해 사용하는 방안이었다.

그런데 이재국장이 분석한 결과 공공기금 흡수만으로는 중화학공업화에 필요한 자금을 충분히 조달하기 어려운 것으로 나타났다. 기금 마련을 위한 추가적인 방안이 필요했다. 남덕우는 또다시 고민에 빠졌다. 결국 그가 생각해 낸 것은 금융기관이 저축성 예금의 연간 증가액의 20% 등을 가지고 국민투자채권을 인수하도록 한다는 것이었다. 이러한 내용을 담은 '국민투자기금법'은 1973년 12월 제정되었다.

이렇게 해서 조성된 국민투자기금은 중화학공업화 추진 당시 재원 조달 측면에서 일정한 역할을 했다. 다만 이 법은 금융기관의 자율성을 상당히 제한할 수 있는 내용을 담고 있었다는 점에서 이후 비판을 받기도 했다. 금융기관이 저축성 예금 중 일부를 사용해 의무적으로 국민투자채권을 구매하도록 강제했기 때문이다.

남덕우는 이러한 비판을 의식한 듯, 회고록에서 이 법 때문에 정부 각 부처가 중화학공업화 과정에서 필요한 자금을 마련하기 위해 은행에 대출 압력을 가하는 일이 없어졌다고 항변하고 있다. 금융기관이 정부 부처들로부터 과도한 외부 간섭을 받지 않도록 보호하는 것이 자신의 숨은 의도였다는 것이다. 물론 그러한 효과도 발생했을 것이다. 하지만 그렇다고 해도 정부가 정책 추진을 위해 금융기관의 자율성을 상당 부분 제한했다는 사실 자체는 부정하기 어려울 것 같다.

한국경제의 3중고 극복을 위한 노력

남덕우는 1974년 9월 부총리 겸 경제기획원 장관으로 임명되었다. 재무부 장관으로 있은 지 4년 11개월 만이었다. 이후 그는 1978년 12월까지 4년 3개월간 부총리로서 한국경제를 이끌어 갔다.

그가 부총리로 취임할 당시 한국경제 상황은 썩 좋지 않았다. 그의 표현을 빌리면, "저성장, 물가고, 국제수지 악화의 3중고를 어떻게 돌파할 것인가"가 과제였다. 국제수지 악화 문제가 특히 심각해, 외화보유고는 한 달 정도 버틸 수 있는 수준에 불과했다.

그런데 이 세 가지 문제를 동시에 해결할 수 있는 묘안은 없었다. 물가안정에 우선순위를 두면 저성장 문제는 해결할 수 없고, 특히 정부의 중점 추진 사업인 중화학공업화도 속도를 내기 어려웠다. 그렇다고 성장을 우선시하는 정책을 펴자니 물가불안을 더욱 부추기는 결과로 이어질 우려가 있었다. 이러한 상황에서 그가 내린 결론은 기존의 성장 기조를 유지하는 것이었다. 오일쇼크로 인해 물가상승이 불가피한 상황에서 나머지 두 마리 토끼라도 잡아 보려는 심산이었다.

1974년 12월 위기 해결 방안을 담은 '국제수지 개선과 경기회복을 위한 특별조치', 이른바 '12·7 조치'가 발표되었다. 기본 방향은 국제수지 개선, 생산활동 촉진, 물가안정의 회복이었지만, 남덕우의 의중이 반영되어 안정보다는 성장 기조 유지에 방점이 찍혀 있었다. 12·7 조치의 핵심은 환율 인상이었다. 원/달러 환율을 400원에서 480원으로 20% 인상했다. 이미 인플레이션이 문제가 되는 상황에서 환율 인상 시 추가적인 물가상승이 불가피했지만, 국제수지 개선이 우선이었다.

정부는 차관 도입에도 나섰다. 재무부에서 2억 달러의 은행 차관을 목표로 세계 각국의 은행들과 접촉한 것인데, 부정적인 전망과 달리 28개 은행으로부터 2억 달러의 장기차관을 도입하는 데에 성공했다. 이와 함께 단기차입 규모를 크게 늘리고, 수입 대금을 일정 기간 이후에 지급하는 연불수입을 독려하는 등의 정책을 편 결과, 1975년 중반 무렵 한국의 외화

사정은 어느 정도 회복될 수 있었다. 여기에 더해 1976년부터 중동 진출이 급증한 것도 한국경제가 위기를 극복하는 데에 도움이 되었다. 그 과정에서 생산활동 촉진이라는 목표도 달성되어 1974~1975년 연속해서 한 자리 수를 기록했던 경제성장률도 1976년 다시 10%대를 회복하였다.

한국은 1997년 외환위기를 경험한 바 있다. 그 과정에서 한국 국민은 상당한 어려움을 겪었으며 한국경제의 체질 개선에 나서야 했다. 1974년 찾아왔던 위기 상황에서도 적절히 대처하지 못했다면 한국경제는 자칫 그와 유사한 위기를 겪었을 수 있다. 그러나 다행히도 남덕우가 이끄는 경제팀이 효과적으로 대응한 결과 한국경제는 위기를 잘 벗어날 수 있었다.

경제외교에 적극 나서다

한국경제의 위기를 극복하는 데 큰 역할을 한 중동 진출은 1974년 초부터 추진되기 시작했다. 4월에는 중동 지역으로의 각료급 사절단 파견이 이루어졌고, 이를 계기로 사우디, 쿠웨이트, 이란과 경제협력에 대한 구체적인 논의가 오가게 되었다.

이러한 상황에서 부총리로 취임한 남덕우는 중동 진출을 진두지휘했다. 그는 경제기획원 내에 중동 진출 전담반을 조직했으며, 1975년 12월에는 '대중동 진출 방안'을 마련하여 대통령에게 보고했다. 여기에는 국무총리와 관계 부처 장관으로 구성되는 '중동경제협력위원회'와 기획원 차관을 중심으로 하는 '중동경제협력 실무위원회'를 만들 것, '해외건설촉진법', '해외건설자금 운용요령' 등 제도적 지원책을 마련할 것, 관민 합동의 대중동 경제외교를 강화할 것 등 중동 진출 활성화를 위한 주요 방안이 담겨 있었다.

남덕우는 중동 진출을 활성화하려면 중동에 대한 이해도를 높일 필요가 있다고 판단하여 대통령에게 중동문제연구소 설립을 건의하기도 했다. 그렇게 해서 1975년 12월 설립된 중동문제연구소는 이듬해 국제경제연구원으로, 1984년에는 산업연구원으로 개편되어 오늘에 이르고 있다. 또한 남덕우는 직접 현장을 찾아다니며 중동 진출 활성화를 독려하기도 했다. 그는 한-이란 각료회의 수석대표로서 수차례 중동을 방문했는데, 이때마다 중동 국가들을 돌며 한국 기업이 진출해 있는 건설 현장을 찾아다녔다.

남덕우의 진두지휘 속에 중동 진출은 1976년 이후 급증하였고, 이는 한국경제가 오일쇼크를 극복하고 1970년대 후반에도 계속해서 고도성장을 실현해 가는 데에 큰 도움이 되었다.

남덕우는 중동 이외의 경제외교 현장에도 적극 찾아다녔다. 재무부 장관 시절에는 중화학공업화에 필요한 내자를 조달하기 위해 고심했다면, 부총리가 된 이후에는 외자 도입 현장에 적극 뛰어들어야 했다. 그는 차관 도입을 위해 미국과 유럽 등지를 누비고 다녔다.

그의 대표적인 경제외교 사례로 1976년 5월 미국 및 유럽 순방을 들수 있다. 이 순방은 1977년부터 시작될 제4차 경제개발 5개년계획 추진에

1978년 사우디 현대건설 공사 현장을 방문한 남덕우(오른쪽 세 번째)
출처: 동아일보.

필요한 외자를 마련하기 위한 것이었다. 그가 이끄는 사절단은 먼저 미국을 방문해 세계은행 총재로부터 1977년 4억 달러의 차관 공여가 가능하다는 확답을 받았다. 방미 일정을 마치고 파리로 향한 사절단은 프랑스 정부로부터 한국의 원자력 발전소와 제철 부문 건설 사업에 적극 지원한다는 약속을 받아냈으며, 영국으로 건너가서도 5억 달러의 협력 자금을 확보하는 등 만족할 만한 성과를 얻었다. 마지막으로 스위스를 방문해 제4차 5개년계획에 대한 홍보 및 외자 유치 활동을 벌인 뒤 귀국했다.

뜻밖의 '정책 쿠데타'

남덕우는 1978년 12월 부총리직에서 물러났다. 박정희 대통령의 장기 집권과 오랜 억압체제, 긴급조치에 대한 불만, 부가가치세 도입 여파 등으로 인해 1978년 선거에서 여당이 패하자 12월 큰 폭의 개각이 단행되었고, 그도 4년여 동안 지켜 온 경제 수장 자리를 떠나게 된 것이다. 그를 포함한 성장 우선론자들의 퇴진과 안정론자 신현확 부총리의 취임은 경제정책 기조의 전반적인 변화를 의미하기도 했다. 따라서 당분간은 그가 공직에 다시 나설 일은 없어 보였다.

그런데 뜻밖에도 퇴임 후 불과 20일이 지난 1979년 1월 초 그는 대통령 경제담당 특별보좌관으로 임명되었다. 신현확 부총리가 안정화 정책을 강하게 추진해 갈 것으로 예상되자, 그를 견제하기 위해 박 대통령이 성장론자 남덕우를 다시 불러들인 것으로 보인다. 박 대통령은 경제정책 기조의 전반적인 변화를 염두에 두고 큰 폭의 개각을 단행했지만, 그러한 변화의 필요성에 대한 확신은 갖지 못하였던 것이다.

신현확 부총리는 '4·17 경제 안정화 종합시책'을 발표하는 등 안정화 정책을 추진해 갔다. 안정에 방점을 둔 정책이었으니, 여기에는 수출금융 축소를 비롯하여 남덕우 특보가 부총리 시절 견지했던 정책 기조에 반하는 정책도 다수 포함되어 있었다. 남덕우로서는 달갑지 않은 부분이 존재했을 것이다.

그러던 와중에 7월 사건이 벌어졌다. 신현확이 대한국제경제협의체 IECOK 참석차 파리에 머물고 있던 사이 남덕우와 최각규 상공부 장관이 수출금융을 확대하는 방안을 마련해 대통령의 재가를 받아 시행해 버린 것이다. 수출금융을 축소한 '4·17 경제 안정화 종합시책'에 반하는 조치였다. 부총리가 자리를 비운 사이 벌어진 '정책 쿠데타'였다. 귀국한 신현확은 이것이 자신과 전혀 협의된 바 없는 조치라며 강하게 반발했지만, 이미 이루어진 수출금융 확대 조치를 물릴 수는 없었다.

남덕우의 평소 인품을 고려할 때, 그가 이러한 쿠데타를 감행했다는 것은 의외이다. 아마도 그가 주도해서 벌인 일은 아니었을 것이다. 이는 그동안 경제정책을 주도해 온 성장론자들이 안정 중심의 경제정책 기조 변화에 대해 얼마나 불만을 갖고 있었는지를, 또한 박 대통령도 정책 기조 변화에 대해 확고한 생각을 갖고 있지 못했음을 잘 보여 주는 사건이다.

남덕우는 10·26이 발생한 지 얼마 지나지 않은 12월 경제특보에서 물러났다. 그리고 이듬해 9월 국무총리로 임명되어 1년 4개월간 재직했으며, 이후 한국무역협회 회장으로서 8년간 재직하는 등 사회 활동을 이어가다 2013년 89세를 일기로 영면하였다.

1970년대 한국경제는 중화학공업화에 성공하였으며, 고도성장을 이루어 냈다. 그러나 그것이 실현되는 과정이 평탄하기만 했던 것은 아니다. 중화학공업화는 그 성공 여부를 장담할 수 없는 도전이었으며, 1973년 발생한 제1차 오일쇼크는 한국경제에 상당한 위기감을 불러일으켰다.

이러한 시기에 남덕우는 재무부 장관과 부총리로 있으면서 한국경제가 어려움을 극복하고 고도성장을 이루어 내는 데에 기여했다. 재무부 장관으로 있으면서 오일쇼크 이전까지 물가를 안정적으로 관리했으며, 8·3 조치 이후 기업 금융환경을 개선하는 작업을 이끌었고, 국민투자기금을 고안해 내는 등 중화학공업화에 필요한 자금을 동원하는 데에도 일조했다. 부총리가 된 이후에는 오일쇼크로 인해 찾아온 위기 상황을 안정적으로 극복하는 과정을 이끌었으며, 중동 진출을 진두지휘하는 등 경제외교에 적극 나서 한국경제가 새로운 돌파구를 마련하는 데에 중요한 역할을 했다. 물론 그 과정에서 성장 우선주의 정책 기조를 장기간 지속한 결과 과잉투자, 물가불안 등의 부작용을 낳기도 했지만, 전체적으로 보면 상황에 맞는 적절한 대응을 통해 1970년대 한국경제의 고도성장 과정을 안정적으로 이끌었다는 점에서, 그를 '1970년대 한국경제의 뛰어난 관리자'라 불러도 무방할 것 같다.

4부

–

전환

10장

신현확
성장 우선주의에 제동을 걸다

1979년 초 박정희 대통령과 임명된 지 얼마 되지 않은 신현확 부총리 사이에 논쟁이 벌어졌다. 농가주택 개량사업 규모를 놓고 두 사람이 옥신각신한 것이다. 이 사업은 당초에는 7만 5,000호 규모로 계획되어 있었다. 그런데 내무부 업무보고 자료에 그 규모가 크게 줄어 있었다. 자재 가격과 건설 노임의 상승, 재정 부담 등이 이유였다. 박 대통령은 "나도 농촌 출신인데 더 투자합시다"라며 사업 규모 확대를 제안했다. 말투는 부드러웠지만 사실상 확대를 지시한 것이었다. 그러나 신현확은 경제안정을 위해서는 축소가 불가피하다고 답했다. 대통령의 지시를 거부한 것이다. 그러자 대통령이 절충안을 내놓았다. 대통령이 이 정도로 양보했으면 적당히 타협할 만도 한데 신현확은 물러서지 않았다. 그 후에도 박 대통령은 두 차례에 걸쳐 이 문제를 꺼냈다. 하지만 신현확은 끝까지 자신의 소신을 굽히지 않았다. 결국 농가주택 개량사업 규모는 신현확의 주장대로 3만 5,000호로 결정되었다. 대통령 앞에서도 뜻을 굽히지 않을 만큼 신현확은 배짱 있고, 추진력도 갖춘 인물이었다.

출사의 결심

신현확은 1920년 황해도 안악에서 4남 3녀 중 둘째 아들로 태어났다. 지방공무원이던 아버지를 따라 이주가 잦았던 신현확은 경주에서 보통학교를 졸업한 뒤, 경북고의 전신인 대구고등보통학교에 들어갔다. 그런데 형이 대구의학전문학교에 합격하자 그는 학비를 지원받을 수 없게 되었다. 경제적 형편이 넉넉지 않았던 부모님이 형제 모두의 학비를 감당하기 어려웠기 때문이다. 이렇게 되자 신현확은 고등보통학교 2학년 때부터 같은 반 친구의 입주 가정교사가 되어 친구의 공부를 도와주고 학비를 지원받는 등의 방식으로 어렵게 학업을 이어 갔다.

그런 환경에서도 신현확은 고등보통학교를 졸업한 뒤 1938년 대구사범학교와 경성제국대학 예과에 동시 합격했다. 그는 고등보통학교 시절부터 대구사범을 나와 고등보통학교 교사가 되겠다고 생각해 왔다. 하지만 아버지의 뜻은 달랐다. 아버지는 아들이 경성제대를 나와 고등문관 시험에 합격하길 바라고 있었다. 그런 아버지의 뜻을 거역하기 어려워 경성제대 시험도 본 것인데 덜컥 합격한 것이다. 결국 그는 경성제대에 입학했다. 당시 고등보통학교 졸업생은 본과에 가기 위해서는 예과 과정을 거쳐야 했으므로, 그는 3년의 예과 과정을 마친 뒤 1941년 법학부에 진학했다.

본과 3학년이던 1943년 그는 아버지의 기대대로 일본 고등문관시험에 합격했는데, 그해 조선인 합격자 중에서 가장 우수한 성적이었다. 당시 고등문관시험에 합격하면 보통 군수로 발령이 났다. 하지만 그는 성적이 우수했기 때문에 일본 상공성으로 발령을 받았다. 그래서 그는 1944년 4월부터 1년간 도쿄의 상공성과 그 후신인 군수성에서 수습 사무관으로서 근무했다.

1945년 4월 수습 기간이 종료되자 그는 오이타大分현 벳푸別府시의 군수관리관으로 정식 발령을 받게 되었다. 전시 군수물자 관리 업무를 담당하게 된 것이다. 하지만 그는 병가를 신청한 뒤 무단으로 조선으로 돌아왔다. 그리고 해방될 때까지 본가 인근에서 4개월간 숨어 지냈다. 그가 갑자기 잠적한 이유는 무엇일까. 아마도 전황이 이미 기운 상태에서 군수관리관으로 정식 발령을 받아 군수물자 관리 업무를 맡을 경우 전후 자신에게 큰 불이익이 가해질 것이라고 판단했기 때문일 것이다.

실제로 신현확은 군수관리관으로 근무했다는 사유로 인해 사후인 2009년 민족문제연구소가 발간한『친일인명사전』에 등재될 뻔했다. 하지만 유족이 이의제기를 하고 그가 군수관리관으로 발령을 받았지만 취임하지 않고 조선으로 돌아갔다는 것을 입증하는 문서가 발견됨에 따라 친일인명사전에 등재되지 않을 수 있었다. 민족문제연구소에서 찾아낸 일본 정부문서에 "군수관리관으로 부임하지 않았음. 낙향한 듯"이라고 기재되어 있었다.

신현확은 1947년 새로 설립된 대구대학(영남대학교의 전신)의 법학부 교수로 부임했다. 당시 교수에 대한 대우는 그리 좋지 않았다. 그래서 경제적 형편이 어려운 가운데서도 학문에 몰두했던 그는 무리한 탓에 급성 결핵에 걸려 생사의 기로에 서기도 했다. 다행히도 그는 당시 개발된 지 얼마 되지 않은 항생제 스트렙토마이신을 구해 주사로 맞고 회복될 수 있었다.

그런데 얼마 후 한국전쟁이 발발했다. 그리고 그해 가을 그는 김훈 당시 상공부 장관의 편지를 받았다. 중앙정부에 와서 일해 보지 않겠느냐는 내용이었다. 그는 그 이전부터 중앙정부 관료로 일해 달라는 요청을 받고 있었다. 그의 관료 경험이라고 해 봐야 1년의 수습 사무관 생활이 전부일 만큼 보잘것없었지만, 장기간 식민 지배를 받아 온 터라 국내에 중앙행정을 경험해 본 사람이 극히 드물었기에 정부에서 그를 필요로 했던 것이다.

그동안 그는 학문의 길을 가겠다며 계속해서 이러한 요청을 거부해 왔다. 하지만 전쟁으로 인해 문을 닫은 학교는 언제 다시 열릴지 알 수 없고, 국가는 비상시국에 처한 상황에서 더 이상 이러한 요청을 거부하기 어려웠다. 결국 그는 출사를 결심했고 1951년 31세의 나이에 상공부 공업국 공정과장이 되었다. 상아탑을 떠나 스스로 포기한 바 있던 경제관료의 길에 다시 들어서게 된 것이다.

"상공부 정책은 신현확이 다 한다"

상공부에 들어간 신현확은 처음부터 두각을 나타냈다. "상공부 정책은 신현확이 다 한다"는 말이 공공연히 돌 정도였다고 한다. 상공부 과장 시절 그의 활약상을 보여 주는 에피소드가 있다. 한국전쟁이 막판으로 치닫던 1953년 4월 초 정부는 미국으로부터 하나의 통지를 받았다. 한국전쟁이 끝난 이후 한국경제의 재건 방안을 모색하기 위해 4월 17일에 헨리 타스카 Henry J. Tasca 박사를 단장으로 한 경제특별사절단을 한국에 파견한다는 내용이었다.

상공부 장관은 긴급 국장회의를 소집했다. 촉박한 시일 내에 미국 사절단 측에 제시할 상공부 안을 어떻게 만들어 낼 것인가가 관건이었다. 장관과 4명의 국장이 몇 시간 동안 의논하였지만 뾰족한 방안이 나오지 않았다. 결국 거기서 나온 결론은 '공정과장 신현확에게 맡기자'였다. 장관과 4명의 국장이 모여 장시간 회의한 끝에 내린 결론이 과장에게 전권을 부여하자는 것이었을 만큼, 당시 정부 내 고위 관료들의 행정 경험과 역량은 일천했던 것 같다. 그리고 그들이 그러한 결정을 내릴 만큼 신현확은 상공부 내에서 역량을 인정받고 있었던 것이다. 별다른 대안이 없었기에 신현확은 총대를 메기로 한다.

그는 장관의 동의를 얻어 자신이 지명한 상공부 사람들을 모았다. 그리고 "오늘부터 열흘간 퇴근은 없다"라고 선언한 뒤, 상공부 안을 만드는 작업을 이끌어 갔다. 그 과정에서 과거 대구대학 재직 시절 가르쳤던 우수한 제자 몇 명을 당시 정부가 있던 부산으로 불러 계획 내용을 영어로 번역하는 작업을 맡겼다. 그렇게 해서 미국 사절단이 방한하던 날 새벽, 600쪽에 달하는 〈산업5개년계획〉 한국어판과 영문판이 완성될 수 있었다. 상공부 직원이 완성된 보고서를 총리실에 제출하러 갔을 때, 역시 계획안을 제출하러 왔던 농림수산부 직원들은 사색이 되었다고 한다. 그들은 4~5쪽짜리 리플릿을 준비해 왔기 때문이다.

타스카 박사가 이끄는 경제특별사절단은 한국에 한동안 체류하면서 조사를 진행하였고, 이를 토대로 8억 8,300만 달러의 무상원조가 필요하다는 내용의 보고서를 작성했다. 이것이 〈한국경제 문제에 대한 대통령 특사 보고서〉, 이른바 〈타스카 보고서〉다. 이 보고서를 작성하는 데에 신현확이 주도하여 작성한 〈산업5개년계획〉 영문판은 중요한 참고자료가 되었다. 〈타스카 보고서〉는 미국의 대한 원조 정책 수립 과정에서 주요 지침 중 하나로 활용된 것으로 평가되고 있으므로, 신현확이 심혈을 기울여 작성한 〈산업5개년계획〉은 미국의 대한 원조 정책에 영향을 미쳤다고 이야기할 수 있다.

이러한 활약 덕분에 신현확은 승진도 빨랐다. 1954년 3월, 그러니까 공정과장으로 부임한 지 불과 3년 만에 그는 상공부 전기국장으로 승진했다. 그의 나이는 34세에 불과했다. 같은 해 광무국장으로 자리를 옮긴 데에 이어 1955년에는 공업국장으로 기용되었다. 국장으로서 있으면서 그는 뛰어난 업무 능력을 과시했을 뿐만 아니라 원조자금 협상 등에 실무 대표로 자주 참석하여 활약을 펼치기도 했다. 말솜씨가 좋았을 뿐만 아니라 대학 시절, 그리고 해방 후 대구대학에 자리잡기까지의 공백기 동안 영어를 열심히 공부한 덕분에 영어 실력도 좋았기 때문이다.

역대 유일의 30대 장관

상공부에서 국장으로 3년 2개월간 근무한 신현확은 1957년 6월 부흥부 차관으로 임명되었다. 그를 차관으로 낙점한 사람은 송인상 당시 부흥부 장관이었다. 부흥부는 산업경제의 부흥을 위한 종합적인 계획을 수립하고 이를 실행하는 부처였다. 신현확은 1958년 2월부터는 외자청장 서리 역할도 겸하였다. 외자청은 원조로 도입되는 물자를 구매하고 관리하는 업무를 주로 담당하는 부서로 1955년 2월 외자총국이 청으로 승격되면서 만들어진 조직이었다. 1950년대 후반에도 한국경제의 원조에 대한 의존도가 높았던 만큼 외자청장은 그 역할과 책임이 막중한 자리였다. 두 가지 중요한 직책을 함께 맡은 그는 오전에는 부흥부, 오후에는 외자청, 저녁에는 다시 부흥부로 옮겨 다니며 일을 했다. 두 기관이 한 건물에 있어서 이동이 용이했던 것이 그나마 다행이었다.

'막내 장관' 이라고 불리던 부흥부 장관 시절 신현확(맨 오른쪽)
출처: 국가기록원.

그러한 생활을 1년여 한 뒤, 1959년 3월 송인상이 재무부 장관으로 옮기면서 그는 부흥부 장관으로 임명되었다. 그가 상공부 과장으로 관료 생활을 시작한 게 1951년이니, 관료 생활 8년 만에 장관직에 오른 것이다. 게다가 그는 39세에 불과했다. 60여 년이 지난 현재까지도 그는 한국 최초이자 역대 유일의 30대 장관으로 기록되고 있다. 머리가 희끗희끗한 장관들은 그를 '막내 장관'이라고 불렀다고 한다. 이처럼 30대에, 그리고 관료생활을 시작한 지 불과 8년 만에 장관직에 올랐다는 것은 그가 상공부, 부흥부에서 재직하면서 경제관료로서 탁월한 활약을 펼쳤음을 시사한다.

그는 차관과 장관으로 재직하면서 경제개발3개년계획을 만드는 데에 많은 노력을 기울였다. 자립경제 기반 조성을 목적으로 설정하고, 경제각 분야에 대한 종합적인 검토에 기반해 작성한 계획이었다. 그 이전에도 몇 차례 경제계획이 작성된 바 있었지만, 이 계획처럼 종합적이고 체계적인 형태는 없었다.

그는 차관으로 있으면서 송인상 장관 주도하에 계획 수립을 담당할 산업개발위원회가 구성되고, 계획이 수립되는 과정을 지원했다. 그리고 송인상이 계획의 시안을 어느 정도 완성해 놓고 재무부로 자리를 옮김에 따라 장관직을 이어받은 후에는 계획 수립을 마무리하는 역할을 담당했다.

아쉽게도 공들여 만든 경제개발3개년계획은 1960년 4·19혁명 발발로 정권이 교체되면서 실행되지 못했다. 하지만 당시 계획 작성 과정에서 쌓인 경험은 이후 정부가 경제개발계획을 수립하는 과정에서 활용되었다는 점에서 경제개발3개년계획 수립은 경제사적으로 충분한 의의를 지닌다고 이야기할 수 있다.

재계와 정계에서 활약하다

1960년 부흥부 장관에서 물러난 그는 오랜 공백기를 거쳐 1975년 보건사회부 장관으로 다시 내각에 들어오게 된다. 무려 15년 만에 다시 입각한 것이다. 그가 이처럼 경제관료로서 오랜 공백기를 거친 이유는 무엇일까?

4·19 혁명으로 이승만 정권이 붕괴되자 장관으로 있었던 그에게는 커다란 시련이 찾아왔다. 이승만 정권에서 국무위원으로 있던 이들에 대해서 3·15 부정선거와 관련해 구속한다는 방침이 세워졌기 때문이다. 신현확은 장관직에서 물러난 것은 물론 구속되는 상황에 놓였다.

옥살이를 예상한 그는 검찰 출두 전 평소 안면이 있던 삼성 이병철 회장에게 전화를 걸어 100만 환을 요청했다고 한다. 자신이 옥에 갇힌 후 남은 가족의 생계를 위해서였다. 그의 아내는 이 돈으로 탁구장과 하숙을 운영하며 생계를 유지했다. 그는 이때 이병철 회장에게 진 빚을 20여 년이 흐른 뒤 다른 형태로 갚게 된다.

장관까지 역임한 경제관료가 기업인에게 지원을 받는 것은 그리 바람직한 모습은 아닐 것이다. 강직하고 청렴했던 인물로 알려진 신현확이기에 이러한 지원을 받은 것은 더더욱 적절치 않아 보인다. 다만 그는 혁명으로 붕괴된 정권에 몸담았던 자신이 더 이상 관료 생활을 하기는 어려울 것으로 생각하고 있었을지도 모르겠다. 그래서 남겨질 가족에 대한 걱정에 염치 불고하고 이 회장에게 지원을 요청했던 것이 아닌가 생각된다.

그는 다른 국무위원들과 마찬가지로 징역 7년 6개월의 중형을 선고받았다. 그리고 1962년 말까지 2년 7개월 동안 옥살이를 한 뒤 풀려났다. 그런데 뜻밖에도 그에게 다시 관가로 돌아갈 수 있는 기회가 주어졌다. 상공부 장관을 맡아 달라는 요청이 들어왔던 것이다. 하지만 그는 자신이 처한 상황을 고려해 이를 극구 사양했다. 부정부패 세력으로 몰려 옥살이를 하다 풀려난 지 얼마 지나지 않은 시점에 다시 장관직을 맡는 것은 적절치 않다고 판단했던 것이다.

　박정희 대통령은 그렇다면 당분간 2선에서 도와달라며 1964년 초 그를 대통령 자문기관인 경제과학심의회의의 상임위원으로 임명했다. 2선이라고는 했지만 장관급 대우를 받는 자리였다. 상임위원으로서 그는 매월 경제시책 수립을 위해 경제 관계 장관과 경제과학심의회의 위원들이 참석하는 연석회의에 참석하고, 대통령이 별도로 지시한 임무인 종합 에너지 수급 계획을 수립하는 작업을 하는 등 다시 왕성한 활동을 이어 갔다. 사실 종합 에너지 수급 계획을 수립하는 일은 상공부나 경제기획원에서 담당해야 하는 업무였다. 그런데 박 대통령이 이를 신현확에게 맡긴 것이다. 그 배경이 무엇인지는 잘 알 수 없으나, 그에게 상공부 장관직을 제안하고, 이러한 중요한 계획의 수립 작업을 맡긴 것으로 보아 박 대통령이 당시에도 이미 그를 상당히 신뢰하고, 높이 평가하고 있었음은 분명해 보인다.

　신현확은 1966년 말 총선거에 출마하고자 상임위원에서 물러났다. 하지만 그는 상황이 여의치 않아 이 선거에 출마하지 않았고 한동안 야인 생활을 했다. 그러다 1968년 동해전력 사장을 맡은 데에 이어 이듬해에는 시멘트 제조업체인 쌍용양회 사장이 되었다. 공직에서 떠나 민간 산업 부문으로 진출한 것이다. 이후 그는 쌍용그룹 회장을 역임하고, 1973년 제9대 국회의원 선거에 출마해 당선되는 등 재계와 정계에서 승승장구했다.

경제과학심의회의

경제과학심의회의(이하 '경과심')는 "국민경제의 발전과 이를 위한 과학진흥에 관련되는 중요한 정책 수립에 관하여 국무회의의 의결에 앞서 대통령의 자문에 응하기 위하여" 1964년 2월 발족했으며, 설립 당시에는 헌법기관이었다. 대통령이 의장을 맡았으며, 대통령이 임명하는 상임위원과 비상임위원은 장관급 대우를 받았다. 신현확은 설립 시 임명된 상임위원 5명 중 한 명이었다.

경과심은 초반에는 설립 취지에 맞는 역할을 부여받았다. 1964년 한 해

1964년 경제과학심의회의 보고 장면(발표 자료 오른쪽에 보이는 인물이 신현확 상임위원)
출처: 국가기록원.

동안 대통령이 자문한 횟수는 29회에 달했으며, 대통령은 경제 및 과학기술 관련 정책을 수립하는 과정에서 경과심 위원들의 의견을 적극 반영했다. 하지만 1960년대 후반에 접어들면서 그 역할은 점차 축소되었다. 신현확은 설립 시점부터 1966년까지 재직했으니, 경과심의 전성기에 활동했다고 이야기할 수 있다. 반면 남덕우가 상임위원, 송인상, 최형섭이 비상임위원으로 활동하던 1960년대 말에는 이미 그 기능이 크게 저하된 상태였다.

정부는 경과심의 기능을 강화하고자 1968년 말 총리를 부의장으로 임명하기도 했으나 흐름은 바뀌지 않았다. 그 결과 1972년 말 헌법 개정 과정에서 경과심은 헌법기관에서 임의설치기관으로 격하되었으며, 1980년대 들어선 이후에는 사실상 명맥만 유지되다가 1994년 폐지되었다.

의료보험제도를 디자인하다

1975년 12월, 그러니까 4·19 혁명으로 부흥부 장관에서 물러난 지 15년 만에 신현확은 다시 입각하였다. 이번에는 보건사회부 장관이었다. 15년 전 '막내 장관' 소리를 듣던 그는 이제는 장관 중에서 나이가 가장 많은 축에 속했다.

보건사회부 장관으로서 그가 남긴 가장 중요한 업적은 의료보험제도의 도입이다. 그가 장관에 취임했을 때 의료보험제도의 도입을 놓고 상당한 논란이 벌어지고 있었다. 한쪽에서는 사회복지 차원에서 의료보험

1972년 쌍용양회 사장 시절의 신현확(맨 왼쪽)
출처: 국가기록원.

제도 도입이 필요하다고 주장하고 있었고, 다른 한쪽에서는 경제발전 수준, 재정 상황 등을 고려하면 의료보험제도 도입은 시기상조라고 맞서고 있었다.

　그의 전임자인 고재필(1913~2005) 장관도 시기상조라는 생각을 갖고 있었다. 그는 1980년대에 가서야 의료보험제도 실시가 가능하다며, 보사부 내에서 이에 관해 더 이상 거론하지 말도록 지시하기도 했다. 그 영향인지 보사부 내부에는 의료보험 도입은 시기상조라는 인식이 팽배해 있었다.

　신현확의 생각은 달랐다. 그는 장관 취임 직후 국장들에게 의료보험제도 도입 문제를 긍정적으로 검토해 보자고 이야기했다. 그는 복지사회를 지향하는 것을 보건사회부 장관으로서 그에게 주어진 시대적 요청으로 받아들이고 있었다. 1960년대 이후 빠른 경제성장을 실현하여 1인당 소득 1,000달러 시대를 목전에 두고 있는 만큼, 이제 의료보험제도와 같이 경제 발전 수준에 걸맞은 복지 시스템을 마련할 필요가 있다고 판단한 것이다.

신현확은 조사단을 일본 등 각국에 파견하여 의료보험제도와 관련된 자료를 수집해 오도록 했다. 뿐만 아니라 수집해 온 자료를 직접 검토하기도 했다. 그의 지론은 일은 직원들에게 맡기더라도 기본 방향과 틀은 장관이 만들어야 한다는 것이었다. 신현확의 아들이 쓴 회고록에 따르면, 당시 신현확의 서재는 의료보험제도 관련 책들로 가득 채워져 있었고, 신현확은 밤마다 영문판, 일어판 서적을 들여다보며 연구하곤 했다고 한다. 그가 집에서도 밥상머리에만 앉으면 의료보험 이야기를 하였기에, 당시 20대 초반이던 아들도 이 분야에 대해 해박한 지식을 갖출 정도였다. 그는 그 정도로 열의를 갖고 의료보험제도 구축 과정을 주도해 갔다. 그리고 이처럼 장관이 적극적으로 나서자 의료보험제도 도입에 관한 보건사회부 내 분위기도 차츰 바뀌어 갔다.

신현확은 1976년 7월 의료보험제도 실시 방안을 마련한 뒤 의견수렴 과정을 거쳤다. 이 과정에서 경제기획원이 반대하고 나섰다. 신현확이 만든 안은 보험료를 가입자와 고용주가 각각 절반씩 부담하는 방식이어서 재정상의 부담은 없었다. 그럼에도 경제 부처가 반대하고 나선 것은 고용주가 보험료의 절반을 부담하게 하는 것이 생산 비용 증대로 이어져 경제에 부정적인 영향을 미칠 수 있다는 우려와 운영이 부실화될 경우 재정 부담이 막대해질 것이라는 우려 때문이었다. 이처럼 논란이 있기는 했지만 결국 보건사회부가 제시한 방안이 채택되어 1977년부터 의료보험제도가 실시되었다. 1977년에는 우선 1월부터 생활보호대상자를 대상으로 의료보호 서비스가 실시되었으며, 7월부터 500인 이상 사업장의 근로자에 한해 의료보험이 제공되기 시작했다. 이후 의료보험 적용 대상의 범위는 단계적으로 확대되어, 1989년 이후에는 전 국민이 혜택을 볼 수 있게 되었다. 그리고 오늘날 한국은 오바마 전 대통령이 미국의 의료보험제도 개혁을 추진하면서 극찬했을 만큼 양질의 의료보험제도를 운영하고 있다.

부총리 임명, 경제정책 전환의 신호탄

1975년 12월부터 3년간 보건사회부 장관을 지낸 신현확은 1978년 12월 남덕우 부총리 후임으로 부총리 겸 경제기획원 장관으로 임명되었다. 그의 부총리 기용은 단순히 남덕우 전 부총리가 4년 넘게 재직했기에 분위기를 쇄신한다는 차원에서 이루어진 조치가 아니었다. 그의 기용은 한국 경제정책의 큰 틀이 바뀌는, 혹은 바뀔 필요가 있음을 알리는 하나의 신호탄이었다.

그 의미를 이해하기 위해서는 당시 한국경제 상황과 한국 정부의 경제정책 기조를 되돌아볼 필요가 있다. 당시까지 한국의 경제정책은 대체로 성장을 중시하는 정책이 주를 이루고 있었다. 경제성장에 도움이 되는 정책 위주로 경제정책이 구성되어 온 것이다. 이는 무엇보다도 박정희 대통령이 경제성장을 자신의 최대 치적으로 삼고 성장을 중점적으로 추진해 왔기 때문이다.

그런데 이러한 성장 일변도의 정책은 부작용을 낳게 마련이다. 1960년대부터 관 주도의 성장 정책을 장기간 추진해 온 결과, 1970년대 후반 들어 부작용은 더욱 두드러지게 나타나고 있었다. 통화량 팽창에 오일쇼크 등이 겹치면서 물가는 빠르게 오르고 있었고, 중화학공업화 과정에서 나타난 중복·과잉 투자 문제도 겹치면서 경제에 먹구름이 드리워지고 있었다.

이렇게 되자 1978년 무렵부터 경제관료들 사이에서 미묘한 변화의 움직임이 일기 시작했다. 강경식, 김재익 등 경제기획원의 일부 관료를 중심으로 이제는 성장 중심 정책에서 벗어나 경제안정을 모색해야 한다는 인식이 확산되고 있었던 것이다. 한 예로 1978년 초 강경식 차관보, 김재익 국장의 주도하에 경제기획원 기획국에서 〈한국경제의 당면 과제와 대책〉이라는 보고서를 작성했다. 이들은 이 보고서에서 물가안정이 한국경제를 살릴 수 있는 유일한 길임을 강조하면서, 중화학공업 투자 확대, 수출지원 등 성장 정책에 대해 문제를 제기하고, 정부의 간섭을 축소해야 한다고 주장하고 있었다. 이 보고서는 내용이 워낙 파격적이었기에 남덕우 경제기획원 장관은 이를 청와대에 보고하지 않고, 내부 검토용 자료로만 활용하고 말았다.

이러한 흐름 속에서 박 대통령은 1978년 말 지금까지 성장 중심의 경제정책을 이끌어 온 김정렴 비서실장, 남덕우 부총리, 김용환 재무부장관 등을 해임했다. 김정렴은 1969년부터 9년 넘게 비서실장으로 있었다. 남덕우 부총리는 재무부 장관으로 5년, 부총리로 4년 3개월간 있었으며, 김용환은 재무부 장관으로 4년 3개월간 재직하고 있었다. 이처럼 장기간 핵심적인 역할을 하면서 1970년대 고도성장을 이끌어 온 관료들이 한꺼번에 물러나게 된 것이었다. 그리고 남덕우 부총리의 후임으로 안정론자 신현확이 임명되었다.

　　이렇게 장기간 경제 부문을 이끌어 온 이들을 동시에 경질하고 보건사회부 장관으로서 의료보험제도 도입을 위해 노력해 온 인물에게 경제 분야 수장 역할을 맡겼다는 것은 대통령도 경제 부문에서 변화가 필요한 시점임을 인지하고 있었음을 보여 준다. 물론 이들이 동시에 물러나게 된 데에는 박 대통령의 장기 집권과 오랜 억압체제, 긴급조치에 대한 불만, 부가가치세 도입에 대한 반발 등으로 인해 여당이 총선에서 패배한 것이 결정적인 계기로 작용했다.

　　부총리로 임명된 신현확은 물가안정을 최우선 과제로 둔 가운데 경제 안정화 정책을 추진했다. 배짱 있고, 추진력도 갖춘 인물이었던 그는 자신의 소신대로, 심지어 박 대통령이 반대를 하는 경우에도 안정화 정책을 밀고 나갔다. 서두에 소개한 농가주택 개량사업 규모를 놓고 1979년 초 박 대통령과 신현확이 벌인 논쟁이 이를 잘 보여 준다.

　　하지만 그가 소신껏 추진한 안정화 정책은 종종 벽에 부딪히기도 했다. 박 대통령도 안정화 정책의 필요성에는 공감하고 있었지만 장기간 성장 중심 정책에 익숙해진 탓에, 또 자신의 최대 치적이 경제성장이었기에, 정책 기조가 갑작스럽게 변화하는 것을 받아들이기 힘들었다. 그래서 두 사람 사이에 갈등이 표출되기도 했다.

신현확이 1979년 1월 경제기획원의 대통령 업무보고를 하던 중의 일이다. 이 자리에서 경제기획원은 '1980년대를 향한 새 전략'이라는 제목의 특별보고 슬라이드를 상영했다. 그 내용은 성장보다는 안정, 규제보다는 자율과 경쟁 촉진, 보호보다는 개방으로 경제 운영 기조를 바꿔야 한다는 것이었다.

그런데 슬라이드를 시청한 대통령은 이에 대해서는 일언반구도 없이, "낙농가의 우윳값을 올려 주라"는 엉뚱한 지시만 내렸다. 특별보고 내용 중에 국내 분윳값이 과도하게 높아 외국 분유를 수입해야 한다는 언급이 있었다는 점에서, 대통령의 이 지시는 경제기획원이 제안한 내용에 배치되는 것이기도 했다. 박 대통령은 경제기획원의 보고 내용에 대한 불편함을 이런 식으로 표출했던 것 같다.

이후에도 박 대통령은 다른 부처의 업무보고 자리 등에서 수출금융 축소, 가격 자율화 등에 대해 부정적인 입장을 드러냈다. 예를 들어, 외무부 연두 순시 때에는 "요즘 공무원 중에는 우리나라가 수출을 줄여야 한다고 정신 나간 소리를 하는 사람도 있다"라며, 신현확과 경제기획원을 겨냥한 날선 비판을 하기도 했다. 그러면서 성장론자인 남덕우 전 부총리를 경질 20여 일 만에 대통령 경제 담당 특별보좌관으로 임명하였다. 이는 성장 우선 정책을 버리지 않겠다는 대통령의 의중을 드러낸 인선이었다. 이처럼 대통령이 안정화 정책에 대해 부정적인 입장을 드러내고 성장론에 힘을 실어 주는 듯한 모습을 보이자, 경제 관련 부처들도 경제 안정화 정책에 반대하는 입장을 표출하기도 했다.

한국경제의 방향 전환을 위한 고군분투

그러던 중 박 대통령은 비밀리에 한국은행, 경제과학심의회의, 한국개발연구원에 한국경제 상황에 대한 분석 보고서를 작성해 제출하라고 지시했다. 경제 안정화로 정책 기조를 선회할 필요가 있다는 경제기획원의 평가가 맞는가 확인해 보기 위해서였다. 그런데 이들 기관이 제출한 보고서 내용은 경제기획원의 평가와 크게 다르지 않았다. 한국경제 실태에 대한 경제기획원의 평가에 문제가 없음이 확인된 것이다. 그러자 박 대통령은 신현확에게 경제 안정화 관련 종합 대책을 만들 것을 지시했다. 우여곡절 끝에 마침내 대통령으로부터 안정화 정책 추진의 필요성을 재가받은 것이었다.

이렇게 해서 1979년 4월 나온 것이 '4·17 경제 안정화 종합시책'이다. 여기에는 수입개방 확대, 중화학공업 투자 축소 및 조정, 수출정책 기조 변화, 생필품 수급 원활화, 금융제도 개편, 새마을운동 지원 축소 등이 담겨 있었다. 그동안 박정희 정권이 추진해 온 경제정책과 차별화된, 심지어 기존 정책을 부정하는 내용이 다수 포함되었다. '4·17 경제 안정화 종합시책'의 발표는 한국 정부의 경제정책이 성장 우선주의에서 벗어나 안정 중심 혹은 성장과 안정을 동시에 지향하는 방향으로 전환한다는 중요한 의미를 지닌 사건이었다. 경제기획원은 이러한 점을 고려해 이 시책을 '신경제정책'이라 명명하려 했다. 하지만 남덕우 경제특보가 이에 제동을 걸었고, 결국 '경제 안정화 종합시책'으로 명칭이 바뀌었다.

그러나 아쉽게도 '4·17 경제 안정화 종합시책'은 제대로 추진되지 못했다. 중화학공업 투자 조정은 용두사미에 그쳐 발전 설비 부문을 교통 정리하는 정도로 마무리되었으며, 그가 해외에 나가 있는 사이 축소했던 수출금융이 원상회복되는 상황이 벌어지기도 했다.

4·17 경제 안정화 종합시책이 제대로 추진되지 못한 이유는 무엇일까? 우선 2차 오일쇼크가 발생한 것이 크게 작용했다. 이로 인해 경제위축이 예상되는 상황에서 안정화 정책을 강하게 밀고 나가기는 어려웠을 것이다. 경제 관련 부처들이 성장 위주의 관치경제에 익숙해 있던 상황에서 경제를 자유화하고, 안정시키는 방향으로 정책을 선회하도록 이끄는 것은 쉽지 않은 일이었다는 점도 원인이었다고 볼 수 있다.

무엇보다도 대통령이 경제 안정화 추진을 승인하긴 했지만 시책 추진에 대한 적극적인 의지를 갖고 있지 않았던 것이 가장 크게 작용한 것 같다. 경제 구조를 바꾸는 과정에서는 많은 고통이 따를 수밖에 없다. 당시 대통령도, 경제관료들도 경제에 뭔가 문제가 있고, 따라서 변화가 필요함을 인식하고는 있었지만, 이를 바꾸는 과정에서 수반되는 고통을 감내할

1979년 경제장관 합동 기자회견 중인 신현확(가운데)
출처: 국가기록원.

준비는 충분히 되어 있지 않았다. 신현확은 이러한 불리한 여건에서도 자신과 뜻을 같이하는 일부 경제기획원 관료들과 함께 고통이 따르지만 한국경제에 도움이 되는 정책을 추진하려 고군분투했다. 하지만 이에 반대하거나 저항하는 거대한 흐름을 거스르기에는 힘이 부족했다. 20년간 지속된 성장 우선주의에 길들여진 대통령과 관료 사회를 뒤바꾸는 일은 이란격석以卵擊石, 즉 계란으로 바위를 치는 일과 같았다.

　이처럼 실패로 끝났지만, 신현확의 경제 안정화 정책 추진이 무의미했던 것은 아니다. 경제 안정화 정책은 이듬해 들어선 전두환 정권에서 김재익 경제수석비서관의 주도하에 다시 추진되어 한국경제에 상당한 변화를 가져오게 되는데, 이렇게 될 수 있었던 데에는 신현확이 이러한 정책 추진의 물꼬를 튼 것이 영향을 주었다고 평가할 수 있기 때문이다.

신현확이 부총리 겸 경제기획원 장관으로 있던 1979년 10월 26일 박정희 대통령이 사망하는 사건이 벌어졌다. 비상 상황에서 신현확은 경제 부문 수장으로서 상황을 수습하는 역할을 맡았다. 그리고 같은 해 12월 10일 국무총리로 임명되지만, 불과 5개월 만인 이듬해 5월 신군부 세력이 정권을 장악하면서 물러났다.

이렇게 관가를 떠난 그는 1986년에는 삼성물산 회장직에 오르기도 했다. 사실 총리까지 역임한 그가 사기업 총수의 수하로 가는 것에 대해 비판도 있었다. "청렴한 줄 알았는데, 돈 앞에선 별 수 없군"이라는 비아냥도 뒤따랐다. 그러나 그는 이병철 회장에게 진 오래된 마음의 빚을 갚아야 한다며 삼성행을 택했다고 한다. 오래된 마음의 빚이란 앞서 이야기한, 4·19 직후 감옥에 가면서 그에게서 받았던 100만 환을 가리킨다. 1991년까지 삼성물산 회장으로 있었던 그는 이후 한일협력위원회 회장, 박정희대통령기념사업회 회장 등을 역임한 뒤, 2007년 87세를 일기로 별세하였다.

신현확은 소신껏 정책을 추진하는 경제관료였다. 경제 부처의 반대를 무릅쓰고 의료보험제도 도입을 추진한 일, 대통령의 지시를 끝까지 거부하며 농가주택 개량사업 규모 축소를 관철시킨 일 등이 이를 잘 보여 준다. 그 가운데 백미는 경제 안정화 정책이었다. 이를 추진하라고 자신을 임명했던 대통령조차 흔들리는 상황에서 그는 대통령까지 설득해 가며 안정화 정책을 밀고 나갔다. 그의 이러한 소신 있고 강단 있는 모습이 유독 눈에 들어오는 것은 오늘날 경제관료들에게서는 좀처럼 찾아보기 힘든 모습이기 때문은 아닐까.

11장

김재익
경제 안정화를 이끌다

1983년 10월 9일 아웅산 테러 사건이 발생했다. 당시에는 버마라 불렸던 미얀마 수도 양곤의 아웅산 묘소를 참배하러 간 전두환 대통령을 비롯한 한국 외교사절단을 대상으로 북한이 폭탄 테러를 자행한 것이다. 이로 인해 서석준 부총리, 이범석 외무부 장관, 김동휘 상공부 장관, 서상철 동자부 장관 등의 정부 관료와 기자, 경호원 등 모두 17명이 사망하고 14명이 중경상을 입었다.

김재익도 아웅산 테러의 희생자 중 한 명이다. 당시 경제수석비서관으로서 대통령을 수행하던 그 역시 화를 피하지 못했고, 안타깝게도 45세를 일기로 세상을 떠났다. 일찍 세상을 떠났기에 그가 공직에 머문 기간도 그리 길지 않다. 그럼에도 그는 세상을 떠난 지 40년이 지나도록 세인들의 기억 속에 역대 가장 탁월했던 경제관료 중 한 사람으로 남아 있다.

자유주의자가 되다

김재익은 1938년 충남 연기에서 6남 3녀 중 막내로 태어났다. 그의 집안은
대지주는 아니었지만, 꽤 넉넉한 땅을 가진 부농이었다. 그러했기에 그의
아버지 김응묵은 비록 학업을 마치지 못하고 돌아오긴 했지만, 젊은 시절
도쿄로 유학을 다녀올 수 있었고, 소학교가 없던 마을에 소학교를 세우기
도 했다. 김재익도 아버지가 세운 이 소학교를 다니다가 3학년 때 서울로
올라왔다.

그런데 1950년 한국전쟁이 벌어지면서 그의 집안은 급속히 기울었
다. 전쟁 중 아버지와 세 형을 잃는 등의 비극을 겪은 결과였다. 아버지는
북한군의 양민 학살에 희생되었고, 잡혀간 세 형의 행방은 알 수 없게 되
었다. 게다가 집안의 재산마저도 대부분 유실되고 말았다.

이러한 상황에서 아직 10대 초반에 불과했던 김재익 역시 미군 부대

에서 하우스 보이로 생활하는 등 전쟁 기간 많은 고생을 해야 했다. 부산 피난 시절에는 류머티즘 열병을 앓았는데, 그 후유증으로 심장 판막에 불치의 상처가 남기도 했다. 이로 인해 그는 나중에 징집 신체검사에서 군복무 면제 판정을 받게 된다.

전쟁이 끝난 이후에도 김재익의 상황은 나아지지 않았다. 남은 두 형은 이미 가정을 이루고 있었고, 공부에 소질이 많았던 세 누나는 미국 대학이 주는 장학금을 받고 유학길에 올랐기 때문이다. 경기중학을 거쳐 환도 이듬해 경기고에 진학한 그는 어려운 가계를 돕기 위해 학교에 다니면서 가정교사, 신문 배달 등의 일을 해야 했다. 그의 가정 형편이 어렵다는 것을 알게 된 담임 선생님은 그에게 검정고시를 치러 한 해라도 학업을 빨리 마치고 경제적으로 독립할 것을 권했다. 결국 그는 검정고시를 통과한 뒤 대학입시에 응시해 동기보다 한 해 일찍 서울대 정치학과에 들어갔다.

1960년 초 대학을 졸업한 그는 한국은행 공채 시험에서 수석으로 합격하여, 한국은행 조사부에서 사회생활을 시작했다. 그리고 은행에 근무하면서 시간을 내 서울대 대학원에서 국제관계학 석사 과정을 밟기도 했다. 그는 미국에 유학을 가서 경제학을 공부해 보고 싶다는 생각도 품고 있었다. 당시 국내에는 경제학을 제대로 가르칠 수 있는 사람이 많지 않았기에 미국에 가서 보다 체계적으로 공부해 보고 싶다는 욕구가 컸던 것 같다.

여러 경로로 유학 기회를 찾던 그는 마침내 1966년 한국은행에 적을 두고 해외에 파견되는 형식으로 하와이 주립대학으로 유학을 가게 된다.

1972년 김재익이 미국에 유학 중이던 시절 가족과 함께 찍은 사진
출처: 이순자 편, 「시대의 선각자 김재익」, 운송신문사 1998.

전액 장학금을 받는 조건이었다. 하와이 주립대학에서 경제학 석사학위
를 취득한 그는 1968년 스탠퍼드대로 옮겨 경제학 박사 과정을 밟기 시작
했다.

　　박사 과정 중 그는 어떠한 계기가 있었는지는 모르겠으나, 루트비히
폰 미제스Ludwig Edler von Mises의 경제사상에 심취했다. 김재익의 경제사상
은 안정론에 기반을 두고 있다고 볼 수 있는데, 그러한 사상이 형성된 출
발점은 바로 미제스 사상과의 만남에 있었다고 할 수 있다.

　　김재익이 미제스의 사상에 얼마나 심취해 있었는지를 보여 주는 일

자유주의자 미제스와 김재익

미제스(1881~1973)의 경제사상은 무엇이었을까. 경제관료로서 김재익의 행보를 이해하려면 이에 대해 잠시 살펴볼 필요가 있다. 오스트리아 빈 출신인 미제스는 자유주의자로, 자유주의를 대표하는 경제학자이자 노벨경제학상 수상자인 하이에크Friedrich Hayek(1899~1992)의 사상에 상당한 영향을 미친 인물이다. 그는 정부의 시장개입에 대해 극도로 부정적이었다. 그래서 정부의 개입을 옹호하는 사회주의자나 케인지언Keynesian들과 대립했다.

그는 역시 대표적인 자유주의자 중한 명인 프리드먼Milton Friedman(1912~2006)과도 대립각을 세웠다. 프리드먼이 통화량을 적정 수준으로 관리하는 통화정책을 지지했기 때문이다. 미제스가 보기에정부가 통화시장에 개입하는 것은 어리석은 짓이었다. 그만큼 미제스는 철저한 자유주의자였다.

미제스는 인플레이션에 대해서 부

루트비히 폰 미제스
출처: 위키피디아.

정적 시각을 가지고 있었고, 그것이 정부가 인기 없는 세금을 거두는 대신 돈을 찍어 내는 방안을 택해 발생한다며 정부가 이러한 정책을 택하지 못하게 해야 한다고 주장하기도 했다.

이러한 미제스의 사상에 큰 영향을 받은 김재익은 경제관료로 재직하는 동안 그에 기반한 정책을 추진하였다. 그는 인플레이션에 대해 부정적인 시각을 지녀 이를 해결하기 위해 적극 나섰으며, 경제에 대한 정부의 개입을 제한하고 시장 기능을 회복하기 위해 많은 노력을 기울였다.

화가 있다. 1970년대 후반 경제기획원 기획국장으로 있을 때 그는 미제스의 저서를 복사해서 지인이나 부하 직원들에게 열심히 나누어 주면서 일독을 권했다고 했다. 당시 경제기획원 출입기자였던 손광식의 회고에 따르면 "기자들에게는 물론 대통령 주변의 막료나 학계의 친구들에게 이 책을 살포하다시피 했다"고 하는데, 여기서 이 책이란 미제스가 쓴 『자본주의 정신과 반자본주의심리The Anti-Capitalistic Mentality』를 가리킨다.

백석정간

1966년 유학길에 올랐던 김재익은 7년 만인 1973년 박사학위를 받고 돌아와 한국은행 조사부에 복귀했다. 그러나 그는 한국은행에 복귀한 지 얼마 지나지 않은 1973년 9월 청와대로 차출되었다. 한국은행의 유능한 인재가 스탠퍼드에서 박사학위를 받고 왔다는 소문이 청와대에도 들어갔기 때문이다. 그를 불러들인 사람은 김정렴 청와대 비서실장이었다.

1년 정도 청와대 비서실에서 경제수석 보좌관으로 근무한 그는 1974년 10월 남덕우 부총리 겸 경제기획원 장관의 비서실장이 되었다. 그가 비서실장으로 가기 전부터 두 사람은 서로 아는 사이였다. 두 사람은 1966년 처음 인연을 맺었다. 당시 서강대 교수로 있던 남덕우가 한국의 통화정책 개선 방안을 연구하던 중 한국은행에 있던 김재익에게 자료를 부탁한 것이 계기가 되었다. 남덕우는 회고록에서 김재익을 보자 백석정간白晳精桿이라는 말이 떠올랐다고 했다. 백석정간이란 얼굴이 희고 잘생겼으며, 정신과 사고가 매우 맑은 것을 의미한다.

남덕우는 그의 업무 분야에 대한 해박한 지식에 대해서 감탄했다. 유학 경험이 있던 남덕우는 당시 유학을 준비하고 있던 김재익에게 유학 생활에 대한 조언을 해 주었다. 이러한 과정에서 서로에 대한 신뢰 관계가 형성되었던 두 사람은 그로부터 2년 후인 1968년 미국에서 다시 만났다. 김재익이 스탠퍼드대에서 박사 과정을 밟고 있을 때, 남덕우가 이 학교에 초청교수로 오게 된 것이다. 이러한 인연으로 김재익의 역량을 잘 알고 있던 남덕우가 부총리가 된 직후 그를 경제기획원에 불러들인 것이다.

6개월간 비서실장으로 있던 그는 경제기획원 경제기획관으로 자리를 옮겼다. 그리고 이때부터 본격적으로 경제관료의 길을 걸어가게 되었다. 그 이전까지는 파견 형태로 청와대와 경제기획원에 근무했는데, 이제는 한국은행을 떠나 정식 공무원이 된 것이다. 그리고 1년 후인 1976년 3월 그는 38세에 경제기획원 내 핵심 요직 중 하나인 경제기획국장으로 발령받았다.

그가 경제기획국장으로 발령받는 과정은 남덕우 부총리가 그를 얼마나 신뢰하고 중임을 맡기려 했는지를 잘 보여 준다. 김재익은 고등고시를 거치지 않고 채용된, 장관과 진퇴를 함께하는 별정직 공무원 신분이어서 당시 직제 규정상 일반직인 경제기획국장으로 임명될 수 없었다. 이 자리에는 고등고시를 거쳐 승진 코스를 밟아 온 사람만 임명될 수 있었다. 그럼에도 그가 경제기획국장이 된 것은 남덕우가 총무처 장관을 찾아가 이 규정을 바꿔 줄 것을 요청했기에 가능했다.

사실 두 사람의 경제철학에는 상당한 차이가 있었다. 김재익은 경제자율화와 경제안정을 중시한 반면, 남덕우는 부총리로서 정부 주도의 성장을 이끌었으며 성장을 위해서는 인플레이션을 어느 정도 감내해야 한다고 생각하는 성장 우선론자였다. 이처럼 경제철학이 달랐음에도 다소 무리한 수를 쓰면서까지 그를 요직에 앉히려 했을 만큼 남덕우의 김재익에 대한 신임은 두터웠다.

경제안정론의 대두를 주도하다

김재익은 경제기획국장 자리에 3년 반 넘게 있었다. 그 사이 나타난 주요 변화 중 하나가 부가가치세 도입이다(→9장). 이 부가가치세 도입의 필요성을 가장 먼저 제기하고 그 이론적 바탕을 마련한 인물이 바로 김재익이다. 그는 미국 유학 시절부터 부가가치세 제도에 관심을 갖고 있었다. 그는 세금은 투명하고 간명해야 한다고 생각했는데 부가가치세가 그에 부합하는 세목이었기 때문이다. 그는 청와대 경제수석 보좌관이던 시기부터 관련 경제관료들에게 부가가치세 도입의 필요성을 설득했다. 그리고 그의 부가가치세 도입 주장에 설득된 남덕우 당시 재무부 장관과 그의 후임 김용환 장관에 의해서 부가가치세제 도입이 추진되어 김재익이 경제기획국장으로 있던 1977년 시행되었다.

김재익이 경제기획원 경제기획국장 자리에 있는 동안 나타난 또 하나의 중요한 변화는 경제안정론의 대두라고 할 수 있다. 1970년대 후반 중화학공업화 추진에 따른 부작용이 나타나고, 물가불안이 지속되는 등 한국경제에 어두운 그림자가 드리우자 성장을 통해 위기를 돌파해야 한다는 시각과 함께 이제는 성장 중심 정책에서 벗어나 경제안정을 모색해야 한다는 시각도 등장하고 있었다. 이러한 안정론의 중심에는 경제기획원의 김재익 국장과 강경식 차관보가 있었다.

강경식과 김재익은 1978년 3월 〈한국경제의 당면 과제와 대책〉이라는 보고서를 작성해 부총리에게 보고했다. 보고서에는 안정화를 위한 대책이 담겨 있었다. 하지만 이 보고서는 채택되지 않았다. 당시 경제기획원 장관이었던 남덕우 부총리가 성장 우선론자인 데에다 총선을 앞둔 상황에서 안정화 정책 추진으로 인해 성장세가 둔화될 경우, 선거에 부정적인 영

1978년 외국기업을 위한 경제설명회에서 발표 중인 김재익
출처: 이순자 편, 「시대의 선각자 김재익」, 운송신문사 1998.

향을 미칠 수 있다고 우려했기 때문이다.

　　그러나 같은 해 말 총선 패배 이후 남덕우 부총리가 물러나고 신현확이 취임하면서 상황이 달라졌다. 신현확은 비록 성과가 크진 않았지만 경제 안정화로 정책 기조를 바꾸기 위한 노력을 기울였다. 그러한 정책 기조 변화의 노력은 김재익에 의해서 1980년대 초반 이어지게 된다.

　　김재익은 경제기획원 경제기획국에 있으면서 보람도 느꼈지만, 한편으로는 좌절도 겪고 있었다. 그는 정통 관료 사이에서는 '굴러들어온 돌'인 데에다, 경제를 바라보는 시각이나 성향도 성장을 우선시하는 정통 관료들과 달라 비주류의 위치에 머물 수밖에 없었기 때문이다. 정통 관료 중에는 그를 '실정 모르는 백면서생' 정도로 폄하하는 이들도 있었다.

그래서 그는 정치적 혼란기이던 1980년 초 관직을 떠나 국제기구나 KDI로 가려 했다. 경제관료 생활은 자신의 길이 아니라고 판단했기 때문이다. 그런데 경제기획원에 사표를 제출한 날 그는 국가보위비상대책위원회(이하 '국보위')행을 통보받았다. 국보위는 전두환을 중심으로 한 신군부 세력이 국정에 개입하기 위해 5·16 쿠데타 이후 만들어졌던 국가최고재건회의를 본떠서 만든 기구였다.

그를 천거한 이는 재무부 관료 출신인 박봉환(1933~2000)이었다. 사실 김재익은 신군부 세력이 주도하는 정권의 탄생에 비판적이었기에 처음에는 국보위행을 고사했다. 그러나 당시는 신군부 세력의 서슬이 시퍼렇던 시절이다. 그의 고사는 받아들여지지 않았고 그에게는 선택의 여지가 없었다.

"경제는 당신이 대통령이야"

김재익은 국보위에서 경제과학분과 위원장을 맡게 되었다. 국장으로 있던 그가 비상기구의 경제 부문 책임자를 맡게 되었으니, 파격적인 인사였다. 분과위원장을 맡은 인물 중 국장급은 그가 유일했다.

김재익 위원장은 당시 국보위 상임위원장으로 있던 전두환의 가정교사 역할도 떠안았다. 그를 국보위에 천거한 박봉환이 전두환의 가정교사 역할을 하고 있었는데, 이 역할을 물려받은 것이다. 이후 그는 매일 아침 전 상임위원장 집으로 가서 두 시간 동안 경제에 관한 강의를 한 뒤 출근하는 생활을 이어 가게 되었다.

김재익은 이 기회를 활용해 자신의 경제철학을 전두환에게 주입했다. 그 이전부터 박봉환을 통해 경제를 배우긴 했지만 경제에 대한 이해가 부족했던 전두환은 그를 통해서 차근차근 경제에 대해 배워 갔다. 김재익은 강의 실력도 좋았기에 그의 강의는 전두환에게 유익한 경제 공부의 기회가 되었다.

김재익이 강조한 것은 경제 자율화와 경제안정의 중요성이었다. 그는 특히 물가안정이 중요하다는 것을 전두환에게 각인시켰다. 이 과정에서 전두환은 몇 가지 경제 원칙을 확립해 간 것으로 보인다. 그는 집권 기간 동안 이러한 원칙을 비교적 충실히 지켜 갔다.

김재익은 전두환 정권 중반 세상을 떠났다. 1983년 아웅산 폭탄 테러로 희생되었다. 전두환 정권은 그 이후에도 경제 부문에서 일정 정도 성과를 거둘 수 있었다. 경제성장 실적이 괜찮았고, 경제정책 기조 전환이라는 측면에서도 성과가 나쁘지 않았다. 그럴 수 있었던 데에는 3저 호황과 같이 유리한 국제 경제 환경이 조성된 것을 비롯한 여러 요인이 작용했는데, 김재익을 통해 전 대통령이 경제 원칙을 세워 갈 수 있었던 것 역시 중요한 역할을 했다고 평가할 수 있다.

1980년 9월 취임한 전두환은 김재익을 경제수석비서관으로 임명했다. 경제수석으로 임명하겠다는 전두환 대통령에게 그는 한 가지 조건을 말했다.

> "저의 경제정책은 인기가 없습니다. 기존의 기득권 세력들도 결코 이런 정책을 환영하지 않을 것입니다. 당연히 저항도 만만치 않을 것입니다. 하지만 반드시 누군가 해야 할 일이기도 합니다. 어떤 저항이 있더라도 제 말을 믿고 이 정책을 끌고 나가 주시겠습니까?"
>
> _고승철·이완배,『김재익 평전-대한민국은 그를 여전히 그리워한다』, 미래를소유한사람들, 2013, 186쪽

그러자 전두환 대통령은 그에게 이렇게 답했다고 한다.

> "여러 말 할 것 없어. 경제는 당신이 대통령이야."

전 대통령은 '가정교사' 김재익을 신뢰했기에 그가 자신의 경제사상을 마음껏 펼칠 수 있도록 경제정책에 관한 모든 권한을 일임했다. 김재익은 자신의 경제철학을 펼칠 수 있는 기회가 마련되었다고 판단하여 경제수석으로서의 역할을 적극 수행해 나갔다.

김재익의 경제철학은 그가 경제수석으로 부임한 직후 내놓은 정책에서부터 뚜렷이 모습을 드러냈다. 1980년 한국경제는 최악의 상황이었다. 1979년 하반기부터 이어진 정치적 혼란 속에 한국경제는 1953년 한국은행이 GDP 추계를 시작한 이래 처음으로 마이너스 성장을 기록할 것으로 예상되고 있었다.* 따라서 재계에서는 적극적인 경기 부양책을 기대하

---

* 실제로 이해에 한국경제는 마이너스 성장을 기록했다.

3저 호황

1980년대 중반 한국경제는 '3저'라 불리는 호재를 만났다. 3저란 당시 나타났던 저달러(엔고), 저유가, 저금리를 가리킨다. 저달러(엔고)는 1985년 플라자 합의의 결과였다. 일본의 대미 무역흑자로 인해 미일 간 무역마찰이 심해지던 상황에서 양국이 플라자 합의를 통해 엔/달러 환율을 크게 낮추기로 합의한 것이다. 이는 국제시장에서 일본 제품과 경쟁을 벌이던 한국 제품의 가격경쟁력이 높아지는 결과로 이어져 수출증대에 큰 도움이 되었다. 한편, 저유가는 제1차, 제2차 오일쇼크를 거치면서 유가가 크게 상승하자 각국이 유전 개발에 나섰고, 이에 OPEC 회원국들이 시장 점유율 유지를 위해 석유 공급을 늘린 결과 나타난 현상이었다. 이와 함께 각국이 오일쇼크 이후 침체에 빠진 경기를 부양하고자 금리인하에 나서면서 저금리 환경이 조성되었다.

　　3저 시기 엔고로 인해 수출이 증가하고, 저유가 및 저금리는 가격경쟁력 강화, 외채에 대한 원리금 상환 부담 감소 등으로 이어진 결과, 한국은 1986년 개항 이후 110년 만에 처음으로 무역수지 흑자를 기록했으며, 이후 1988년까지 3년간 경제가 매년 10% 이상씩 성장하는 호황을 누렸다.

고 있었다. 그러나 '경기 부양 대책'이란 이름으로 정부가 내놓은 정책은 그러한 기대에 크게 못 미치는 것이었다. 이는 마이너스 성장을 기록하더라도 인위적으로 부양 정책을 펴지는 않겠다는, 즉 성장 우선 전략을 펴지 않겠다는 김재익의 경제철학을 고스란히 드러낸 사건이었다.

공정거래제도의 도입

그로부터 얼마 지나지 않아 정부가 내놓은 독과점법 연내 제정 방침 역시 김재익의 경제철학이 반영된 결정이었다. 독과점 규제에 대한 논의는 1960년대 초반부터 있어 왔다. 1963년 이른바 '3분 폭리 사건'이 발생하자 장기영 부총리 시절 독과점 규제법 도입에 대한 논의가 처음 이루어진 것이다. 3분 폭리 사건이란 설탕, 밀가루, 시멘트, 이 세 가지 가루와 관련된 기업들이 가격을 조작하고 세금을 포탈해서 폭리를 취하고, 그중 일부를 정치권에 정치자금으로 제공해서 문제가 된 사건이었다. 그러나 당시 독과점 규제법에 관한 논의는 재계의 반발 속에 흐지부지되고 말았다. 그 후에도 몇 차례 입법화가 시도되었지만, 번번이 경제성장 우선이라는 논리에 밀려 무산되었다. 그러다 1975년 '물가안정 및 공정거래에 관한 법률'이 제정되었다. 법률명에 '공정거래'라는 개념이 들어갔다는 점에서 의미 있는 변화였으나, 이 법안은 독과점 문제 해결보다는 가격 규제에 초점이 맞춰져 있었다는 점에서 독과점 규제법으로는 한계가 있었다.

이러한 상황에서 경제수석이 된 자유주의 시장경제론자 김재익이 보기에 독과점 규제 문제는 조속히 해결해야 할 과제였다. 때마침 독과점 규제 문제를 해결하기 위해 발 벗고 나선 든든한 지원군도 있었다. 서울대 법대를 나와 1966년 행정고시에 합격한 뒤 줄곧 경제기획원에서 근무해 온 전윤철(1939~) 공정거래담당관이었다. 그는 훗날 공정거래위원장, 감사원장 등을 역임했는데, 자기주장이 강해 자주 발끈하고 나선 탓에 '전핏대'라 불리기도 했다. 전윤철 담당관은 1979년부터 공정거래제도 도입의 필요성을 강조하는 보고서를 숱하게 작성해 왔지만 상관에게 번번이 퇴짜를 맞고 있었다.

그러던 어느 날 김재익이 그를 호출했다. 전윤철의 설명을 들은 김재익은 그가 도입하려는 공정거래제도가 자신이 지향하는 경제철학에 부합한다는 것을 확인하고 그에게 공정거래제도 도입의 추진을 지시했다. 이렇게 해서 1980년 9월 정부가 내놓은 것이 '독과점 규제 및 공정거래법'이다. 여기에는 일정 수준 이상 대기업의 합병과 주식 취득을 금지하고, 시장을 지배하기 위한 가격 인상을 금지하며, 사업자 간 가격, 수량, 거래 지역 제한 등의 경쟁 제한 행위를 규제한다는 등의 내용이 포함되어 있었다.

재계 입장에서 이 법의 제정은 자신들의 사활이 걸린 문제였다. 그래서 재계의 로비가 이어졌고, 이에 동화된 정치인, 관료 들의 저항이 만만치 않았다. 김재익은 전윤철의 든든한 방패막이가 되어 주었다. 전 대통령도 김재익이 소신 있게 일할 수 있도록 지지해 주었다. 이렇게 해서 법 제정에 대한 반대 세력의 저항을 물리칠 수 있었고, 법률안은 12월 국무회의를 통과했다. 아이러니하게도 가장 비민주적인 정치 상황에서 경제 민주화의 기본 토대가 되는 공정거래법이 만들어진 것이다.

물가안정을 최우선 과제로 삼다

김재익 경제수석이 가장 고심했던 문제는 물가였다. 당시에는 물가상승률이 상당히 높았기 때문이다. 당시 경제기획원 물가총괄과장으로 있었던 김인호에 따르면 1981년 물가 목표를 처음에 20%로 잡았는데, 이것도 쉬운 목표는 아니었다고 할 정도다.

당시 인플레이션을 가져온 가장 큰 요인은 국제 원자재 가격 상승, 임금 상승, 농산물 가격 상승, 이렇게 세 가지였다. 그런데 국제 원자재 가격 상승은 국제적인 요인에 의한 것이므로 정책적으로 해결할 수 있는 문제가 아니었다. 그렇다면 결국 물가안정을 위한 정책적 노력은 임금과 농산물 가격 상승을 억제하는 데에 초점이 맞춰져야 했다. 그런데 유권자인 근로자와 농민의 반발을 불러올 수 있다는 점에서 이 역시 정부가 나서서 수행하기 쉬운 과제가 아니었다. 한마디로 인기 없는 정책이었다. 그럼에도 김재익은 물가안정을 최우선 과제로 삼아 농산물 가격과 임금을 억제하기 위한 정책을 추진했다.

농산물 가격 안정화를 위해서는 추곡수매가 인상률을 낮추는 방안을 추진했다. 1979년과 1980년 추곡수매가 인상률은 각각 22%와 25%였는

공정거래법의 역할 확대

1980년 제정 당시 공정거래법은 주로 독과점을 규제하는 데에 초점이 맞춰져 있었다. 이 법은 시장지배적 지위 남용 금지, 경쟁제한적 기업 결합 제한, 사업자 간 부당한 공동행위(카르텔) 금지, 불공정거래행위 금지와 관련된 규정을 담고 있었다.

1986년 공정거래법은 큰 변화를 맞게 된다. 경제력 집중을 억제하기 위한 제도가 추가되면서 법의 역할이 확대된 것이다. 이제 이 법은 특정 시장에서의 독과점 문제뿐만 아니라 경제 전체에서 재벌이 과도하게 큰 비중을 차지함으로써 나타날 수 있는 경쟁 제한 요인을 제거하는 역할도 맡게 되었다. 이를 위해 대규모 기업 집단을 지정하고, 이들의 상호출자를 금지하며, 출자 총액을 제한하는 등의 규정이 마련되었다. 그 결과 오늘날 공정거래법은 독과점을 규제하는 역할과 함께 재벌로의 경제력 집중을 억제하는 역할도 하고 있다.

데, 1981년 인상률을 10%로 낮추겠다고 한 것이다. 이에 대해 야당은 물론 농수산부에서도 반발했다. 농수산부는 최소 20%는 돼야 한다고 목소리를 높였다. 결국 국회 및 당정 협의를 통해 1981년 추곡수매가 인상률은 14%로 결정되었다. 김재익이 당초 설정했던 목표에는 미치지 못했지만, 예년에 비해서는 크게 낮아진 만큼 물가안정에는 상당한 도움이 되었다.

추곡수매가와 달리 민간 기업의 임금이 상승하는 문제에 대해서는 정부가 직접적으로 개입할 수 없었다. 그래서 1981년 김재익이 들고나온 카드는 임금 인상과 금융을 연계하는 것이었다. 은행들로 하여금 임금 인상률이 높은 기업에는 융자를 제한토록 한 것이다. 은행 대부분이 민영화되기 이전이기 때문에 은행을 이용한 정책 추진이 가능했다. 이렇게 하자 효과가 나타났다. 1981년 주요 대기업의 임금 인상률은 10~15% 정도였고, 그 이듬해에는 한 자릿수로 떨어졌다. 1976~1980년 연평균 임금 인상률이 20~30% 수준이던 것과 비교하면 크게 낮아진 것이다.

이와 함께 재정 긴축 등에도 나선 결과, 1982년부터 물가상승률은 크게 낮아졌고, 전두환 정권 기간 내내 물가는 안정적인 상태를 유지했다. 소비자 물가상승률은 1981년 21.6%에 이르는 등 1970년대 말부터 20%~30% 수준을 유지하고 있었는데, 1982년 7.1%로 크게 낮아졌으며, 이후 1987년까지 2~3%대를 유지했다. 김재익이 최우선 과제로 삼았던 물가안정을 실현한 것이다.

그런데 은행들을 동원해서 민간기업의 임금 인상을 억제한 것은 관치금융의 전형적인 예라고 할 수 있으며, 따라서 그가 가진 자유주의 시장

1982년 재무부 업무보고에 참석한 김재익(왼쪽에서 두 번째)
출처: 국가기록원.

경제 철학과는 배치되는 것으로 보인다. 그렇다면 자유주의자 김재익은 왜 이러한 선택을 한 것일까. 물가안정에 최우선 순위를 두고 있던 그는 임금을 잡지 못하면 임금 상승이 물가 상승으로 이어지고, 이것이 다시 임금 상승을 촉발하는 악순환에서 벗어나기 어렵다고 판단한 것 같다. 그래서 그는 자신의 경제철학에 부합하지 않는, 다소 과격한 방법을 사용해서라도 임금 상승 문제를 해결할 필요를 느껴 이와 같은 조치를 취한 것이 아닌가 싶다.

1970년대 이후 한국은 만성적인 재정적자 상태였다. 정부 주도의 고도성장을 추진했기에 이는 불가피한 측면도 있었다. 그러나 김재익은 이

제 만성적인 재정적자 상태를 벗어날 필요가 있다고 생각했다. 이는 재정 건전성을 확보해 물가안정을 도모한다는 차원에서도 필요했지만, 정부 주도의 경제 운영 방식을 탈피한다는 차원에서도 필요한 일이었다. 그래서 김재익은 가정교사로서 전두환 대통령에게 만성적인 재정적자 문제를 반드시 해결해야 한다는 것을 각인시켰다. 그 효과는 오래지 않아 나타났다.

1981년 11월 전 대통령은 국무회의에서 "앞으로 예산 편성을 할 때에는 과거의 예산 집행 실적을 고려하지 말고 영zero에서부터 출발하여 투자 효과를 분석하고 우선순위를 재조정하라"라고 지시했다. 이렇게 해서 1983년 예산부터 당시 예산을 절감하는 혁신적인 방안으로 평가받고 있던 '영점 기준 예산zero base budget' 제도가 도입되었다. 당시 예산은 전년 예산을 기준으로 놓고 추가하는 방식으로 수립되고 있었기 때문에 예산은 매년 증가할 수밖에 없었다. 그런데 영점 기준 예산 제도하에서는 전년 금액을 기준으로 삼지 않기에 항목에 따라서는 삭감하는 것이 가능해지고, 이는 전체 예산 규모의 감소로 이어질 수 있었다.

김재익은 이듬해 더욱 강한 카드를 들고 나왔다. 1984년 예산 규모를 전년도 수준에서 동결해 버리기로 한 것이다. 물가상승을 감안하면 이는 예산을 깎겠다는 이야기였다. 당연히 이에 대한 반발은 거셌다. 정부 부처들이 불만을 터뜨렸고, 1985년 총선을 앞두고 있던 여당 역시 반발할 수밖에 없었다. 심지어 예산을 관장하는 경제기획원 예산실에서조차 너무 심한 것 아니냐는 말이 나올 정도였다.

이때 대통령이 김재익에 대한 지원 사격에 나섰다. 선거에서 불리하더라도 물가와 재정적자 문제는 해결해야 한다며 김재익의 손을 들어준 것이다. 이에 힘을 얻은 김재익은 예산 동결 조치를 그대로 밀고 나갈 수 있었고, 이는 만성적인 재정적자 문제를 해소하고 물가를 안정시키는 데 에 큰 도움이 되었다.

경제 자유화를 지향하다

김재익은 자유주의 철학에 기반하여 경제에 대한 정부의 간섭을 줄이고 민간의 자율성을 강화하는 방안을 모색하기도 했다. 그는 먼저 자본시장 개방을 추진했다. 선진 금융자본이 참여하는 형태로 합작 은행을 설립할 수 있도록 한 것이다. 이렇게 해서 1982년 재일교포 자본이 참여한 신한은 행, 한국과 미국 자본이 합작한 한미은행이 세워졌다.

　　그가 더욱 중점을 두고 추진한 것은 수입자유화다. 내수시장을 개방 하지 않으면 기업들이 온실 속 화초처럼 자라게 되므로 이제는 소비시장 을 개방할 필요가 있다고 보았다. 운임, 보험료, 관세 등을 부담하며 국내 로 들어온 외국 상품과의 경쟁에서도 밀린다면 어떻게 세계시장에서 경쟁 할 수 있겠느냐는 것이었다. 그는 또한 물가안정을 위해서도 수입자유화 가 필요함을 강조했다. 아래는 수입자유화에 관한 당시 그의 육성을 옮긴 것이다.

"시장개방은 국내 기업을 쓰러뜨리려는 것이 아닙니다. '경쟁의 위협'을 주자는 것일 뿐입니다. 그렇게 해서 성공한 나라로는 서독이 있습니다. 서독은 외국인 투자를 자유화해서 나태한 국내 기업의 엉덩이를 걷어차 정신이 번쩍 들게 했습니다. 따라서 이제 살아남을 기업이 할 일은 '한국 기준'이 아니라 비정한 '국제 기준'에 자신을 맞추어야 하는 것입니다. 특혜 대신 혼자 힘으로 뛰어야 합니다."

_고승철, 「전대통령과 김재익」, 『월간경향』 1988년 2월호, 221쪽에서 재인용

이러한 그의 주장에 내수시장 보호에 익숙해져 있던 기업들의 반발이 극심했다. 상공부 역시 부정적이었으며 언론의 반응도 썩 호의적이지 않았다. 그렇다고 모두가 수입자유화에 대해 부정적인 입장을 내비친 것은 아니었다.

먼저 수입자유화를 지지하고 나선 것은 KDI였다. 당시 KDI 원장이던 김기환은 김재익이 경제기획원에 재직하던 시절 서로 생각이 통해 가깝게 지낸 인물로, 개방을 통해 경제시스템을 바꿔야 한다는 데에 김재익과 뜻을 같이하고 있었다. KDI는 1983년 2월 〈산업정책의 기본과제와 지원시책의 개편방안〉이라는 보고서를 통해 주곡을 제외하고는 수입을 전면 자유화하자는, 당시로서는 상당히 파격적인 제안을 했다. 경제기획원도 이에 화답하고 나섰다. 기획원에서 1982년 말 현재 76.6%인 수입자유화율을 1986년까지 선진국 수준인 90%로 끌어올리며 관세를 인하한다는 등의 계획을 발표한 것이다. 이에 재계는 다시 강하게 반발하고 나섰

다. 수입 개방을 하면 국내 시장을 일본이 장악하게 될 것이고, 그렇게 되면 대일 무역 역조 현상이 더욱 심해지는 등의 문제가 발생할 수 있다며 정부에 반대 의견을 적극적으로 전달했다. 결국 결론은 절충적인 형태로 내려졌다. 수입자유화 5개년계획을 수립하여 개방의 방향성을 지키되, 이를 보다 점진적으로 추진하기로 한 것이었다.

금융실명제 도입 시도, 쓴맛을 보다

김재익은 경제수석으로 있으면서 전두환 대통령의 든든한 지원을 받으며 한국경제를 바람직한 방향으로 이끌어 가고자 각종 정책을 추진했다. 하지만 그렇다고 해서 그가 추진한 정책들이 모두 성과로 이어진 것은 아니다. 현실의 벽을 넘지 못하고 좌절된 시도도 있었다. 그가 추진한 정책 중에는 한국경제를 위해서는 필요하지만, 인기는 없는 정책이 많았기에 이는 불가피한 일이었다. 그 대표적인 사례로 그가 금융실명제 도입을 추진한 일을 들 수 있다. 비록 실패로 끝나긴 했지만 의미 있는 시도였던 만큼 그 자초지종에 대해서도 살펴볼 필요가 있다.

　이야기는 1982년 발생하여 사회적으로 큰 파장을 일으킨 '이철희-장영자 사건'에서 출발한다. 장영자는 전두환 대통령의 처삼촌의 처제였다. 따라서 대통령과 그리 가까운 관계가 아니었음에도 장영자는 중앙정보부 차장 출신인 남편 이철희와 함께 이러한 대통령과의 관계를 이용해

금융사기 사건으로 구속된 이철희-장영자 부부
출처: 조선일보.

사채업자로 활동하면서 수천억 원 규모의 금융사기 사건을 벌였다. 40여 년 전 수천억 원이니 오늘날 화폐가치로 환산하면 피해 규모가 적어도 수 조 원에 이르는 사건이다.

당시 정부 재정을 흑자로 만들기 위해서 세수를 늘리는 방안을 놓고 고민하고 있던 김재익은 이 사건을 보면서 지하경제를 양성화할 필요가 있음을 인식했다. 이철희-장영자 사건은 결국 경제발전 과정에서 확대된 지하경제를 배경으로 발생한 사건이었기 때문이다. 지하경제 양성화에 성공한다면 제2의 이철희-장영자 사건을 막을 수 있음은 물론 세수 확대 도 기대할 수 있었다.

그렇다면 지하경제를 어떻게 양성화할 것인가? 그 방안이 바로 금융
실명제 도입이었다. 금융기관과의 거래 시 가명이나 차명을 사용할 수 없
도록, 즉 실명만 사용하도록 하자는 것이다. 대통령에게 금융실명제 도입
의 필요성을 설득해 추진을 허락받은 김재익은 강경식 당시 재무부 차관과
함께 금융실명제 도입을 위한 준비에 나섰다. 그리고 1982년 7월 3일, 그 사
이 장관으로 승진한 강경식 장관이 금융실명제 실시 방안을 발표했다. 1년
뒤인 1983년 7월부터 모든 금융거래를 실명화한다는 것이 핵심이었다.

　　금융실명제 실시 방안이 발표되자 반대 세력의 많은 저항과 반발이
이어졌다. 집권 군부 세력 내부에서도 반발이 거셌다. 실명제가 실시되면
자신들의 정치권력의 기반인 정치자금의 돈줄도 마를 것이기 때문이었
다. 상황이 이렇게 되자 정부 입장은 갈수록 후퇴했고, 결국 같은 해 10월
말 당시 여당이던 민정당은 실명제를 1986년 이후로 연기한다고 공식 발
표했다. 명확한 시점도 정해지지 않은 무기한 연기였으니 사실상 도입이
철회된 것과 마찬가지였다. 이렇게 해서 김재익이 추진한 금융실명제 도
입은 무산되었다.

　　1993년 8월 12일 저녁 대통령 긴급명령이 발포되었다. 모든 금융거
래는 실명으로만 이루어지는 금융실명제를 전격 도입한 것이다. 1982년
에 이어 1989년에도 도입을 추진하다 또 한 번 유보되는 등 우여곡절을 겪
은 끝에 금융실명제 도입이 마침내 실현된 것이었다. 이후 금융실명제는
금융거래의 투명성을 높임으로써 조세부담의 형평성을 제고함은 물론,
세수 증대, 부정부패 억제, 지하경제 양성화 등 다양한 효과를 가져온 것

으로 평가되고 있다. 금융실명제 도입이 이처럼 성공을 거둘 수 있었던 데에는 시대를 앞서가며 이를 추진했던 김재익의 노력이 밑거름이 되었음을 기억할 필요가 있다.

김재익은 전두환 대통령의 지원 속에 한국경제의 체질을 바꾸기 위해 다양한 노력을 기울였다. 그리고 그의 이러한 활약 속에 전두환 정권은 경제 안정화와 자유화라는 측면에서 성과를 낼 수 있었다. 그러나 애석하게도 김재익은 1983년 10월 발생한 아웅산 테러로 너무 일찍 세상을 떠나고 말았다.

김재익에 대한 논의를 마치며 한 가지 강조하고 싶은 부분은 그는 실력뿐만 아니라 인품도 겸비한 인재였다는 점이다. 대통령의 든든한 지원을 등에 업고 경제수석으로 근무하면서도 그는 결코 자신이 지닌 힘을 남용하지 않았고, 사적인 권력이나 이익을 추구하지 않았으며, 온화하고 겸손한 태도를 잃지 않았다. 그러면서도 추진력 또한 지니고 있어, 바람직하지만 인기 없는 정책을 추진하면서 타협하지 않았고, 끊임없이 반대파를 설득하며 소신껏 일을 추진하는 모습을 보이기도 했다. 그러한 그가 테러의 애꿎은 희생자가 된 것은 참으로 애석한 일이었다. 그가 테러 현장에 있지 않았더라면, 그래서 한국경제의 체질을 바꾸려는 그의 노력이 더 이어질 수 있었다면, 이후 한국경제의 흐름은 어떻게 달라졌을까?

글을 마치며

'한강의 기적'을 이끈 13명의 경제관료의 생애를 살펴보고 나니 한 가지 의문이 남는다. '경제관료의 시대'에는 그렇게 많았던 '스타' 경제관료들을 요즘은 왜 찾아보기 힘든 걸까? 당시 관료들보다 양질의 교육을 받은 관료가 즐비함에도 왜 인상적인 관료는 더욱 드물어진 걸까? 여기에는 여러 원인이 있을 수 있다.

우선 경제 구조가 다르다는 점을 생각해 볼 수 있다. 당시에는 정부가 경제발전을 주도했고 경제 규모도 작아 경제관료가 펴는 정책이 경제 전반에 미치는 파급 효과가 상대적으로 컸던 만큼, 그들의 위상이 높았고 그들에게 이목이 집중되었다. 반면 오늘날에는, 관치의 흔적이 여전히 남아 있긴 하지만, 당시에 비해 시장의 역할과 기능이 강화되면서 경제에서 정부가 차지하는 비중은 감소했으며, 경제관료의 위상도 예전만 못하고 그들을 향한 관심도 줄어들었다. 이러한 변화가 '스타' 경제관료 품귀 현상을 초래했을 수 있다.

두 번째로 경제관료들의 운신의 폭에 차이가 있다는 점도 생각해 볼 수 있다. 당시에는 경제관료들이 정책을 추진하면서 고려해야 하는 제약 조건이 상대적으로 적었다. 법이나 규정이 제대로 갖춰지지 않은 경우가 많았고, 이들이 마련되어 있더라도 이를 다소 어기며 정책을 펴는 것이 큰 문제가 되지 않는 경우도 많았다. 바꿔 말하면, 관료가 지닌 재량권이 컸다고도 이야기할 수 있다. 반면 오늘날에는 법이나 규정이 촘촘히 마련된 가운데 정부 시스템이 보다 체계적으로 작동하고 있어 경제관료가 정책을 추진하는 과정에서 고려해야 하는 요소가 많다. 과거처럼 법이나 규정을 다소 어기면서 정책을 강행하는 것은 더 이상 용인되지 않을뿐더러 재량권의 범주도 제한되어 있다. 이러한 환경에서는 누가 그 역할을 담당하든 결과에 큰 차이가 나지 않을 것이다.

세 번째로 '경제관료의 시대'는 관료들이 한국경제라는 새로운 틀을 만드는 시기였다면, 오늘날은 관료들이 이미 만들어진 틀 내에서 활동하는 시대이기에 개인의 성과가 부각되기 어렵다는 점도 원인으로 꼽을 수 있겠다. 이와 관련하여, '왜 1970년대 기획원에서는 1960년대의 당신과 같이 경제외교에서 두각을 나타낸 인물이 없냐'는 물음에 대한 양윤세의 답변을 인용해 본다.

"1960년대에 난 백지상태에서 경제외교를 했어요. 백지에 그림을 그리면 뚜렷이 보이잖아요. 내가 움직인 대로 대외경제 관계의 틀이 잡혔고, 내 활동의 성과가 뚜렷했어요. 하지만 내 후임자들은 이미 틀이 잡힌 상태에서 활동하는 것이니 오히려 개인의 성과는 잘 부각되지 않죠."

_양윤세·주익종, 『고도성장 시대를 열다-박정희 시대의 경제외교사 증언』, 해남, 2017, 505쪽

백지상태에 있던 1960년대로부터 10년이 지난 1970년대에도 이처럼 개인의 성과가 부각되기 어려웠는데, 하물며 그로부터 반세기 이상의 세월이 흐른 오늘날에는 어떠하겠는가?

요컨대, '스타' 경제관료들이 출현하는 '경제관료의 시대'가 도래할 수 있었던 것은 당시 한국경제가 그만큼 미숙하고 취약하여 개인이 빛을 발할 수 있는 여지가 존재했기 때문이다. 그와 달리 오늘날 두각을 나타내는 경제관료를 찾아보기 힘든 것은 그만큼 한국경제가 성숙하여 시스템에 의해 운영되고 있어 개인이 부각되거나 개인 역량에 좌우될 여지가 적어졌기 때문이다. 결국 관료 개개인의 역량이라는 요인보다는 경제 환경의 변화라는 구조적 요인이 '스타' 경제관료의 출현 여부를 결정짓고 있는 것이다. 그렇다면 장기영, 김학렬, 남덕우, 김재익과 같이 '경제관료의 시대'를 대표하는 유능한 경제관료가 살아 돌아온다고 한들, 오늘날 한국경제가 안고 있는 복합적인 문제를 풀어내기는 쉽지 않으리라고 이야기하는 것은 지나친 억측일까.

참고문헌

강주상, 『이휘소 평전』, 사이언스북스, 2011.

고승철, 「전대통령과 김재익」, 『월간경향』 1988년 2월호, 1988.

고승철·이완배, 『김재익 평전-대한민국은 그를 여전히 그리워한다』, 미래를소유한사람들, 2013.

곽기호, 「우리나라 중공업 정책의 창건자, 한국과학기술연구원」, 『기술혁신연구』 제27권 제5호, 2019.

곽기호, 「한국 자동차 산업의 태동과 KIST: '장기자동차공업진흥계획'과 승용차 고유모델 '포니'의 탄생을 중심으로」, 『기술혁신연구』 제27권 제5호, 2019.

김경환, 「'서강학파'가 한국의 경제학 발전에 미친 영향」, 『시장경제연구』 제29권 제1호, 2000.

김광웅, 「이한빈, 경제관료·실학자로 국가의 초석 놓다」, 『한국사 시민강좌』 제50호, 2012.

김승석, 「울산지역 석유화학산업의 발전과정」, 울산발전연구원, 2006.

김용환, 『임자, 자네가 사령관 아닌가』, 매일경제신문사, 2002.

김우찬, 「2015 경제발전경험모듈화사업: 한국의 금융실명제 도입 경험」, KDI국제정책대학원, 2015.

김은영, 「최형섭, 과학기술의 선진화를 이룩하다」, 『한국사 시민강좌』 제50호, 2012.

김재관, 「종합제철의 잉태와 탄생-민족자금과 자립정신의 결정체」, 『한국정밀공학회지』 제6권 제2호, 1989.

김재관, 「한국형 고유모델 승용차 정책의 기적」, 『자동차공학회지』 제17권 제6호, 1995.

김정렴, 『최빈국에서 선진국 문턱까지-한국 경제정책 30년사』, 랜덤하우스코리아, 2006.

김정렴·안병직, 「박정희 비서실장이 전하는 3共 경제개발 비사: 박정희의 수출지향공업화정책은 어떻게 입안·집행되었나」, 『시대정신』 제35호, 2007.

김정수, 「내 아버지의 꿈-칠순 기자 아들이 전하는 40대 부총리 김학렬 이야기」, 덴스토리, 2020.

김중경·김광성, 『2012 경제발전경험모듈화사업: 한국의 사금융 시장 양성화정책과 포용적 금융발전 경험』, KDI국제정책대학원, 2013.

김진, 『청와대 비서실: 육성으로 들어본 박정희 시대의 정치권력 비사』, 중앙일보사, 1995.

김진수·최인덕·이기주, 『2011 경제발전경험모듈화사업: 전국민 건강보험제도 운영과 시사점』, 한국보건사회연구원, 2011.

김형아 저, 신명주 역, 『박정희의 양날의 선택: 유신과 중화학공업』, 일조각, 2005.

김홍수, 『(경제기획원 33년) 영욕의 한국경제』, 매일경제신문사, 1999.

남덕우, 『경제개발의 길목에서-지암 남덕우 회고록』, 삼성경제연구소, 2009.

문만용·강미화, 「박정희 시대 과학기술 '제도 구축자': 최형섭과 오원철」, 『한국과학사학회지』 제35권 제1호, 2013.

민태기, 『조선이 만난 아인슈타인』, 위즈덤하우스, 2023.

박광민·이기철·이윤희, 『너른고을 廣州 인물전』 제2집, 광주문화원, 2014.

박기주, 『중화학공업화』, 해남, 2023.

박기주 외, 『한국 중화학공업화와 사회의 변화』, 대한민국역사박물관, 2014.

박성래, 「한국과학기술행정의 기틀 마련한 최형섭」, 『과학과 기술』 2004년 4월호, 2004.

박태균, 「1956~1964년 한국 경제개발계획의 성립과정-경제개발론의 확산과 미국의 대한정책 변화를 중심으로」, 서울대학교 문학박사학위논문, 2000.

박태균, 「박정희식 경제성장 정책의 종점으로서 경제 안정화 종합시책」, 『역사비평』 제128호, 2019.

배석만, 「박정희정권기 경제개발을 둘러싼 한일교섭 : '4대핵심공장건설계획'을 중심으로」, 『경제사학』 제69호, 2019.

배석만, 『귀속재산』, 해남, 2023.

배영목, 「우리나라 통화개혁의 비교 연구」, 『경제학연구』 제58집 제1호, 2010.

배영목, 「백두진, 초창기 대한민국 경제의 위기관리자」, 『한국사 시민강좌』 제43호, 2018.

배진영, 「한국 중공업 건설의 숨은 주역, 김재관 박사」, 『월간조선』 제504호, 2022.

백두진, 『백두진 회고록』, 대한공론사, 1975.

빈야민 애펠바움 저, 김진원 역, 『경제학자의 시대-그들은 성공한 혁명가인가, 거짓 예언자인가』, 부키, 2022.

송국건, 『대통령의 사람 쓰기: 누가 국가의 주역으로 선택받는가』, SAY KOREA, 2022.

송성수, 『포항제철의 기술능력 발전과정에 관한 고찰』, 과학기술정책연구원, 2000.

송인상, 『부흥과 성장』, 21세기북스, 1994.

송해경, 「국무회의록을 통해 살펴본 제1공화국 후기의 국가관리와 공무원 인사정책」, 『한국인사행정학회보』 제9권 제1호, 2010.

신창우, 「대통령 정책결정에 있어서의 자문기구의 역할에 관한 연구-경제과학심의회의 사례를 중심으로」, 『행정문제논집』 제8집, 1988.

신철식, 『신현확의 증언: 아버지가 말하고 아들이 기록한 현대사의 결정적 순간들』, 메디치, 2021.

양윤세·주익종, 『고도성장 시대를 열다-박정희 시대의 경제외교사 증언』, 해남, 2017.

오원철, 『박정희는 어떻게 경제강국 만들었나-불굴의 도전 한강의 기적』, 동서문화동판, 2006.

옥동석, 「6.25 전시재정: 임시토지수득세와 재정법」, 『월간 나라재정』 2021년 3월호, 2021.

육성으로 듣는 경제기적 편찬위원회, 『코리안 미러클』, 나남출판, 2013.

육성으로 듣는 경제기적 편찬위원회, 『코리안 미러클 3 숨은 기적들-중화학공업, 지축을 흔들다』, 나남출판, 2015.

윤재석, 『조국 근대화의 주역들』, 기파랑, 2014.

이대근, 『해방후-1950년대의 경제: 공업화의 사적 배경 연구』, 삼성경제연구소, 2002.

이상문, 「남덕우 '경제스쿨'」, 『정경문화』 1984년 10월호, 1984.

이순자 편, 『시대의 선각자 김재익』, 운송신문사 1998.

이영훈, 『한국경제사 Ⅱ』, 일조각, 2016.

이임광, 『어둠 속에서도 한 걸음을: 대한민국 경제의 큰 그림을 그린 회남 송인상 이야기』, 한국능률협회, 2012.

이장규, 『경제는 당신이 대통령이야 : 전두환 시대 경제비사』, 올림, 2008.

이장규, 『대통령의 경제학-대통령 리더십으로 본 한국경제통사』, 기파랑, 2014.

이종범 편, 『전환시대의 행정가-한국형 지도자론』, 나남출판, 2006.

이진수, 『2012 경제발전경험모듈화사업: 외자 도입 운용 경험』, KDI국제정책대학원, 2012.

이충렬, 『아, 김수환 추기경 1-신을 향하여』, 김영사, 2016.

이한구, 『한국재벌사』, 대명출판사, 2004.

이한구, 「귀속기업불하가 재벌형성에 미친 영향」, 『경영사학』 제22집 제1호, 2007.

이현진, 「1950년대 한미합동경제위원회의 운영과 역할」, 『한국민족운동사연구』 48호, 2006.

임원혁 외, 『2010 경제발전경험 모듈화 사업: 연구개발과 기술교육』, 한국개발연구원, 2011.

장준경·채수복, 『2015 경제발전경험모듈화사업: 1980년대 경제정책 전환기의 재정안정화 정책』, 한국개발연구원, 2015.

전상근, 『한국의 과학기술개발: 한 정책입안자의 증언』, 삶과꿈, 2010.

정진아, 「6.25전쟁기 '백재정'의 성립과 전개」, 『역사와 현실』 제51호, 2004.

정진아, 「이승만정권기 경제개발3개년계획의 내용과 성격」, 『한국학연구』 제31호, 2009.

정진아, 『한국 경제의 설계자들: 국가 주도 산업화 정책과 경제개발계획의 탄생』, 역사비평사, 2022.

정희준, 「초창기 한국 채권시장에 대하여―건국국채시장을 중심으로」, 『증권학회지』 제33집 3호, 2004.

조영준·류상윤·홍제환, 『한국 경제의 재건을 위한 진단과 처방―「네이산보고」(1954)의 재발견』, 한국학중앙연구원, 2019.

주태산, 『경제 못 살리면 감방간대이: 한국의 경제부총리 그 인물과 정책』, 중앙M&B, 1998.

차현진, 『중앙은행 별곡―1897년 대한제국 선포에서 1950년 한국은행 설립까지』, 인물과사상사, 2016.

최낙동, 「70년대의 경제기관차: 남덕우 대 신현확」, 『정경문화』 제217호, 1983.

최상오, 『원조, 받는 나라에서 주는 나라로』, 나남출판, 2013.

최상오, 『경제개발계획』, 해남, 2023.

최형섭, 『(최형섭 회고록) 불이 꺼지지 않는 연구소: 한국 과학기술 여명기 30년』, 조선일보사출판국, 1995.

최형섭, 「2004년 최형섭 영원한 과기처 장관으로 남다」, 『HORIZON』, 2023.2.8.

포스코, 『포스코 50년사 1968-2018: 통사』, 포스코, 2018.

한국경제60년사편찬위원회, 『한국경제 60년사 Ⅰ―경제일반』, 한국개발연구원, 2010.

한국과학기술연구원 편, 『KIST 50년사: 1966-2016』, 한국과학기술연구원, 2016.

한국은행, 『경제통계연보』 각 연도판.

한국일보사출판국 편, 『재계회고 8. 역대경제부처장관편』, 한국일보사출판국, 1981.

한운사, 『뛰면서 생각하라―한국적 최강 CEO 장기영』, 동서문화동판, 2006.

함성득, 『대통령 비서실장론』, 나남출판, 2002.

홍하상, 『뮌헨에서 시작된 대한민국의 기적―한국 산업화의 설계자 김재관』, 백년동안, 2022.

황병태, 『박정희 패러다임―경제기획원 과장이 본 박정희 대통령』, 조선뉴스프레스, 2011.

최우석, 「경제개발시대 EPB 취재기」(『이코노미톡뉴스』 연재 기사)

국가기록원
네이버 뉴스 라이브러리
『미수복강원민보』
『포스코투데이』

찾아보기

[ㄱ]

가격경쟁력 242, 244
가격론 258
가격 자율화 303
가로림만 249, 250
간접세 263
감사원장 324
강경상업학교 198
강경식 301, 317, 334
건국국채 56, 57
건설부 89, 162, 163, 212, 234
걸프사 148~151
검정고시 256, 311
경공업 4, 5, 191, 235, 236, 241
경기고 311
경기 부양책 321
경부고속도로 126, 127, 133, 237
경성고등상업학교(경성고상) 27, 51, 52, 55,
경성공업전문학교 230
경성제국대학 286
경제개발 4, 89, 90, 103, 105, 139, 144, 147,
    176, 212, 258, 261, 277
경제개발계획 49, 59~61, 63, 65, 77, 89, 91,
    117, 253, 258, 277

경제개발연구원(EDI) 60
경제개발3개년계획 64, 65
경제과학심의회의 76, 260, 295, 296, 304
경제관료 6~13, 23, 46, 47, 50, 52, 65, 77,
    90, 100, 101, 136, 137, 139, 160, 166,
    169, 208, 229, 232, 252, 257, 259, 263,
    292~294, 305, 307~309, 313~319,
    336~338
경제관료의 시대 6, 8, 139, 336~338
경제기획원(기획원) 7, 55, 60, 89~93, 96,
    97, 102, 105, 111, 116~120, 123,
    127~131, 137, 139~146, 154, 155, 163,
    165, 214, 217, 218, 224, 237, 243, 246,
    259, 260, 264, 265, 274, 276, 295,
    299~307, 314~319, 324, 325, 329, 331
경제기획원 전성시대 111, 137, 218,
경제기획원 장관 90, 127, 128, 260
경제기획원 투자진흥관 131
경제력 집중 253, 326
경제사절단 43
경제안정 9원칙 54
경제안정 15원칙 30, 53, 54, 77
경제 안정화 정책 302, 306, 307, 318, 335

344

경제외교 7, 105, 139, 144, 148, 159, 162,
   163, 165, 166, 276, 277, 337, 338
경제자유화 5
경제재건 및 재정안정계획에 관한 합동경제
   위원회 협약 45
경제적 타당성 183, 184
경성제대 49, 51, 287
경제제3비서관 165
경제조정관 25, 38, 43, 44, 46, 50, 65, 69
경제철학 316, 321~324, 328
경제학대사전 258
경제학자의 시대 6
경제협조처(ECA) 85, 146
고도성장 4, 5~11, 81, 93, 109, 181, 208,
   252, 255, 259, 277, 280, 302, 328
고등고시(고시) 72, 73, 112, 113, 137, 142,
   221, 316
고등문관시험 9, 287
고등상업교육기관 51
고속도로 97, 126, 127, 133, 158
고재필 298
고정환율제 44, 66
공공기금 273
공공차관 107, 142, 143, 150, 151, 155
공무원 공개경쟁시험 74, 75
공무원연금제도 75
공업구조개편론 243, 244, 247
공업단지화 전술 247
공정거래법 325, 326
공정거래위원장 324
공정거래제도 323, 324
공정환율 45, 68

공채 25, 27, 74, 311
공학적 접근법 245
과잉투자 5, 281
과장들의 전성시대 142~145
과학기술인 명예의 전당 194
과학기술진흥법 194
과학기술처 장관 10, 188
관세 및 무역에 관한 일반협정(GATT) 213
관세양허 213
관치 101, 336
구용서 26, 86, 87
국가기술자격법 188
국가보위비상대책위원회 319
국가재건최고회의 232
국가표준제도 195
국립공업표준시험소 194
국무성 12, 58, 59, 150
국민투자기금 273, 274, 280
국민투자기금법 273
국민투자채권 273, 274
국방과학연구소 191
국보위 상임위원장 319
국비유학생 91
국산자동차 171, 172, 232
국제금융기구 가입 12, 57, 77
국제부흥개발은행(IBRD) 58
국제수지 개선과 경기회복을 위한 특별조치
   (12·7 조치) 275
국제통화기금(IMF) 58, 59, 145, 158, 221,
   255, 261, 268
국채법 57
국채금특별회계법 57

군사정부 65, 232
군수관리관 287, 288
군수성 287
군표 사건 86,
권력형 부정축재자 252
규모의 경제 244
귀속기업 34, 36, 37
귀속재산 34~37, 53
귀속재산 경쟁입찰 34
금리현실화 5, 100~104, 124, 125
금속연료종합연구소 173, 174, 177
금오공업고등학교(금오공고) 239, 253
금융실명제 332~335
금융통화위원회 206
기관투자자 272
기능공 224
기술개발촉진법 188
기업가정신 10
기업공개 222, 271, 272
기업공개촉진법 271
기회의 창 209
긴축정책 133, 261, 262
김광모 243
김교철 198
김기환 331
김덕중 259
김도연 53, 56, 57
김동휘 309
김만제 259
김병국 259
김병주 259
김세련 206

김수환 114
김용완 220
김용환 264, 267, 271, 302, 317
김우근 235
김유택 52, 55, 89, 117, 119, 120, 199, 200
김인호 325
김재관 169, 175~177, 180~187, 191~195
김재익 8, 9, 12, 263, 264, 301, 309~335
김정렴 6~10, 42, 123, 129, 158, 160, 197~227,
    229, 242, 251, 252, 265, 302, 315
김종인 259, 264
김종필 248
김학렬 6~10, 89, 111~137, 160, 161, 163,
    184, 186, 218, 229, 260
김현철 173
김훈 288

[ㄴ]

나프타 214, 215
남덕우 6, 8, 9, 136, 225, 226, 229, 255~
    281, 297, 300~303, 305, 315~318, 338
내수시장 330, 331
내자 동원 103, 104, 109, 124, 139
내자 조달 75, 277
네거티브 리스트 방식 207
노동집약적 경공업 209
녹실회의 94
농가주택 개량사업 285, 302, 308
농지개혁 230
닉슨 독트린 186

[ㄷ]

대규모 기업집단 37
대덕연구개발특구 191
대덕연구단지 191
대덕연구학원도시 190
대출금리 100, 102, 124, 125
대충자금 35, 38, 40, 41, 45, 60, 66
대한국제경제협의체(IECOK) 105, 153, 158,
　　279
대한국제제철차관단(KISA) 131, 160, 161
대한석탄공사 87, 173
대한주철공업사 164
대한중공업 175
대한중석 155, 173
데마크 철강 175, 176, 183
도너스 클럽 153
도덕적 해이 222
도시샤고등상업학교 128
도쿄상과대 25, 51, 82, 87
독과점 규제 및 공정거래법 324
독과점법 323
두산그룹 27, 37
두산상회 27
두취 29, 30, 198
디젤기관차 59

[ㄹ]

럭키화학 108
롯데정밀화학(주) 212
리틀 보이 197

[ㅁ]

마이너스 성장 321, 323
마이어 37~39
마이어 협정 38, 41, 43, 44, 202
무역 자유화 207, 213
문교부 134, 175
물가대책위원회 96
물가상승 5, 70, 225, 263, 275
물가상승률 30, 96, 98, 100, 203, 204, 325,
　　327
물가안정 32, 53, 69, 68, 77, 109, 202, 275,
　　302, 325~330
물가안정 및 공정거래에 관한 법률 320
물가안정 새벽기도회 96
물가정책 96, 97, 101
물가지수 67~69, 98
물동5개년계획 63
미군정기 26, 34, 36
미쓰이 물산 92
미제스 312~314
민영훈 206
민족문제연구소 287, 288

[ㅂ]

박동앙 65
박두병 25, 27, 37
박봉환 319, 320
박승직상점 27
박정희대통령기념사업회 226, 307
박정희-존슨 공동성명 148

박충훈 127~130, 161, 207

박태준 131, 132, 155, 156, 160

방위산업 164, 187, 191, 223, 224, 240~242, 252

배수곤 201

백두진 7, 9, 10, 23~47, 52, 57, 58, 82, 87, 200

백석정간 314, 315

백-우드 협약 43~45

백재정 31

베텔연구소 186

베트남 152, 153, 178, 262

베트남전쟁 147

베트남 파병 152, 178

부가가치세 219, 225, 226, 263~265, 279, 302, 317

부가가치세 시찰단 264

부산제2상업학교 112

부실기업 정리 220

부실기업정리반 220

부실 차관기업 219, 266

부정부패 37, 111, 137, 294, 334

부정축재자 252

불균형 성장 전략 244

불도저 85, 93, 102, 103, 107, 108, 121

불하 27, 34, 36, 37, 53

불하대금 36

비공개 대기업 271

비관세 장벽 213

빈야민 애펠바움 6

[ㅅ]

사금융 100~103, 272

사금융 양성화 272

4대 핵심 공장 164, 186, 187, 223, 224

4대 핵공장 사업단 164

4·19 혁명 64, 75, 87, 89, 91, 111, 204, 232, 294, 297, 307

4·17 경제 안정화 종합시책 279

사채동결 219, 232, 267, 268

사채신고상담소 269

산림녹화 219

산업개발위원회 61~63, 293

산업구조조정 5

산업기지 247, 248

산업연구원 277

산업5개년계획 290

산업은행 175

3분 폭리 사건 323

삼성물산 307

삼성정밀화학(주) 212

3·15 부정선거 75, 294

3저 호황 320, 322

상업차관 104~107, 121, 134, 143, 150, 219

쌍용양회 295, 298

새마을운동 219, 304

서강학파 258~260

서독 8, 9, 12, 73, 105, 131, 155, 161, 175, 176, 182~184, 264, 331

서상철 309

서석준 309

석유수출국기구(OPEC) 251, 322

석유화학공업 214~216, 237, 238
석유화학공업단지 216, 237, 238, 253
성장 우선론자 261, 279, 316, 317
성창환 65
세계은행 58, 60, 154, 157~161, 183, 278
세이의 법칙 155
소비자물가상승률 30
소양강댐 162, 163
손광식 314
송요찬 117
송인상 7, 9, 10, 12, 49~77, 82, 202, 257,
　291~293, 297
쇼와기린맥주 27, 37
수송대책위원회 96
수입대체공업 207
수입자유화 330~332
수입자유화 5개년계획 332
수입쿼터품목 207
수입허가권 40, 41
수출금융 279, 280, 303, 305
수출보조금 207, 213
수출입 링크제 207
수출입은행 76, 132, 157, 165
수출주도형 경제성장 7
수출주도형 공업화 206~211, 234, 242, 253
수출진흥확대회의 215, 262
수출특화산업 210
스미스-문트 프로그램 257
시발자동차 232
시장환율 66, 70
신군부 91, 252, 307, 319
식산은행 25, 29, 30, 49, 51, 52, 84, 85, 199

신동식 241
신태익 54
신현확 6, 8~10, 62, 279, 280, 285~308, 318
실질금리 100
심형섭 267
10·26 165, 250, 252, 280
쓰루 7, 119~122, 129

[ㅇ]

아랍수리조선소 252
아웅산 테러 309, 355
안정론자 261, 302
안정화 정책 279, 302~307, 317
암시장 66, 88
양곡수집자금 32, 33
양윤세 7, 9, 12, 92, 103, 105, 123, 131,
　139~166, 337, 338
양허관세율 213
여천석유화학공업단지 216
역금리 100~103, 109, 124
연구기관 통폐합 조치 189
연구학원도시 190
영수증 주고받기 운동 265
영업세 263
영점 기준 예산 329
ADL 237
AID 차관 147, 150
FOB 257
엔지니어링 어프로치 245
예금금리(정기예금금리) 100, 102, 125
예산 동결 조치 330

오 국보 246, 247, 253

오원철 6, 8, 160, 218, 223, 224, 229~253, 258

5·29 특별지시 271

오일쇼크 192, 251, 252, 263, 275, 277, 280, 281, 301, 305, 322

5·16 쿠데타 46, 89, 116, 146, 156, 172, 212, 232, 319

온산비철금속단지 247

왕초 7, 90, 93, 119, 120~123, 129

외자 도입 7, 104~109, 121, 139, 144, 145, 154, 155, 160, 164, 166, 224, 236, 277

우리사주조합 272

울산석유화학공업단지 216, 238, 253

원용석 117, 119, 120

원조물자 28, 29, 38, 40, 41, 45, 60, 67, 113, 146

원조자금 65, 66, 146, 291

월간경제동향보고회의 143

위장사채 270

유솜(USOM) 103, 146, 148

유엔군 경비지출에 관한 협정 31, 35

유엔군대여금 31, 35~42, 202

유원식 204

유치과학자 8, 180, 182, 183

윤여경 184

의료보험제도 219, 297~300, 302, 307

이기홍 65

이낙선 212

이범석 26

이병철 294, 307

이승윤 259

이승훈 24

이창렬 65

이철희-장영자 사건 332, 333

이태규 194

이한빈 90, 91, 115, 116

이휘소 179

이희일 135

인플레이션 30~34, 38, 41, 42, 44, 53, 54, 58, 67, 200~203, 263, 275, 313, 314, 316, 325

임시토지수득세 32~34, 41

임팩트 폴리시 243, 245

1·21 사건 217

[ㅈ]

자동수입승인품목 207

자본시장 육성에 관한 법률 27

자본주의 정신과 반자본주의심리 314

자유주의 6, 324, 327, 330

자유주의자 310~314, 328

장기경제개발계획 49, 59~65, 77

장기영 6, 7, 9, 26, 81~109, 119~129, 137, 142~144, 147, 153, 154, 158, 163, 207, 323, 338

장기자동차공업진흥계획 192

장예준 225

재정금융안정계획 203, 204

재정수입 32~34, 40, 66, 67

재정안정 31, 45, 146

재정안정계획 45, 146

적산 34

전국경제인연합회 77, 220, 266

전시경제 34, 86

전시 인플레이션 30, 31

전윤철 324

전응진 97

정경유착 37

정부관리양곡 33

정세영 192

정일권 123

정일영 153

정주영 192, 250

정책금융 76, 103

정책 쿠데타 278~281

정헌주 257

제4비료공장 150

제4차 경제개발 5개년계획 277, 278

제3차 경제개발 5개년계획(3차 5개년계획)
　136

제2차 경제개발 5개년계획(2차 5개년계획)
　107, 119, 120, 134, 147, 214, 237

제1차 5개년계획 208, 232~235

조선은행 9, 24~29, 46, 52, 55, 81~87, 199

조세저항 226

조중훈 152, 206

종합제철건설 전담반 130, 131

종합제철사업계획 연구위원회 184, 185

종합제철주식회사 155

종합제철 추진단 155

중공업 추진단 164

중동문제연구소 277

중화학공업육성계획 244

중화학공업 육성정책 187

중화학공업추진위원회 246, 249

중화학공업화 5, 8, 12, 164, 165, 169, 176,
　195, 218, 219, 223, 224, 236, 240~253,
　273~281, 301, 317

증권거래법 206, 269

증권파동 206

지가증권 36

지급준비금 102

지불준비금 102

지하경제 양성화 333, 334

[ㅊ]

차관 도입 104, 105, 108, 121, 146,
　155~159, 176, 219, 224, 275, 277

차관에 대한 지불보증에 관한 법률 104

차균희 65

청구권자금 106, 131, 132, 157, 160~164,
　183

최각규 225

최순주 29

최종건 37

최형섭 8~10, 170~195, 232, 233, 297

충주비료공장 72, 73

침수방지대책위원회 97

[ㅋ]

컨설터티브 그룹 153

[ㅌ]

타스카 43, 290
타스카 보고서 43, 44, 290
태완선 136
토지세 32, 33
통일주체국민회의 46
통화개혁 5, 41, 42, 57, 58, 199~206, 217,
     227
통화팽창 31~33
특별금융채권 266
특채 제도 71, 72

[ㅍ]

8·3 조치 107, 219, 221, 266~272, 280
포니 193
포지티브 리스트 방식 207
포항종합제철(포항제철) 108, 129~133,
     155~162, 183~185, 194
포항종합제철 건설자금 조달을 위한 한일 간
     의 기본협약 132
푸에블로호 납북 사건 186
플라자 합의 322

[ㅎ]

한국경제부흥계획서 63
한국경제 재건을 위한 원조 3개년계획 43
한국과학기술연구소(KIST) 177~191
한국과학기술원(KAIST) 189

한국비료 밀수 사건 123, 211, 212, 214
한국은행 9, 31, 40, 55, 57, 58, 60, 68, 73,
     77, 85~90, 102, 103, 124, 200~207,
     257, 304, 311, 314~316, 321
한국의 철강공업 육성 방안 176
한국전쟁 4, 7, 29~32, 43, 54, 85, 86, 91, 141,
     171, 172 174, 230~232, 256, 288, 310
한독경제각료회담 105, 106
한미경제안정위원회 54
한미경제조정협정 38, 44
한미경제협력위원회 146
한미원조협정 30
한미합동경제위원회(CEB, 합동경제위원회)
     38, 40, 43~46, 60, 61, 69, 146,
한보 사태 166
한일각료회담 106, 107, 131,
한일경제각료회담 105
한일 국교정상화 105, 106
항공창 231, 232
행정수도 이전 249~251
현금차관 123, 125, 134
현대건설 252, 278
현대자동차 192, 193
호남비료공장 73
홍하상 195
화이트포드 149
환율유지정책 68, 70
환율 현실화 69
황병태 105, 139~166
황종률 206